Rolf Mäder   Parlando s'impara

Rolf Mäder

Parlando s'impara

(lezioni 18–40)
corso d'italiano per adulti

Zweites und drittes Lernjahr:
Einführung in die italienische Kultur /
Schulung der kommunikativen Fertigkeiten

Edizioni Paul Haupt Berna e Stuttgart

Parlando s'impara è la continuazione di **Vivendo s'impara 1** e può essere usato al posto di **Vivendo s'impara 2** o accanto a esso. Gli esercizi per il laboratorio linguistico di **Vivendo s'impara 2** si lasciano integrare nel lavoro con il metodo presente.
Per gli studenti germanofoni c'è un vocabolario italiano-tedesco che contiene inoltre dei suggerimenti didattici, le soluzioni degli esercizi e un registro delle parole. Una versione per francofoni è prevista.

Parlando s'impara ist die Fortsetzung zu **Vivendo s'impara 1** und kann anstelle des bisherigen Bandes **Vivendo s'impara 2** benutzt werden. Da die grammatische Progression dieselbe ist, lassen sich ausserdem die beiden Versionen nebeneinander verwenden; die Sprachlaborübungen zu **Vivendo s'impara 2** können weitgehend auch in die Arbeit mit **Parlando s'impara** integriert werden.
Zu diesem Buch gehört ein Begleitheft mit Arbeitshinweisen, Übersetzung der Wörter, Lösungen sämtlicher Übungen und Wortregister: **Parlando s'impara: Chiave – Schlüssel**, Haupt, Bern und Stuttgart.

Parlando s'impara est la suite de **Vivendo s'impara 1** et peut être utilisée soit à la place soit à côté de **Vivendo s'impara 2**, la progression grammaticale étant la même.
Il est prévu de compléter cette méthode par un vocabulaire italien-français contenant également les réponses des exercices.

Materiale auditivo: vedi catalogo dell'editore
Hörmaterialien: siehe Verlagsprospekt
Matériaux auditifs: voir catalogue de l'éditeur

Avvertimento
I testi segnati col simbolo 📼 sono destinati alla comprensione auditiva. Durante l'ascolto tenete il libro aperto alla pagina seguente dove trovate le domande per la comprensione.

Zur Beachtung
Texte mit dem Symbol 📼 dienen dem Hörverstehen. Hören Sie diese Texte ohne Buch. Auf der folgenden Seite befinden sich jeweils die Fragen, die sich darauf beziehen.

I disegni sono di Urs Brunner, Berna

© Copyright 1982 by Paul Haupt, Berna
Printed in Switzerland
ISBN 3–258–03181–9   Il giglio di Firenze ▶

Prefazione

Il metodo **Parlando s'impara** si affianca a **Vivendo s'impara 2** come avviamento specifico alla comunicazione. Le sue caratteristiche sono:
1. Una nuova scelta di situazioni e testi su base di atti verbali (Redeabsichten) anche nelle fasi avanzate.
2. La scelta degli argomenti risulta da indagini sulla motivazione dei discenti adulti.
3. I testi auditivi: dialoghi, interviste, radio.
   I testi scritti: interviste, lettere, inserzioni, articoli di stampa, statistiche, documentazioni.
4. L'autenticità del materiale linguistico: s'insegna l'italiano della realtà d'oggi.
5. La rivalutazione della grammatica sistematica: l'adulto vuole conoscerla.
6. Gli esercizi strutturali – in numero leggermente ridotto – sono essenzialmente microdialoghi.
7. La creatività del discente si realizza mediante numerosi dialoghi e canovacci da sviluppare e negli esercizi di transfer.
8. Il vocabolario usato negli esercizi – il vocabolario «attivo» – rispetta i criteri della frequenza lessicale.
9. L'insegnante resta autonomo nella scelta dei procedimenti per tener conto delle particolarità pedagogiche dei suoi interlocutori discenti.

Per gli utenti nell'ambito dei corsi serali dell'Università Popolare: mentre come punto di partenza per il lavoro con questo metodo si può, più o meno, indicare il «Grundbaustein», il suo obiettivo è il livello definito dal «Volkshochschulzertifikat». E' vero che molte parole e strutture dovute all'autenticità del materiale linguistico oltrepassano le esigenze del Certificato, ma non bisogna darci troppo peso poiché restano limitate alla comprensione passiva. Gli esercizi di comprensione auditiva e scritta corrispondono a quelli dell'esame per il Certificato.

L'autore ringrazia: la signora Maria Rosa Buob (Worb) e il signor Saro Marretta (Berna) della revisione del testo e delle bozze,
il Centro Studi e Consulenza Invalidi (Milano), la Pro Infirmis (Zurigo), il Centro di Ricerche Economiche e Sociali per il Meridione (Lioni), la Comunità di Nomadelfia, della documentazione su cui si basano certi testi,
il dott. Claudio Pettenati (Zollikofen) e gli studenti di parecchi corsi d'italiano della Scuola Magistrale e dell'Università popolare di Berna per le esperienze pratiche a cui si devono non pochi suggerimenti.

Bern–Liebefeld, ottobre 1982   R.M.

Indice

Lezione / Lektion		Atti verbali / Sprechabsichten	Testi / Texte	Centri d'interesse / Themen
18	A	Salutarsi / Presentarsi / Interessarsi / Informarsi	Micro-dialoghi	Al ristorante: presentazioni – convenevoli – parlare del soggiorno
	B	Iscriversi	Dialogo auditivo	In segreteria: iscriversi – le generalità
	C	Interessarsi	Canovacci	Interessi e programmi
19	A	Farsi consegnare la camera / Informarsi sul luogo	Dialogo da sviluppare	In albergo: la camera – le generalità
	B	Sistemarsi in famiglia	Dialogo auditivo	Accoglienza in famiglia: la camera – le comodità – la giornata
	C		Lettura	La giornata: la mattina – andare al lavoro
20	A	Presentarsi / Chiedere e dare le generalità / Parlare del lavoro	Dialoghi da sviluppare	Dal capo del personale: le generalità / la famiglia – lo stato civile – l'età – i permessi di soggiorno e di lavoro – i mestieri – le condizioni di lavoro
21	A	Parlare di sé	Interviste scritte	Operai italiani all'estero: condizioni di vita – curriculum
	B		Lettura	Il rientro degli emigrati: motivi – problemi – rapporti sociali
	C		Dialogo da sviluppare	

Strutture Grammatik	Für deutschsprachige Benutzer	Pagina Seite
§ 1 Verbi riflessivi (presente, congiuntivo esortativo) Rip.: *Tu/Lei/voi* § 2 Espressioni idiomatiche § 1 Verbi riflessivi (passato prossimo, infinito)	§ 1 Rückbezügliche Verben (Präsens, Imperativ, höfliche Aufforderung) Repetition: Du/Sie § 2 Redensarten beim Begrüssen, Vorstellen § 1 Rückbezügliche Verben (Perfekt, Infinitiv)	19
§ 3 Numeri cardinali e ordinali § 4 Ora § 5 Complementi di tempo, data Rip.: Verbi riflessivi § 6 *Ti/Le/vi* Rip.: *Tu/Lei*	§ 3 Kardinal- und Ordinalzahlen § 4 Uhrzeit § 5 Tageszeiten, Datum Rep.: Rückbezügliche Verben § 6 *Dir/Ihnen/euch* Rep.: Du/Sie	28
§ 7 *Da* § 8 Aggettivi possessivi davanti ai nomi di parentela § 9 *Potere/sapere* § 10 Plurale irregolare (I) (*co, go, ico, ìo, à*) § 11 *Si* impersonale	§ 7 *Da* = *von, seit, zu, bei, für* § 8 Possessivpronomen vor Verwandtschaftsbezeichnungen § 9 *Können* § 10 Unregelmässiger Plural (I) § 11 *Man* (I)	39
§ 12 *Stare* + gerundio; formazione del gerundio § 13 Passato prossimo e imperfetto; formazione dell'imperfetto Rip.: *Di* e *da*	§ 12 Ausdruck der andauernden Handlung; Gerundium § 13 Perfekt und Imperfekt (Handlung und Situation) Rep.: Gebrauch von *di* und *da*	53

Lezione Lektion		Atti verbali Sprechabsichten	Testi Texte	Centri d'interesse Themen
22	A	Telefonare Prenotare Invitare Accettare un invito Scusarsi	Dialoghi auditivi	Al telefono: prenotare – invito, appuntamento
	B	Far chiamare qu Lasciar detto qc	Micro- dialoghi	Al telefono
	C	Cercare un indirizzo Compitare Chiedere il numero telefonico	Lettura	Il centralino: istituzioni per corsi serali
23	A	Cercare qc Far controllare Fare la valigia	Micro- dialoghi	Prepararsi per la partenza: documenti – macchina – valigia
	B	Perdere e cercare Dare un ordine	Dialogo da sviluppare	La partenza
	C		Programma d'istruzione	
24	A	Far fare qc	Dialoghi da sviluppare	Dalla parrucchiera Confezione o su misura: l'abbigliamento
	B		Dialogo	Dal medico: le malattie – le cure
	C		Barzellette	Il corpo
	D		Letture	Cronaca nera
25	A	Dove Quando Convincere qu Distribuire i preparativi	Dialogo	L'appuntamento: l'invito al picnic
	B	Scegliere	Dialoghi da sviluppare	La spesa: al mercato – la frutta e i legumi – i viveri – i negozi
	C	Aspettare qu Presentare qu	Lettura	La partenza

Strutture Grammatik	Für deutschsprachige Benutzer	Pagina Seite
14 Il condizionale per chiedere qc in modo cortese Rip.: L'ora	§ 14 Höflichkeitsfloskeln im Konditional Rep.: Uhrzeit	65
15 Pronomi del complemento di termine 16 Passato prossimo irregolare 17 Alfabeto telefonico Rip.: Numeri	§ 15 Personalpronomen im Dativ § 16 Unregelmässige Perfektformen § 17 Buchstabiertabelle Rep.: Zahlen	
18 Pronomi personali del complemento diretto in tutti i casi 19 Imperativo del *tu*/congiuntivo esortativo 20 *Stare per* + infinito Programma: i pronomi personali	§ 18 Personalpronomen im Akkusativ § 19 Befehl in der Duzform/ Höflichkeitsform § 20 Unmittelbares Futur Lernprogramm: die Personalpronomen	74
21 *Far fare/lasciar fare*	§ 21 *Lassen*	89
22 Plurale irregolare (II) (plurale in -*a*)	§ 22 Unregelmässiger Plural (II)	
23 Pronomi tonici 24 *Ci, ci si; si* impersonale (II); *metterci un'ora* Rip.: *Stare per* + infinito *Stare* + gerundio; *Andare a fare qc* 25 *Ne, ce ne* 26 La quantità; articolo partitivo 27 Doppi pronomi	§ 23 Betonte Personalpronomen § 24 Das Pronomen *ci* in idiomatischen Wendungen Rep.: Wendungen mit *stare, andare* § 25 Das Pronomen *ne* § 26 Der Ausdruck der Menge; Teilungsartikel § 27 Doppelformen beim Personalpronomen	101

11

Lezione / Lektion	Atti verbali / Sprechabsichten	Testi / Texte	Centri d'interesse / Themen
26 A	Fare progetti	Dialogo auditivo	Progetti viaggi – programmi di studio – espressioni temporali
B		Programma d'istruzione	
C	Scrivere una lettera Rispondere Ringraziare	Lettera	Soggiorno «alla pari»: la famiglia – la giornata – le comodità i programmi – formule
D	Pronosticare	Oroscopo	
27 A1	Parlare del tempo	Bollettini meteorologici	Le previsioni dell'Aeronautica: il tempo – espressioni geografiche
A2	Far progetti	Dialogo da sviluppare	Progetti: il tempo e le attività sportive Rip.: l'appuntamento
B	Parlare del tempo	Lettura	Il clima italiano
C		Radio e giornale	Le previsioni del tempo
28 A	Paragonare	Dialogo auditivo	Paragoni: le condizioni di lavoro e di vita in due paesi
B	Quanto	Statistica	Quanto vale il lavoro? Rip.: viveri – servizi
C	Quanto	Statistica Micro-dialoghi	Bisogna risparmiare: gli elettrodomestici
29 A	Perché?	Inchiesta	Perché studia l'italiano? Interessi – motivi – obiettivi
B	Perché?	Lettura	Sospetti inutili: indagine poliziesca
30 A	Quando?	Lettura	Viaggiare per lavorare: il traffico pendolare.
B	Dove? Perché? A che condizione?	Intervista auditiva	Il pendolarismo: l'orario – la famiglia – il dopolavoro
C1	Come?	Canovaccio	La propria macchina o il treno? I mezzi di trasporto
C2	Preferire Come?	Dialogo da sviluppare	Come viaggia Lei?
D1		Giornale	Autoblindo da turismo: la macchina – la delinquenza
D2		Avviso	A.T.A.F.: viaggiare in autobus

Strutture grammatik	Für deutschsprachige Benutzer	Pagina Seite

28 Futuro
29 Ricapitolazione:
   I tempi dell'indicativo
Programma d'istruzione: il futuro
	§ 28 Futur
	§ 29 Zusammenfassung:
	   die Verbalzeiten im Indikativ
	Lernprogramm: das Futur
		113

Rip.: Futuro	Rep.: Futur	128
30 Comparativo	§ 30 Vergleich	
31 *Si* impersonale (III) (ricapitolazione) Rip.: La quantità Rip.: I numeri	§ 31 *Man* (III und Zusammenfassung) Rep.: Menge Rep.: Zahlen	139
32 Proposizioni causali e finali rip.: *Da, per*	§ 32 Kausal- und Finalsätze Rep.: Anwendungen der Präpositionen *da* und *per*	148
33 *Se* (I); *anche se* 34 *In, su, a* 34 *In, con, a* 35 La preferenza	§ 31 Konditionalsätze (I) § 34 Präpositionen für die Angabe des Ortes und der Richtung § 34 Präpositionen für die Angabe des Mittels § 35 Etwas bevorzugen	155

Lezione / Lektion	Atti verbali / Sprechabsichten	Testi / Texte	Centri d'interesse / Themen
31			Ricapitolazioni
		Programma	
32 A	Chiedere e scegliere Paragonare	Dialogo da sviluppare	In un negozio di artigianato: articoli di pelle – stoffa – metallo – vetro
B		Lettura	L'artigianato nell'epoca industriale
C		Guida auditiva	S. Croce a Firenze
33 A	Come?	Inchiesta	I giovani e l'educazione permanente: il dopolavoro
B		Statistica	Il lavoratore veneto
C		Giornale	Notti giovani in Largo Cairoli: il dopolavoro
34 A	Quanto?	Statistica	Spese pubblicitarie in Italia: I mass-media
B	Indicare la qualità	Avvisi di pubblicità	Slogan di pubblicità
C1		Giornale	Mozart per le casalinghe
C2	Inserire	Avvisi	La lingua della piccola pubblicità
35 A	Riferire	Radio	Notizie della radio: politica, cronaca nera
B1	Proporre	Giornale	Denunciare chi distrugge frutta o verdura

Strutture Grammatik	Für deutschsprachige Benutzer	Pagina Seite

36 Pronunzia
      (gruppi consonanti c e g)
37 Articolo – sostantivo – aggettivo
38 Formazione del plurale
Programma: gli aggettivi irregolari
*uono, bello, grande, santo, altro,
stesso, questo, quello*
39 *Di* e *da*
40 Sintassi affettiva:
      il posto dei pronomi
Rip.: I pronomi tonici
         Paragoni
         I verbi semiausiliari
         Far fare/lasciar fare
41 *Avere* o *essere?*
Rip.: *Si* impersonale
	§ 36 Aussprache der Konsonanten
	          c und g)
	§ 37 Artikel, Substantiv, Adjektiv
	§ 38 Bildung des Plurals
	Lernprogramm: Unregelmässige
	Adjektive
	
	§ 39 *Di* und *da* (Zusammenfassung)
	§ 40 Der Platz der betonten Personal-
	          pronomen in der erregten Rede
	Rep.:
	         Vergleich
	         Modalverben
	         Lassen
	§ 41 Gebrauch der Hilfsverben
	Rep.: Unpersönliche Verbformen
		166

42 Aggettivi e pronomi dimostra-
      tivi
43 Aggettivi e pronomi interrogativi
44 Pronomi relativi; il congiuntivo
      nelle proposizioni relative
	§ 42 Demonstrativpronomen
	§ 43 Interrogativpronomen
	§ 44 Relativpronomen; Konjunktiv
	          in Relativsätzen
		183

45 Il complemento di modo:
      l'avverbio di maniera –
      il gerundio – la proposizione
      modale
	§ 45 Die adverbiale Bestimmung
	          der Art und Weise: Adverb –
	          Gerundium – Modalsatz
		194

		207

46 I gradi dell'aggettivo; forme
      irregolari del superlativo
	§ 46 Steigerung des Adjektivs;
	          unregelmässige Steigerungs-
	          formen	

Rip.: Il condizionale Espressione del discorso riferito	Rep.: Konditional Ausdruck für distanzierte Bericht- erstattung	215

Lezione Lektion		Atti verbali Sprechabsichten	Testi Texte	Centri d'interesse Themen
35	B2	Proporre	Giornale	Per integrare i figli dei lavoratori stranieri
	B3	Proporre	Giornale	Ci manca il personale
36	A		Proverbi	La donna nei proverbi e detti popolari
	B1	Ipotesi	Lettura	La donna che lavora: E se un bimbo si ammala?
	B2		Statistica	Cosa spinge la donna ad avere un lavoro fuori casa?
	B3		Lettura	Se ci fosse stato un uomo
	C		Lettera Programma	Il genio ha i calzoni
37	A	Riferire Citare	Radio	Notizie della radio: politica, cronaca nera
	B	Proporre	Dossier	L'handicappato: soggetto passivo o attivo? Problemi sociali – lavoro – formazione – abitazione – trasporto – cure
	C1	Lagnarsi	Giornale	Vacanze separate per gli handicappati
	C2	Ipotesi	Lettura	Emarginazione: responsabilità di tut
38	A	Parlare di fatti e situazioni	Intervista auditiva	A Salza Irpina i giovani riscoprono l'arte dei calzolai: storia di una cooperativa
	B		Intervista scritta	Nomadelfia è una proposta: storia di una comunità cattolica
	C		Giornale	Garibaldi fu ferito: storia di un mito
39	A	Parlare di sé nella dimensione storica	Testimonianze	La rivoluzione è finita: la contestazione giovanile
	B	Riferire Mettere in dubbio	Lettura	A Roma si racconta che: Bernini e Borromini. L'architettura
	C		Intervista	Guttuso: l'arte e la politica
40	A	Dire di no	Intervista scritta	Sciascia sul problema della mafia: il denaro e la delinquenza
	B	Smentire	Intervista	Ma Joseph Macaluso nulla sa

Strutture Grammatik	Für deutschsprachige Benutzer	Pagina Seite
		222
47 Il periodo ipotetico (II) 48 Il congiuntivo imperfetto e trapassato Programma: Il periodo ipotetico	§47 Konditionalsätze (II) §48 Konjunktiv Imperfekt und Plusquamperfekt Lernprogramm: Konditionalsätze	
49 La forma passiva; il *si* passivante 50 Costrutti impliciti: i participi passati e presenti	§49 Das Passiv §50 Partizipialsätze	237
51 L'uso dei tempi passati 52 Le forme del passato remoto 53 Aggettivi e pronomi indefiniti	§51 Gebrauch der verschiedenen Vergangenheitsformen §52 Das historische Perfekt §53 Indefinite Pronomen	253
54 La dipendenza dei tempi 55 L'uso del congiuntivo	§54 Die Zeitenfolge im komplexen Satzgefüge §55 Der Gebrauch des Konjunktivs	267
56 La negazione Rip.: L'uso dei tempi e modi Rip.: Pronomi	§56 Die Negation Rep.: Gebrauch der Zeiten und Aussageformen Rep.: Pronomen	285

18

Diciottesima lezione
Salutarsi, presentarsi, iscriversi 18

Introduzione: **Salutarsi, presentarsi, informarsi** (microdialoghi)

1 Due signori si salutano. Si danno del Lei:
- Buon giorno. Mi pare di conoscerla. Le dispiace dirmi il suo nome?
- Antonio Veronesi. Ma non credo di conoscerla.
- Mi chiamo Ernesto Gabrieli. Scusi il disturbo. Lei mi ricorda un mio commilitone[1].
- Non si preoccupi. Può capitare a tutti. Arrivederla.

Varianti: [1] compagno di scuola, amico, amica, cliente

2 Due giovani si salutano. Si danno del tu:
- Ciao. Mi pare di conoscerti. Come ti chiami?
- Renato. E tu, chi sei?
- Mi chiamo Roberto. Ti ho visto all'Ostello della Gioventù[2]. Come ti trovi qui a Firenze?
- Mah... così così. Non mi trovo molto bene perché ci sono troppi turisti.
- Di che cosa ti interessi?
- Di tante cose, ma soprattutto d'arte[3].

Varianti:
[2] Università, Istituto di lingue, museo, treno
[3] di storia, folclore, musica, lingue, archeologia

Esercizio: Ripetete questi dialoghi in vari gruppi. Cambiate le parole variabili[1].
Grammatica: Consultate il § 1ab
Esercizi strutturali: 1 e 2

3 Al ristorante

I signori Passerini: – Sono liberi questi posti?
Il signor Tosi: – Sì, accomodatevi pure!
– Grazie. Lei abita nel mio stesso albergo, non è vero?
– Sì. Mi pare di conoscerla.
– Carlo Passerini. Ecco mia moglie, Silvana.
– Molto lieto. Mi chiamo Giovanni Tosi. Felice di fare la vostra conoscenza. Quanto tempo vi fermate qui?
– Restiamo sei giorni.

A4 Alla mensa dell'Università

Roberto e Anna: – Sono liberi questi posti?
Renato: – Sì, accomodatevi pure.
– Grazie. Frequenti anche tu l'Istituto Castiglione?
– Sì. Mi pare di conoscervi.
– Roberto. Ecco la mia fidanzata, Anna.
– Salve Anna, Mi chiamo Renato. Mi fa piacere conoscervi. Quanto tempo vi fermate qui?
– Quattro settimane.

Esercizio: Ripetete questi dialoghi e cambiate le parti.
Grammatica: § 1b.
Esercizi strutturali: 3.

A5 Nel cortile dell'Istituto

Karin: Scusi, si trova qui l'Istituto di lingue Castiglione?
Portiere: Sì, al secondo piano.
Karin: Mi può dire dove trovo il direttore dell'Istituto?
Portiere: Purtroppo non lo so. Ma si rivolga in segreteria.
Karin: E dov'è la segreteria?
Portiere: Attraversi questo cortile, poi salga al primo piano.

Esercizio: Karin si rivolge a uno studente. Cambiate l'itinerario di Karin!

In segreteria (comprensione auditiva)

Karin:	Buon giorno, signorina. Mi chiamo Karin Huber. Mi sono iscritta al corso d'italiano che comincia domani.
Segretaria:	Un attimo per favore. Cerco la sua iscrizione. Infatti, Lei è iscritta al corso medio. Nella sua lettera scrive che conosce già l'italiano.
Karin:	Lo parlo un po', ma non conosco bene la grammatica. Non è troppo difficile per me, il corso medio?
Segretaria:	Se desidera perfezionare la grammatica si trova meglio nel corso medio perché nei corsi inferiori gli studenti fanno più conversazione. Ma Lei può fare un piccolo esame per orientarsi meglio.
Karin:	Quando c'è questo esame?
Segretaria:	Questo pomeriggio alle quattro.
Karin:	Non so se posso presentarmi all'esame. Sono arrivata da appena un'ora e non ho ancora avuto il tempo di sistemarmi.
Segretaria:	Come preferisce. Intanto l'esame non è obbligatorio. Per la camera, Lei abita presso la famiglia Rizzoli. Nella lettera ha scritto che desidera stare in una famiglia.
Karin:	Infatti. La camera è con pensione completa?
Segretaria:	No, soltanto con prima colazione.
Karin:	Peccato. Mi piace conversare durante i pasti.
Segretaria:	Per questo non si preoccupi! I nostri professori accompagnano spesso gli studenti al ristorante. Non è facile trovare dei privati che facciano servizio di pensione completa.
Karin:	E dove sta la famiglia Rizzoli?
Segretaria:	Nel Borgo degli Albizi al numero 45.
Karin:	E' lontano?
Segretaria:	No, appena dieci minuti a piedi.
Karin:	Grazie. A che ora hanno inizio le lezioni?
Segretaria:	Di solito alle nove.

Avvertimento
I testi segnati col simbolo ▣ sono destinati alla comprensione auditiva. Durante l'ascolto tenete il libro aperto alla pagina seguente dove trovate le domande per la comprensione.

Zur Beachtung
Texte mit dem Symbol ▣ dienen dem Hörverstehen. Hören Sie diese Texte ohne Buch. Auf der folgenden Seite befinden sich jeweils die Fragen, die sich darauf beziehen.

Esercizio di comprensione:

1 La signorina Huber è iscritta
   a) al corso medio.
   b) al corso di grammatica.
   c) al corso di conversazione.
   d) al corso inferiore.
2 Non si presenta all'esame
   a) perché conosce bene la grammatica.
   b) perché non è obbligatorio.
   c) perché vuole prima sistemarsi in camera.
3 Non è molto contenta della camera
   a) perché è troppo lontana dalla scuola.
   b) perché non può mangiare con la famiglia.
   c) perché non le piace.

Grammatica: § 1cd.
Esercizi strutturali: 4 e 5.

C Espressione orale: 2 dialoghi

C1 All'Ostello della Gioventù.

Gudrun Poppe (Amburgo) e Regula Meier (Zurigo) fanno conoscenza all'Ostello della Gioventù a Firenze. Si interessano d'arte, ma desiderano soprattutto perfezionare la loro conoscenza d'italiano.
Riprendete il dialogo A 2 e trasformatelo.

C2 In segreteria.

Il giorno dopo, Gudrun e Regula si informano sui diversi corsi presso la segreteria di una scuola privata e si iscrivono a due corsi di livello diverso.
Trasformate il dialogo B.

Grammatica 18

1 Il verbo riflessivo

Comparate:

Preparo un caffè.

Mi preparo all'esame.
= Preparo me stesso all'esame.
Mi preparo un caffè.
= Preparo un caffè per me.

Pietro chiama Elena.
Il professore saluta gli studenti.

Il signore si chiama Cesare.
Gli studenti si salutano.
= Ogni studente saluta gli altri.

a) Il presente

interessarsi	rivolgersi	sentirsi
Mi (m') interesso d'arte.	**Mi** rivolgo sempre a lui.	Non **mi** sento bene.
Ti (t') interessi di politica?	A chi **ti** rivolgi?	Come **ti** senti?
Gino **si (s')** interessa di sport.	Il professore **si** rivolge a tutti.	Egli **si** sente male.
Adriana **s'**interessa di lingue.		Elena **si** sente così così
Di che cosa **si** interessa Lei?	Perché (Lei) non **si** rivolge al direttore?	
Ci interessiamo di storia.	**Ci** rivolgiamo a Lei per informar**ci** meglio.	**Ci** sentiamo benissimo.
Vi interessate di musica?	Perché non **vi** rivolgete alla segretaria?	Come mai non **vi** sentite bene?
I ragazzi non **si (s')** interessano d'arte.	I turisti **si** rivolgono sempre ai vigili.	Molti **si** sentono male nei locali chiusi.

b) L'imperativo e il congiuntivo esortativo

informarsi	preoccuparsi		
Infòrmati bene!	Non preoccupar**ti**!	o:	Non **ti** preoccupare!
Si informi all'ufficio!			Non **si** preòccupi!
Informiàmo**ci** prima!	Non preoccupiàmo**ci**!		Non **ci** preoccupiamo!
Informàte**vi** lì!	Non preoccupàte**vi**!		Non **vi** preoccupate!
(**Si** infòrmino in segreteria.)			(Non **si** preòccupino!)

23

c) Il passato prossimo

Comparate:		arrivare				sistemarsi	
Roberto:	**Sono**	arriva**to**	bene	e	**mi sono**	sistema**to**	subito.
Karin:	**Sono**	arriva**ta**	bene	e	**mi sono**	sistema**ta**	subito.
Tu: Come	**sei**	arriva**to** (a)?			**Ti sei**	sistema**to** (a)	bene?
Signore, com'**è**		arriva**to**?			**Si è**	sistema**to**	bene?
Carlo	**è**	arriva**to**	ieri	e	**si è**	sistema**to**	in albergo.
Elena	**è**	arriva**ta**	ieri	e	**si è**	sistema**ta**	in una pensione.
	Siamo	arriva**ti**	in ritardo,		**ci siamo**	sistema**ti**	in una camera.
E voi,	**siete**	arriva**ti**	bene? dove		**vi siete**	sistema**ti**?	
I bambini	**sono**	arriva**ti**	bene	e	**si sono**	sistema**ti**	subito.
Le ragazze	**sono**	arriva**te**	ieri	e	**si sono**	sistema**te**	all'Ostello.

d) L'infinito

Oggi voglio riposar**mi**.	Non possiamo ricordar**ci**.
Tu devi iscriver**ti** subito.	Perché non potete fermar**vi** di più?
Lei deve rivolger**si** alla segretaria.	I signori devono presentar**si** qui.

§ 2 Espressioni idiomatiche

a) con la preposizione «di»:

Ciao, Pietro!	Mi rallegro	di veder**ti** qui.
Ciao, Pietro e Adriana!	Ci rallegriamo	di veder**vi** qui.
Buon giorno, signore!	Mi pare	di conoscer**la**.
Buon giorno, signora!		
Buon giorno, signori!	Che piacere	di veder**vi** qui!
Buon giorno, signorine!		
Scusa,	non credo	di conoscer**ti**.
Scusi, signore,	non credo	di conoscer**la**.

b) senza preposizione:

Mi fa piacere/mi piace	restare.
Le dispiace	dirmi il suo nome?

Esercizi strutturali 18

1 Esempio: Buon giorno, signore. Mi pare di conoscerla, ma non ricordo il suo nome.
  Risposta: Mario Rossi. E Lei, scusi, come si chiama?

  Ciao. Mi pare di conoscerti, ma non ricordo il tuo nome.
  Ragazzi, vi abbiamo già visto all'Ostello, ma non ricordiamo i vostri nomi.
  Buon giorno, signori. Mi dispiace di non ricordare i vostri nomi.
  Buon giorno, signorina. Mi pare di conoscerla, ma non ricordo il suo nome.

2 Esempio: Come si trova a Roma, signore?
  Risposta: Mi trovo benissimo. E poi m'interesso molto di storia.

  Come ti trovi a Firenze, Karin?
  Come vi trovate in Italia, ragazzi?
  Come si trova all'Università per Stranieri, signorina?
  Come si trovano a Perugia, i tuoi compagni?
  Come si trova a Pompei, il dottor Ferrari?

3 Esempio: Scusi, posso entrare?
  Risposta: Si accomodi pure!

  Scusi, possiamo entrare?
  (Ragazzo:) Posso entrare?
  (Due ragazzi:) Possiamo entrare?
  Scusi professore, posso entrare?
  Ho portato un mio amico. Può entrare anche lui?
  Ho portato due amiche. Possono entrare anche loro?

  Esempio: Scusi, può dirmi dov'è il direttore?
  Risposta: Si rivolga alla segretaria, per favore.

  Scusi signorina, può dirci dov'è il direttore?
  (Ragazzo:) Scusi signorina, può dirmi dov'è il professor Bicci?
  (Due ragazzi:) Scusi signorina, può dirci dov'è la professoressa Merlo?
  Scusi signore, dove posso informarmi sui corsi di lingue?
  Scusi signore, dove possiamo comprare il materiale per il corso d'italiano?

4 Esempio: Mi iscrivo al corso medio. E voi?
  Risposta: Anche noi ci iscriviamo al corso medio.
  Esempio: Oggi non mi sento bene. E tu?
  Risposta: Neanch'io mi sento bene oggi.

  Carlo si rivolge sempre ai vigili. E tu?
  Io m'informo sempre sulla «Settimana a Firenze». E voi?
  Elena si trova bene all'Istituto Castiglione. E le vostre amiche?
  Noi ci troviamo bene a Firenze. E tu?
  Non mi oriento bene a Venezia. E voi?

25

Non ci sentiamo bene oggi, e voi?
Non ci presentiamo all'esame. E Lei, signore?
Mi sono sistemato presso una famiglia. E voi?
Gli studenti si sono sistemati all'Ostello. E tu?
Io mi sono rivolto all'agenzia. E Carlo?
Ci siamo iscritti al corso superiore. E la ragazza tedesca?

5 Esempio: Perché non si riposa un po'?
  Risposta: Ma quando posso riposarmi?
  Esempio: Perché non vi iscrivete a un club di tennis?
  Risposta: Ma dove possiamo iscriverci a un club di tennis?
(Mettete «quando» o «dove» secondo il senso logico!)

Perché non si presenta a un esame medico?
Perché non vi rivolgete a lui?
Perché non si sistema in campagna?
Perché non vi presentate al signor Berto?
Perché non vi orientate meglio?
Perché non si informa all'ufficio centrale?
Perché non ti iscrivi a un club di tennis?
Perché il tuo amico non si riposa un po'?
Perché i tuoi amici non si sistemano in un altro posto?

6 Che cosa dice
– quando un signore chiede il permesso di entrare?
– quando un'amica si scusa di una gaffe (Versehen)?
– quando un amico Le dice per telefono che vuole farle una visita?
– quando uno straniero Le chiede un'informazione che Lei non sa dare?

Esercizi scritti 18

7 Mettete i pronomi riflessivi:

a) Buon giorno. Mi pare di conoscerla. Come .... chiama?

b) Ciao. Mi pare di conoscerti. Come .... chiami?

c) Come .... trovate a Firenze?

d) .... interessiamo di musica e di cinema.

e) Entrate, signori, accomodate .... pure!

f) .... rallegro di vedervi qui.

8 Mettete i verbi che mancano:

– Buon giorno, signorina. Mi .... Karin Huber. Mi sono .... al corso d'italiano che comincia oggi.

– Infatti, l'abbiamo iscritta al corso medio, poiché scrive che .... bene l'italiano.

– Lo parlo, ma non .... bene la grammatica. Non è troppo difficile per me, il corso medio?

– Se desidera .... la grammatica si .... meglio nel corso medio perché nei corsi inferiori gli studenti .... più conversazione. Ma Lei può fare un piccolo esame per .... meglio. Quest'esame .... fra un'ora.

– Non so se mi .... all'esame. Sono .... da appena un'ora e non ho ancora avuto il tempo di ....

– Come .... Intanto l'esame non è obbligatorio.

9 Il professore svizzero dà alcuni consigli pratici a Karin che vuole iscriversi a un corso di lingua italiana.
Rivolgiti all'Istituto Castiglione. Iscriviti al corso medio. Puoi anche presentarti ad un facile esame per orientarti. Rivolgiti al professor Bianchi: lui mi conosce. Devi sistemarti presso una famiglia: così puoi fare esercizio di conversazione anche durante i pasti e dopo le lezioni. Ma non lavorare troppo: devi anche divertirti un po', e se ti interessi di arte, visita i musei e le chiese!
Adesso scrivete la lettera di Karin al suo professore in Svizzera (Germania/Austria) alla fine del suo soggiorno a Firenze:
Caro professore,
ho fatto come Lei mi aveva detto. Mi sono rivolta all'Istituto Castiglione e mi ...

Diciannovesima lezione
Sistemarsi   19

In albergo (dialogo da sviluppare)

Sig. Meier:	Buon giorno, signorina. Mi chiamo Karl Meier, ed ecco mia moglie. Abbiamo prenotato una camera matrimoniale dal primo al 14 luglio.
Impiegata:	I signori sono di Francoforte, vero?
Sig. Meier:	Sì, ecco la prenotazione.
Impiegata:	Benissimo. Vi[2] abbiamo riservato la camera 202 con due letti e doccia[1].
Signora M.:	E dov'è la camera 202? Dà sul mare?
Impiegata:	E' al secondo piano. Non dà direttamente sul mare, ma sul giardino ed è molto tranquilla.
Signora M.:	Non c'è una camera libera che dia sul mare?
Impiegata:	Mi dispiace, signora. Tutte le camere matrimoniali sono occupate. Siamo in alta stagione, signori!
Sig. Meier:	Va bene. Devo riempire la scheda?
Impiegata:	Per questo c'è ancora tempo. Signori, ecco la chiave. L'ascensore è qui accanto. Vi[2] faccio portare il bagaglio in camera.
Signora M.:	Non occorre. Possiamo portarlo noi.

Esercizio: Ripetete questo dialogo fra l'impiegata e un(a) turista.
Varianti:
[1] una camera singola / che dà sul mare / sulla strada.
[2] le (= a una sola persona).
Grammatica: § 3.
Esercizi strutturali: 1 e 2.

Sistemarsi (comprensione auditiva o scritta)

1
Karin:	Buon giorno, signora. Mi chiamo Karin Huber e sono iscritta all'Istituto Castiglione. Per la camera, mi mandano da Lei.
Signora Rizzoli:	Infatti, mi hanno già scritto. E' un vero piacere averLa con noi, signorina. Si accomodi pure!
Karin:	Grazie.
Signora Rizzoli:	Ha fatto buon viaggio?
Karin:	Il viaggio è stato bellissimo, ma un po' lungo. Adesso sono stanca.
Signora Rizzoli:	Le mostro subito la Sua camera. Così può sistemarsi e riposarsi un po'.
Karin:	Grazie, è molto gentile.
Signora Rizzoli:	Mi dia la Sua valigia, signorina!
Karin:	Ma no... posso portarla io!
Signora Rizzoli:	La Sua camera è nell'appartamento al piano di sopra. Ci sono due scale da salire.
Karin:	Ci abito da sola?
Signora Rizzoli:	Non si preoccupi. Mia figlia abita nella camera accanto alla Sua. Ecco Anna. Ti presento Karin, la studentessa svizzera.
Anna:	Lieta di conoscerLa!
Karin:	Il piacere è mio.
Anna:	Ma non possiamo darci del tu?
Karin:	Con piacere.
Anna:	Vieni, ti mostro la camera.
Signora Rizzoli:	Va bene, signorina. Se ha bisogno di qualcosa, lo dica a Anna. Ci rivediamo a cena. Le piace la cucina italiana?
Karin:	Naturalmente. Ma mi hanno detto che Lei non fa servizio di pensione?
Anna:	Di solito no. Ma oggi devi essere stanca, e poi non conosci la città.
Karin:	Siete veramente gentili. Allora, a più tardi, signora!

2
Anna:	Ecco la tua camera. Ti piace?
Karin:	E' molto bella. Che bei mobili moderni!
Anna:	La camera non è molto grande, ma è silenziosa e ha un piccolo balcone che dà sul giardino. Il bagno comunica con le due camere: la tua e la mia. Non ti dispiace se tu ed io usiamo lo stesso bagno?
Karin:	Ma figurati! Del resto, anche se mi sono iscritta a questo corso di vacanze, mi alzo sempre tardi.
Anna:	Io invece mi sveglio presto e faccio subito il bagno. Così non ci disturbiamo.

Karin:	Che orario di lavoro hai?
Anna:	Sono assistente di laboratorio e lavoro dalle otto all'una del pomeriggio e dalle tre alle sei e mezzo. Ma ora ho anch'io le mie vacanze. Ma senti, tu devi essere molto stanca.
Karin:	Infatti. Mi piacerebbe darmi una lavatina.
Anna:	C'è un piccolo lavabo qui, ma se vuoi fare la doccia devi andare in bagno. Ecco l'asciugamano.
Karin:	Grazie. Ci vediamo dunque a cena?
Anna:	Sì, alle sette e mezzo, se sei d'accordo.
Karin:	Sì, va bene.
Anna:	Allora, a più tardi, Karin! Spero che da noi ti senta come a casa tua.

Esercizio di comprensione auditiva o scritta
1 Dov'è la camera di Karin?
  a) Nell'appartamento dove abita la signora Rizzoli.
  b) Accanto all'appartamento della signora Rizzoli.
  c) Due scale più in basso.
  d) Nell'appartamento al piano di sopra.
2 C'è il bagno nella camera di Karin?
  a) Sì, ma anche Anna usa questo bagno.
  b) No. Il bagno è fra le due camere. Karin e Anna usano lo stesso bagno.
  c) No. Il bagno è fuori, in giardino.
3 Che orario di lavoro ha Anna?
  a) Dalle otto all'una, dalle tre alle sette e mezzo.
  b) Dalle otto alle tre del pomeriggio.
  c) Dall'una del pomeriggio alle sette e mezzo.
  d) Dalle otto all'una e dalle tre del pomeriggio alle sei e mezzo.

Esercizi di transfer
Ripetete il dialogo B 1:
1 Anna e Karin non si danno del tu, ma del Lei.
  Attenzione ai pronomi: ti mostro = Le mostro.
2 La signora Rizzoli dà del tu a Karin, ma Karin dà del Lei alla signora. Attenzione all'imperativo dei verbi riflessivi: vedete la grammatica della lezione 18, § 1 b.
3 Insieme con Karin arriva Jean Donzé, studente di Delémont, iscritto allo stesso Istituto. La signora Rizzoli li sistema in due camere: la seconda camera (di Jean) è al piano sotto quello della famiglia.

Ripetete il dialogo B 2:
4 Anna e Karin non si danno del tu, ma del Lei.
  Attenzione ai pronomi: vedete la grammatica al § 6.
5 Le lezioni di Karin cominciano alle nove. Anche il lavoro di Anna – che non ha ancora le ferie – comincia alle nove.

Esercizi strutturali: 3–7.

Grammatica

3 I numeri cardinali e ordinali

0	zero	20	venti	100	cento
1	uno	21	ventuno	101	centouno
2	due	22	ventidue	200	duecento
3	tre	23	ventitré	300	trecento
4	quattro	24	ventiquattro	400	quattrocento
5	cinque	25	venticinque	500	cinquecento
6	sei	26	ventisei	600	seicento
7	sette	27	ventisette	700	settecento
8	otto	28	ventotto	800	ottocento
9	nove	29	ventinove	900	novecento
10	dieci	30	trenta	1 000	mille
11	undici	31	trentuno	2 000	duemila
12	dodici	32	trentadue	10 000	diecimila
13	tredici	33	trentatré	21 000	ventunmila
14	quattordici	40	quaranta		
15	quindici	50	cinquanta	1 000 000	un milione
16	sedici	60	sessanta	1 000 000 000	un miliardo
17	diciassette	70	settanta		
18	diciotto	80	ottanta		
19	diciannove	90	novanta		

1°	il primo; al primo piano, in prima classe	11°	l'undicesimo
2°	il secondo; in seconda classe	12°	il dodicesimo
3°	il terzo; il terzo mondo	13°	il tredicesimo
4°	il quarto; al quarto piano	14°	il quattordicesimo
5°	il quinto; nel quinto secolo	15°	il quindicesimo
6°	il sesto; Paolo Sesto (Paolo VI)	16°	il sedicesimo
7°	il settimo	17°	il diciassettesimo
8°	l'ottavo; all'ottavo piano	18°	il diciottesimo
9°	il nono	19°	il diciannovesimo
10°	il decimo	20°	il ventesimo
		100°	il centesimo
		1000°	il millesimo

§ 4 L'ora

	Che ora è (che ore sono)?	Quando parte?
1.00	E' l'una.	Parte all'una.
1.10	E' l'una e dieci.	Parte all'una e dieci.
2.00	Sono le due.	Parte alle due.
3.00	Sono le tre (del mattino).	Parte alle tre.
10.00	Sono le dieci.	Parte alle dieci.
10.15	Sono le dieci e un quarto.	Parte alle dieci e un quarto.
10.30	Sono le dieci e mezzo.	Parte alle dieci e mezzo.
10.40	Sono le undici meno venti.	Parte alle undici meno venti.
10.45	Sono le undici meno un quarto.	(= alle dieci e quaranta).
11.00	Sono le undici precise/in punto.	Parte alle undici precise.
12.00	E' mezzogiorno.	Parte a mezzogiorno (= alle dodici).
22.00	Sono le dieci di sera.	Parte alle ventidue.
24.00	E' mezzanotte.	Parte alle ventiquattro.

Quando lavora?	Lavora dalle otto a mezzogiorno, dalle due alle sei.
Quanto tempo ci vuole?	Ci vuole mezz'ora. Ci vogliono tre quarti d'ora.

§ 5 Complementi di tempo
a) Le parti del giorno

la mattina (il mattino)	ci vado di mattina (mattino)
il mezzogiorno	parto a mezzogiorno
il pomeriggio	vengo nel pomeriggio / sabato pomeriggio
la sera	veniamo stasera / di sera
la notte	di notte, a mezzanotte

b) La data

Che giorno è oggi? = Quanti ne abbiamo oggi?	Oggi è il primo giugno / il due luglio / il tredici maggio

I giorni della settimana:
lunedì, martedì, mercoledì, giovedì, venerdì, sabato, domenica (f.)

I mesi:
gennaio, febbraio, marzo, aprile, maggio, giugno, luglio, agosto, settembre, ottobre, novembre, dicembre

c) **Avverbi**

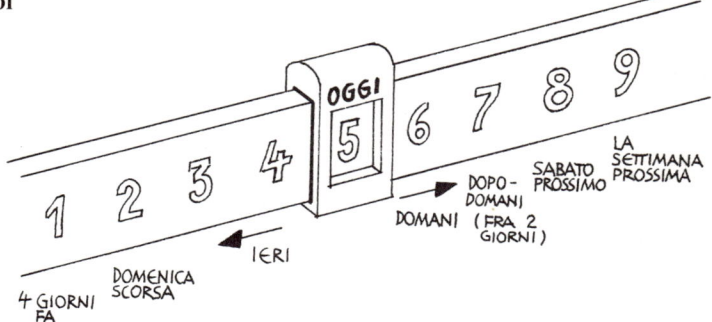

6 A chi?

	Diamo del **tu**:	Diamo del **Lei**
A Karin:	**Ti** piace l'Italia?	**Le** piace la cucina italiana?
A Pietro:	**Ti** dispiace se apro la porta?	**Le** dispiace se chiudo la finestra?
A Pietro e Adriana:	**Vi** mostro subito la camera.	**Vi** faccio portare il bagaglio in camera. (Oppure: Faccio portar loro il bagaglio in camera.)

Esercizi strutturali 19

1 Esempio: Scusi, dov'è la camera 101?
  Risposta: La camera 101 è al primo piano.
  Scusi, dov'è la camera 203 / 406 / 510 / 333 / 008?

la valigia: la
l'apparecchio: lo
i biglietti: li
le chiavi: le

2 Esempio: Mi dia la Sua valigia, signore.
  Risposta: Ma no, posso portarla io!
  Mi dia il Suo apparecchio, signorina!
  Se lo desidera, vado io a fare i biglietti.
  Se lo desidera, cerco io un posteggio per la macchina.
  Mi dia la chiave, così metto la macchina nella rimessa.
  Mi diano le valigie, signori!
  Se lo desiderano, vado io a prenotare i posti.
  Se lo desiderano, porto io le lettere alla posta.

33

3 Esempio 1:   Sa, mi interesso di cucina.
  Risposta: Allora, Le piace la cucina italiana?
  Esempio 2:   Sai, mi interesso di palazzi.
  Risposta: Allora, ti piacciono i palazzi italiani?
  Esempio 3:   Sa, ci interessiamo di musica.
  Risposta: Allora, vi piace la musica italiana?
               Sa, ci interessiamo di macchine.
               Sai, mi interesso di moda.
               Sai, mi interesso di canzoni.
               Sa, ci interessiamo di film.
               Sa, mi interesso di opere liriche.
               Sai, mi interesso di folclore.
               Sa, mi interesso d'arte.

4 Esempio:

  Risposta: Non Le dispiace se apro la finestra?

5 Esempio: Non Le dispiace se apro la finestra?
  Risposta: Apra pure!
  Esempio: Non ti dispiace se chiudo la porta?
  Risposta: Chiudi pure!
              Non ti dispiace se spengo la luce?
              Non Le dispiace se accendo la luce?
              Non ti dispiace se fumo?
              Non Le dispiace se chiudo la finestra?
              Non Le dispiace se mi accomodo allo stesso tavolo?
              Non Le dispiace se faccio una fotografia?
              Non ti dispiace se apro l'ombrellone?
              Non ti dispiace se vado un momento al bar?
              Non Le dispiace se leggo il giornale?
              Non Le dispiace se fumo?

	Lei	tu
aprire:	−a	−i
fumare:	−i	−a

6 Esempio: Lei deve essere molto stanco.
  Risposta: Sì, è vero, mi piacerebbe riposarmi un po'.
              Voi dovete essere molto stanchi.
              Se vuoi rinfrescarti, ecco il bagno.
              Devi essere molto stanco.
              Signore, mi sembra che non conosca bene il programma.
              Signori, mi sembra che non conosciate bene la città.
              Le piace il tennis? Qui c'è un club.
              Le interessa un corso d'italiano?
              Lei deve avere sete!

7 La giornata del signor Rossi. Raccontate voi:

Esercizi scritti

8 **«volere» + infinito riflessivo**

Perché non ti siedi?   Perché non vuoi sederti?
Perché non ti vesti?   ....
Perché non ti lavi?   ....
Perché non ti metti al lavoro?   ....
Perché non vi scusate?   ....
Perché non si presenta?   ....
Perché non si accomoda, signore?   ....
Perché non ci riposiamo?   ....
Perché non si iscrivono?   ....
Perché non ti diverti?   ....

9 **I verbi riflessivi al passato prossimo**

Di solito, Ernesto	Ieri però,
si sveglia alle sette,	si è svegliato alle otto,
si alza subito,	.... molto più tardi,
si fa la barba,	non .... la barba,
si veste in fretta,	.... con calma,
si avvia verso la fermata dell'autobus,	.... verso la stazione,
si mette al lavoro alle 8.20.	.... a consultare gli orari dei treni.

Di solito, gli Italiani	Quest'anno però, molti
si interessano poco di politica,	.... di politica,
si divertono molto,	.... poco,
non si preoccupano del futuro.	e .... del futuro.

10 Completate queste inserzioni:

a
BELLARIA
HOTEL LAURA - Telefono (0541) 44.141

Vicino al mare. Ambiente familiare molto tranquillo con giardino o~~ breggiato. Fino al 31 17.000/18.000 sconto ~~ letto. 1-23 agost~ ´ agosto-5 ~~ tut†~

b
CATTOLICA
HOTEL LONDON - Telefono (0541) 961.593

Sulla spiaggia. Ogni

c
CATTOLICA
HOTEL IMPERIALE (piscina)- Tel. (0541) 962.414
HOTEL VENDÔME - Telefono (0541) 963.410

Vacanze gratis. Tre persone nella

d
RICCIONE
HOTEL MILANO HELVETIA - Tel. (0451) 40.885

C **La mattina** (Comprensione scritta)

Ho cominciato a organizzarmi: grazie all'orario della ditta, otto ore divise a metà tra il mattino e il pomeriggio, la mia vita è adesso molto più ordinata. Faccio tutti i gesti più o meno in funzione del mio lavoro. Mi sveglio al mattino alle sette, mi alzo, vado in bagno e mi vesto. Bevo il caffè che la padrona ha lasciato sul tavolino accanto al letto ed esco. A piedi mi avvio fino alla fermata del filobus lontana circa duecento metri. Aspetto il filobus e salgo.
Per arrivare alla strada dove c'è la ditta, il filobus fa diciassette fermate e mette circa trenta minuti. Conosco già molto bene la strada, anche se le case sono quasi tutte uguali. A metà strada c'è un grande giardino pubblico con cedri del Libano e bei fiori. Lungo tutta la strada incontro con gli occhi insegne pubblicitarie che ho imparato a memoria e che mi divertono molto. Finalmente arrivo, scendo e mi avvio per la piccola strada che va alla ditta. A metà di questa stradina c'è un bar dove mi fermo per far colazione con un cappuccino e un biscotto e per comprare sigarette. Esco dal bar ed entro in ditta esattamente alle otto e venti, otto e venticinque.

Secondo Goffredo Parise, Il padrone

1 Quando lavora al mattino l'impiegato?
   a) Dalle 8.30 alle 12.30.
   b) Dalle 7.00 alle 12.00.
   c) Dalle 8.00 alle 12.00.
   d) Dalle 9.00 alle 13.00.

2 Dov'è il giardino pubblico?
   a) Nel Libano.
   b) Nella lunga strada.
   c) A metà strada.
   d) Nella piccola strada che va alla ditta.

3 Dove fa colazione?
   a) A letto.
   b) Alla fermata del filobus.
   c) Nel bar accanto alla ditta.
   d) In ditta.

Ventesima lezione
Cercare lavoro 20

Un operaio italiano cerca lavoro in Germania (dialoghi da sviluppare)

1 Le generalità

Il capo del personale:	Mi dia le sue generalità, nome e cognome.
Italiano:	Dino Ravasi.
Il capo:	Luogo e data di nascita?
Italiano:	San Lorenzo presso Rimini, 3 luglio 1959.
Il capo:	Dunque Lei ha 23 anni. E' sposato?
Italiano:	Sì.
Il capo:	Lavora anche sua moglie?
Italiano:	No. Mia moglie sta a casa e si occupa dei nostri due bambini di 2 e 3 anni.
Il capo:	Dove abita?
Italiano:	Alla Bahnhofstrasse, al numero 27. Abitiamo presso un mio compaesano.
Il capo:	Come si chiama?
Italiano:	Fabrizio Goldoni.
Il capo:	Da quanto tempo si trova in Germania?
Italiano:	Io? Da un mese.

Transfer: Rifate questo dialogo in gruppi di due e date le vostre generalità.

Il vocabolario della famiglia:
Dino è sposato con Nella. Sono marito e moglie.
Hanno due figli: Giorgio (= il figlio) e Anita (= la figlia).
Giorgio è il fratello di Anita, Anita la sorella di Giorgio.
Abitano presso Fabrizio Goldoni, un loro compaesano (= dello stesso paese).
Fabrizio non è sposato, è celibe.
Maria Ferrini, l'amica di Fabrizio, non è sposata, è nubile.
I nonni di Giorgio e Anita, cioè i genitori di Dino, abitano in Italia.
Elvira è divorziata e vive con sua figlia in Germania; il suo ex-marito vive in America.

A2 I permessi

Il capo del personale:	Favorisca il suo permesso di soggiorno.
Italiano:	Ho soltanto la carta d'identità.
Il capo:	Va bene. Possiamo richiedere il permesso di soggiorno anche più tardi.
Italiano:	Ci vuole anche il permesso di lavoro? Mia sorella in Svizzera ha il permesso C.
Il capo:	No, qui in Germania i cittadini dei paesi del Mercato Comune Europeo non hanno bisogno del permesso di lavoro. Però deve denunciare il suo domicilio alla «Meldebehörde».

Esercizio per studenti svizzeri e austriaci:
Come si svolge questo dialogo in Svizzera e in Austria?

I permessi

L'Italiano che vuole lavorare nella Repubblica Federale Tedesca ha bisogno
- di una carta d'identità,
- del permesso di soggiorno (che può richiedere, anche dopo l'entrata in Germania, alle autorità per gli stranieri),
- di denunciare il suo domicilio entro una settimana alle autorità dell'Ufficio del Registro (Meldebehörde).

L'Italiano che vuole lavorare in Svizzera ha bisogno
- di un passaporto,
- del permesso di soggiorno,
- del permesso di lavoro.

Il permesso di lavoro A = permesso limitato di stagionale;
　　　　　　　　　　　proibito cambiare posto di lavoro.
Il permesso di lavoro B = permesso limitato di annuale.
Il permesso di lavoro C = permesso illimitato, dopo residenza non
　　　　　　　　　　　interrotta in Svizzera per 10 anni.

Anche in Svizzera, l'Italiano deve denunciare il suo domicilio alle autorità del comune.

3 I mestieri

Il capo del personale:	Che tipo di lavoro cerca?
Italiano:	Mi piacerebbe fare il meccanico.
Il capo:	Che cosa faceva prima?
Italiano:	A casa facevo il contadino. Guidavo il trattore e riparavo le macchine.
Il capo:	Ha fatto un apprendistato per diventare meccanico?
Italiano:	No ... Aiutavo in un'autorimessa. So riparare tutte le macchine.
Il capo:	Mi dispiace. Posso assumere soltanto operai specializzati. Ma si cercano persone per il trasporto.
Italiano:	Posso fare l'autista.
Il capo:	Abbiamo bisogno di una persona per caricare e scaricare i camion.
Italiano:	Ah sì ... posso fare anche quello ...

Transfer: La ditta Neubauer assume:

un aggiustatostatore	un o una interprete
un autista	tre manovali
due cameriere	un meccanico
una cuoca	una sarta
un falegname	un tecnico
un elettricista	un tornitore

Si presentano:

nome	cognome	stato civile	luogo e data di nascita	ha fatto un apprendistato per:	lavorava in Italia da:
Dino	Ravasi	sposato	S. Lorenzo, 3–7–58	–	manovale
Fabrizio	Goldoni	celibe	S. Lorenzo, 8–6–55	automeccanico	benzinaio
Giuseppe	Amato	celibe	Palestrina, 17–2–52	elettricista	elettricista
Giampiero	Montana	celibe	Lucca, 15–3–57	ha fatto la scuola magistrale	bagnino
Teresa	Santi	sposata	Portici, 21–1–62	sarta	stiratrice
Giovanni	Santi	sposato	Portici, 11–12–61	falegname	manovale
Maria	Ferrini	nubile	Udine, 28–11–59	–	cameriera
Arturo	Lazzaro	celibe	Cefalù, 4–5–56	tornitore	aggiustatore
Filippo	Rubino	celibe	Partinico, 19–10–49	–	contadino
Elvira	Valchera	divorziata	Bolzano, 1–4–52	ha fatto la scuola interpreti	segretaria telefonista

Fate i dialoghi A 1 e A 3 con questi Italiani!

Il vocabolario dei mestieri:
Il contadino o l'agricoltore coltiva i campi.
Il panettiere/il fornaio fa il pane.
Il macellaio prepara la carne.
Il falegname lavora il legno.
Il sarto/la sarta confeziona vestiti da uomo o da donna.
La stiratrice stira i vestiti e la biancheria.
Il calzolaio fa e ripara le scarpe.
Il barbiere taglia i capelli.
Il cameriere/la cameriera serve i clienti nel ristorante.
Il cuoco/la cuoca lavora in cucina.
La donna di servizio fa la pulizia, pulisce le camere.
L'architetto progetta la casa.
I muratori, gli operai e i manovali costruiscono la casa.
L'ingegnere progetta le macchine.
Il tecnico e i meccanici riparano le macchine.
L'aggiustatore e il tornitore lavorano nella metallurgia.
L'apprendista impara un mestiere.

Esercizio: Si cerca...

B Le condizioni di lavoro

Il capo del personale:	Facciamo un contratto di lavoro per tre anni. Per ora, Lei può lavorare al reparto spedizioni. Più tardi può cambiare reparto e lavoro.
Italiano:	Va bene. Quanto si paga l'ora?
Il capo:	18 marchi. Le ore straordinarie si pagano 25 marchi. Inoltre, Lei ha diritto agli assegni familiari, cioè attualmente a 60 marchi al mese per ogni figlio. La ditta paga l'assicurazione contro gli infortuni sul lavoro, l'invalidità e la malattia.

Italiano:	Ci sono alloggi per i lavoratori?
Il capo:	Per questo deve rivolgersi all'ufficio che assiste gli operai stranieri.
Italiano:	C'è una mensa?
Il capo:	Sì. Si servono due tipi di pasti da 4 e da 6 marchi.
Italiano:	Qual è la durata della giornata lavorativa?
Il capo:	Si lavora dalle 7.30 a mezzoggiorno e dalle 13 alle 16.30. Non si lavora il sabato. Lei ha diritto a tre settimane di ferie.
Italiano:	La ringrazio.
Il capo:	Spero che si trovi bene nella nostra ditta. Se c'è qualcosa che non va, si rivolga a me. Domani venga a firmare il contratto.

Transfer: Date le stesse informazioni alle persone che la ditta Neubauer assume. Ecco alcune indicazioni:

reparto	salario/ora	ore straordinarie	orario
fabbricazione:			
operai specializzati	24.–	30.–	7.30–12, 13.00–16.30
manovali	18.–	25.–	7.30–12, 13.00–16.30
spedizione:	20.–	28.–	7.30–12, 13.00–16.30
ristorante del personale:	18.–	–	9.00–16.00
pulizia:	18.–	–	16.00–19.00
amministrazione:	(salari mensili)		8.30–12, 14.00–17.30

Il vocabolario delle condizioni di lavoro
La ditta assume operai e impiegati.
Si firma un contratto di lavoro che regola
– la durata del contratto,
– il tipo di lavoro,
– il luogo di lavoro,
– la paga (il salario, lo stipendio) e la retribuzione delle ore straordinarie o del lavoro a cottimo,
– gli assegni familiari,
– l'assicurazione contro gli infortuni, l'invalidità e la malattia,
– le ferie,
– la durata della giornata lavorativa.
Nelle grandi ditte c'è un ufficio che assiste gli operai e li aiuta a trovare alloggio.
Nella mensa si può prendere il pranzo.

Grammatica

§ 7 La preposizione «da»

a) provenienza: (woher/d'où)	Leonardo da Vinci vengo dall'ufficio da dove vieni?	da + nome da + articolo + sostantivo
b) seit/depuis:	da dieci minuti dalle otto alle 10	da + durata
c) zu, bei/chez:		da + articolo + sostantivo
	tu devi andare dal padrone io devo andare dalla direttrice dobbiamo andare dai signori dovete andare dalle signore vado da una mia amica vado da Elena	 da + nome
d) für/pour:	la sala da pranzo la camera da letto	da senza articolo
e) Wert/valeur:	un francobollo da 20	da senza articolo
f) als/comme, en:	lavora da interprete	da senza articolo

§ 8 L'aggettivo possessivo e i nomi di parentela
Confrontate:

il mio professore la mia amica	mio fratello mia sorella mio padre mia madre mio marito mia moglie mio figlio mia figlia	ma: il mio fratellino la mia sorella maggiore il mio vecchio padre la mia cara mamma il mio ex-marito la mia seconda moglie il mio primo figlio la mia figliola
i miei colleghi le mie amiche	– – –	i miei fratelli le mie sorelle i miei genitori
il tuo/suo amico la nostra/vostra professoressa il loro direttore	tuo/suo padre nostra/vostra madre –	il tuo/suo babbo la nostra/vostra mamma il loro padre, la loro madre
casi speciali:	a casa mia per conto mio	

9 «Können»: potere o sapere?

Ho la patente C:	posso fare l'autista.
Non hanno il permesso B:	possono lavorare soltanto 9 mesi.
Ha lavorato da meccanico?	Allora sa fare tutte le riparazioni?
Teresa S. è sarta:	sa fare vestiti da signora.

10 Il plurale irregolare (I)

–co / –chi	–ico / –ici	–io / –i	–a / –i	invariabili
il franco i franchi il marco tedesco i marchi tedeschi	il meccanico i meccanici l'amico gli amici il tecnico i tecnici	l'operaio gli operai il figlio i figli il libraio i librai	l'autista gli autisti l'elettricista gli elettricisti il dentista i dentisti	il camion i camion il bar i bar lo sport gli sport

–(i)ca / –(i)che	(vocale) –cia, –gia / **ma**: (consonante) –cia /		invariabili
	plurale: –cie, –gie	plurale: –ce	
la cuoca le cuoche l'amica le amiche	la camicia le camicie la valigia le valigie	l'arancia le arance la spiaggia le spiagge	la generalità le generalità la città le città

11 «Si» impersonale I (man/on)

(essi) vendono questa casa	(essi) assumono tre manovali
si vende questa casa	si assumono tre manovali
(= questa casa si vende)	

Confrontate:	
c'è una camera libera	ci sono due camere matrimoniali
mi piace la moda italiana	mi piacciono le macchine italiane
ci vuole il permesso A	ci vogliono due francobolli da 50
si affitta una camera	si affittano camere e appartamenti
Singolare	Plurale

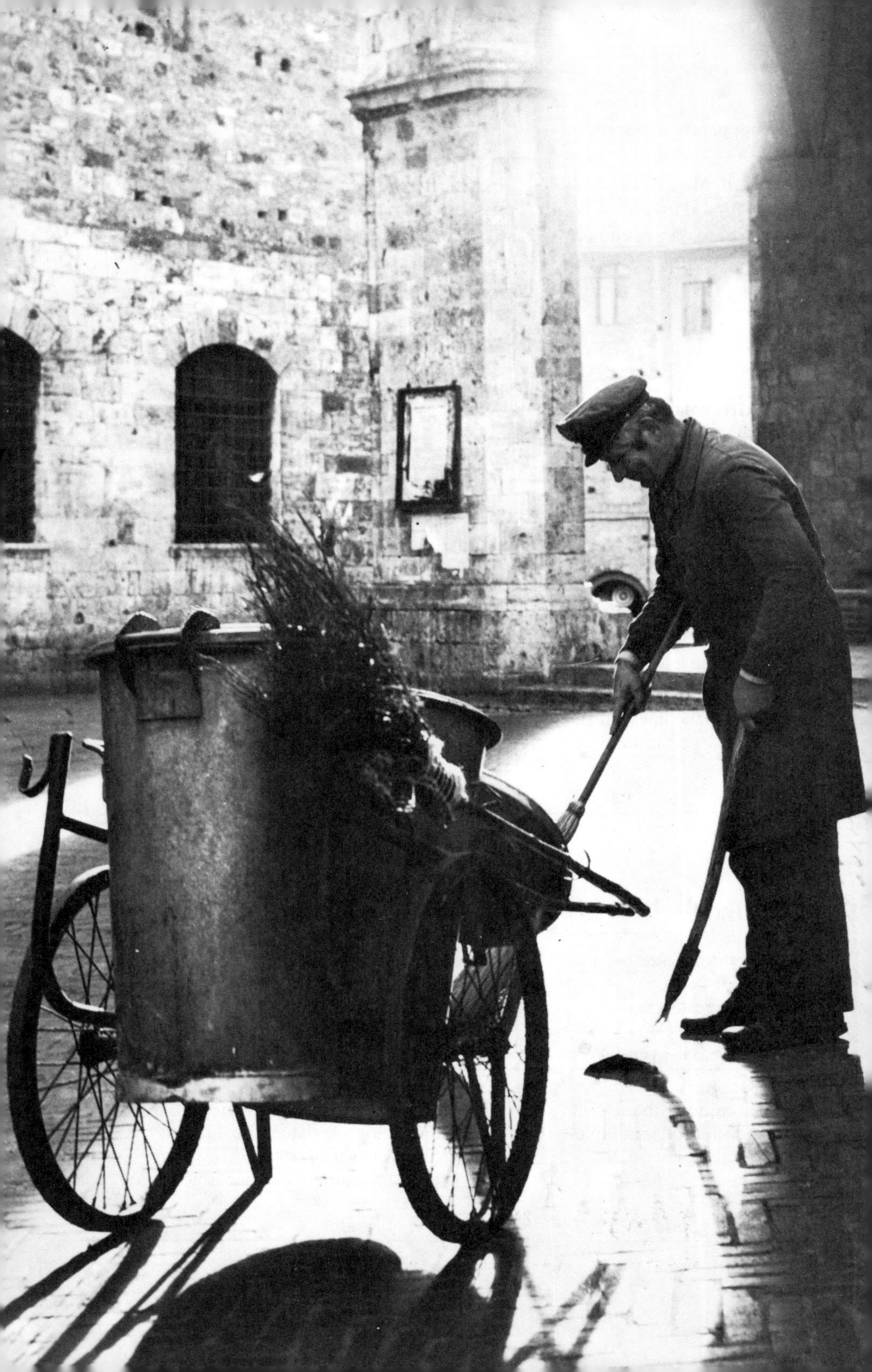

Esercizi strutturali 20

1 Esempio: Mio fratello è operaio.
  Risposta: Anche mia sorella è operaia.
  Mio padre è Italiano.
  Mio fratello è sposato.
  Mio figlio è fidanzato.
  Il mio professore è Svizzero.
  Il mio padrone è Tedesco.
  Il mio amico è celibe.
  Mio marito è impiegato.

2 Esempio: Il padrone ti aspetta.
  Risposta: Quando devo andare dal padrone?
  Il capo del personale vi aspetta.
  La professoressa ti aspetta.
  La segretaria ci aspetta.
  Gli amici ci aspettano.
  Il malato lo aspetta.

3 Esempio: Mi piacerebbe guidare.
  Risposta: Ci vuole la patente.
  Esempio: Ecco due cartoline per l'Italia.
  Risposta: Ci vogliono due francobolli da 50.
  Mi piacerebbe lavorare in Svizzera.
  Cerco un appartamento per quattro persone.
  Mi dispiace, ma non so riparare questa macchina.
  Quanto costa una lettera per l'Italia?

4 Esempio: Ho bisogno solo di manovali per caricare e scaricare.
  Risposta: Purtroppo non posso assumere persone per altri lavori.
  Abbiamo bisogno solo di manovali per il magazzino.
  La ditta ha bisogno solo di manovali.
  Le officine hanno bisogno solo di meccanici.
  Gli alberghi hanno bisogno solo di stagionali.
  Ho bisogno soltanto di aggiustatori e tornitori.
  Abbiamo bisogno soltanto di aggiustatori.
  La fabbrica ha bisogno solo di elettricisti.

5 Esempio: Posso fare anche l'autista.
  Risposta: Mi dispiace, non abbiamo bisogno di autisti.
  Posso fare anche il meccanico.
  Posso fare anche l'elettricista.
  Posso fare anche la stiratrice.
  Faccio anche il tecnico.
  Faccio anche la cuoca.
  Faccio anche il cuoco.

◄ A San Gimignano, prima dell'arrivo dei turisti

	6 Esempio:	Faccio il muratore.
	Risposta:	Sa fare anche altre cose?
		Facciamo i manovali.
		Faccio il tornitore.
		Il mio amico cerca lavoro. Fa il muratore.
		I miei compaesani cercano lavoro. Fanno i contadini.
	7 Esempio:	Lei è meccanico. Guida anche i camion?
	Risposta:	Sì, so guidare i camion.
	Esempio:	Non abbiamo lavoro per autisti. Vuole aiutare nella spedizione?
	Risposta:	Sì, posso fare anche questo.
		Lei ripara tutti i motori?
		Lei vuole cominciare subito?
		Vuole lavorare durante le vacanze scolastiche?
		Lei parla tedesco?
		Adesso Lei è il capo del personale. Risponda all'Italiano;
	Esempio:	Non assumete stranieri?
	Risposta:	Ma sì, possiamo assumere anche stranieri.
		In Germania, gli Italiani devono avere un permesso di lavoro?
		Non posso cambiare reparto, più tardi?
		La ditta organizza dei corsi di lingua?
		Dove si mangia a mezzogiorno? C'è una mensa?
		Mi spiega come funziona questa macchina?
	8 Esempio:	Non avete bisogno di un interprete?
	Risposta:	Sì, si cerca effettivamente un interprete.
	Esempio:	Non avete bisogno di operai per la fabbrica?
	Risposta:	Sì, si cercano effettivamente operai per la fabbrica.
		Non avete bisogno di una stiratrice?
		Non avete bisogno di due meccanici?
		Non avete bisogno di un aggiustatore e di un falegname?
		Non avete bisogno di un macellaio?
		Non avete bisogno di manovali?
	9 Leggete:	a) Cèrcasi cuoco per albergo …
		b) Si cerca cuoco per albergo …

Cercasi CUOCO per albergo, Tel. 18 80 31.	Affittansi CAMERE ad italiani, Tel. 25 62 31.	Cercansi MURATORI per subito, Tel. 17 22 53.		
Cercasi RAGAZZA per lavori casalinghi, Tel. 25 17 35.	Cercansi MURATORI Tel. Mordasini, 41 92 35.	Assumiamo MANOVALI Tel. Bosch, Apparecchi elettrici, Tel. 67 21 11.	Cercasi CAMERIERA o CUOCA Ristorante Belvedere, Tel. 44 66 01.	Cercasi FALEGNAME di cantiere. Impresa di costruzioni Neubauer, Tel. 85 22 11.

Esercizi scritti

10 Che funzione ha la preposizione «da» in questi esempi?

	a) von... ...her de	b) seit, von... ...an depuis	c) zu, bei chez	d) für pour	e) Wert à	f) als comme
1 Abito da un mio compaesano.						
2 Da quanto tempo si trova in Germania?						
3 Da un mese.						
4 Un pasto da 4 marchi.						
5 Venga domani da me.						
6 Si lavora dalle 7.30 a mezzogiorno.						
7 Mi può cambiare un biglietto da 50000 lire?						
8 Per ora, lei lavora da manovale nel reparto spedizioni.						
9 Ha una macchina **da** scrivere da darmi?						
10 Da dove viene?						
11 Mi dia un gelato da 500 lire!						
12 La camera da letto è al primo piano e dà sul mare.						

11 Bisogna mettere o no l'articolo davanti all'aggettivo possessivo?

.... mia moglie non lavora perché .... nostri figli sono ancora piccoli.

.... mia sorella abita e lavora a Basilea dov'è sposata con uno Svizzero.

.... mio compaesano Fabrizio si trova in Germania da 5 anni. .... miei genitori sono rimasti in Italia, a San Lorenzo presso Rimini che è .... mio paese natio. .... mio lavoro non è tanto interessante.

12 «Potere» o «sapere»?

Non .... venire, perché devo lavorare. Non .... cucinare perché mia madre non me lo lascia mai fare. Tu fai la sarta? Allora tu .... certamente cucire! Perché non .... prendere la tua macchina? Non .... prenderla perché è in riparazione. Tu .... guidare? Sì, ... guidare ma non .... farlo, perché sono ancora troppo giovane. Oggi i ragazzi non .... uscire perché piove. Questi ragazzi .... nuotare bene, non bisogna aver paura! .... fare altre cose?

13 **«Da» o «a»?**

Devo andare .... ufficio centrale per parlare .... direttore. Devi andare .... barbiere! Ho telefonato .... medico. Devo andare .... medico. Hai già scritto .... ingegnere? Abbiamo appuntamento .... nostri amici. .... cinque di sera. Renato vuole andare .... concerto, io invece vado .... una mia amica.

14 **I mestieri**

-aio:	il libro	il libr	il macello	....
	la calzatura	il calzol	il forno	....
	l'orologio	....	la lavanderia	....
-ista:	l'auto	....	elettrico	....
	la farmacia	....	il giornale	....
-tore/-trice:	aggiustare	....	stirare	....
	tornire	....	vendere	....
-iere/-iera:	la camera	....	infermo	....

15 **Mettete al plurale**

Si cerca un meccanico.   Si cercano due meccanici.
Si assume un tecnico.   ....
Si cerca un autista.   ....
Si vende un vecchio camion.   ....
Si offre un ottimo salario.   .... ottimi ....
Si cerca un cuoco italiano.   ....
C'è un posto per un apprendista. ....
Si assume un calzolaio ortopedico. ....

16 **A quali domande risponde l'operaio?**

   .... ?   Giovanni.
   .... ?   Santi.
   .... ?   A Napoli, l'11 dicembre 1961.
   .... ?   Sono sposato.
   .... ?   Via della Posta, numero 5.
   .... ?   Da un mese.
   .... faceva?   Facevo il manovale.
   .... ?   Mi piacerebbe lavorare da falegname.

17 **Dino scrive una lettera a casa.** Dice dove ha trovato lavoro, dove abita, come sono le condizioni di lavoro.

18 **I mestieri**

   1 Chi esercita l'arte fotografica.
   2 Scambio di prodotti e di beni.
   3 «......» (preparare) schede meccanografiche per computers.
   4 Altra forma di «pronunzia».
   5 Operaio addetto al telaio.
   6 Chi porta carichi o bagagli.
   7 Autore di romanzi, novelle, racconti.
   8 Operaio addetto al tórnio.
   9 Macchina per pulire e polire.

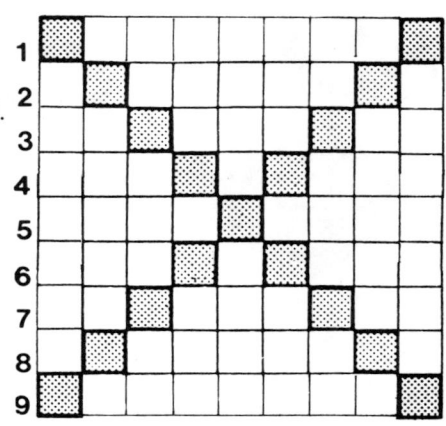

(scrivere anche nelle caselle nere)

Le diagonali: dall'alto in basso, commerciante che fornisce merci a un altro; dal basso in alto, impiegato che sorveglia l'ingresso di case private o pubbliche, fabbriche, conventi ecc.

Andrea Pisano (1270–1348, Firenze): I mestieri

Ventunesima lezione
Parlare di sé 21

Interviste con operai italiani emigrati (comprensione auditiva o scritta)

1 Dino

La casa di Dino è nel centro di M. La sua famiglia e tre compaesani abitano sul retro della casa: una grande stanza al pianterreno che serve da cucina, da sala da pranzo e da soggiorno. Accanto c'è una piccola camera con due letti. I due figli e i tre compaesani hanno le loro camere al primo piano.
– Da quando lavora in Germania?
– Da due mesi. Prima, mi trovavo in Svizzera. Mia sorella abita a Basilea, è sposata con uno Svizzero. Per un mese siamo andati da un ufficio all'altro per trovare un lavoro. Mi restavano 20 000 lire per il biglietto di ritorno. A casa tutto andava male. Finalmente ho trovato un posto in una falegnameria, a 8 franchi e 50 centesimi all'ora. Bastava per mangiare, ma non restava niente alla fine del mese. Dopo due anni, siccome il padrone non voleva pagare di più, sono entrato in una fabbrica di cemento: ma quel padrone era una bestia. In sette mesi ha preso in servizio e licenziato otto Italiani, poi la polizia non gli ha più dato il permesso.
– E adesso, dove lavora? Come si trova in Germania?
– Adesso lavoro in un cantiere. Nel 1979 mi sono sposato. Ma in Svizzera ero stagionale e non potevo portarci mia moglie. Così sono venuto in Germania nel 1982. Qui posso lavorare tutto l'anno e portare la famiglia. Mi sono sistemato, ecco. Però, stiamo ancora cercando un appartamento un po' migliore: qui non c'è il bagno, non c'è il gabinetto, non c'è proprio niente.

2 Giampiero

– Come si trova Lei, in Svizzera?
– Non posso lamentarmi. Da tre settimane lavoro in una tintoria. Con l'aiuto della ditta ho trovato anche una cameretta presso una famiglia. La mia paga iniziale è di 1350 franchi al mese (lo stipendio di un impiegato di banca in Italia), per la camera spendo 270 franchi al mese e per il vitto arrivo sui 450 franchi. A pranzo, vado spesso alla mensa della tintoria dove un pasto costa cinque franchi. Si mangia abbastanza bene e molte volte all'italiana perché tra gli operai ci sono molti Italiani. In conclusione, alla fine del mese, mi dovrebbero restare almeno 600 franchi. E' una buona prospettiva, insomma.
– Vuole stabilirsi in Svizzera?
– Non so. In Italia ero bagnino. Avevo fatto il liceo per niente. Allora preferisco restare qui. Sto studiando il tedesco per ambientarmi meglio.

A1 Che cosa ha capito?

1. Dove lavora adesso, Dino?
   a) In Svizzera.
   b) In Germania.
   c) In Italia.
2. Quante persone abitano in casa di Dino?
   a) Quattro.
   b) Sette.
   c) Due.
3. Siamo nel 1982. Da quanto tempo Dino è in Germania?
   a) Da cinque anni.
   b) Da tre anni.
   c) Da due mesi.

Che forma del verbo è giusta?
4. Mi restavano 20 000 lire, e a casa tutto andava/va/è andato male.
5. Finalmente trovavo/ho trovato/trovo un posto in una falegnameria.
6. Sono entrato in una fabbrica di cemento perché il primo padrone non voleva/ha voluto/vuole pagare di più.
7. Sono venuto in Germania perché in Svizzera sono/ero/sono stato stagionale e non posso/ho potuto/potevo portare la famiglia.

Esercizio di conversazione: Che cosa risponde Dino?
Da quando lavora in Germania?
Dove lavorava prima?
Perché ha lasciato la Svizzera?
Ha trovato un buon appartamento?
Quante persone abitano con Lei?
Sono tutte della Sua famiglia?

Transfer:
Lei è il nuovo collega di lavoro di Dino. Durante la pausa s'informa del suo nome, del suo paese natio e della sua famiglia, del suo lavoro di prima, della data del suo arrivo in Germania, e poi lo invita a casa a mangiare un piatto tipico della cucina tedesca (svizzera, austriaca).

A2 Che cosa ha capito?

8. Per che cosa spende 450 franchi al mese?
   a) Per la camera.
   b) Per la mensa della ditta.
   c) Per mangiare.
9. Perché mangia nella mensa della ditta?
   a) Perché ci sono molti Italiani.
   b) Perché si mangia spesso all'italiana.
   c) Perché costa poco.

10 Che cosa è «una buona prospettiva»?
   a) Un bel panorama.
   b) Un catalogo commerciale.
   c) La possibilità di successo.

Esercizio di conversazione: Che cosa risponde Giampiero?
Da quanto tempo lavora in Svizzera?
Cosa faceva in Italia?
Quanto guadagna attualmente?
Come ha trovato questa camera?
Quanto spende per la camera?
Mangia al ristorante?
Come si mangia e quanto si spende alla mensa?
Vuole stabilirsi qui?
Perché studia il tedesco?

3 Giuseppe
- Da dove viene?
- Vengo da Bari.
- Come si è ambientato in Svizzera?
- Mi sono ambientato abbastanza bene.
- Mi parli un po' di Lei.
- Sono venuto qui come elettricista dieci anni fa. Il mio primo anno è stato duro perché pochi Svizzeri, a causa della lingua, avevano comprensione in ogni campo. Per la camera, tutti mi dicevano: niente camera per gli Italiani. Sul lavoro, mi offendevano spesso. Questo, l'ho superato dopo il mio corso di tedesco. Allora ho potuto parlare con loro, esprimere la mia opinione, e trovarmi in un ambiente completamente diverso. Ho così constatato che allora gli Svizzeri dicono: «Senti come ha potuto ambientarsi e come sa esprimere le proprie idee!»
- Pensa che per ambientarsi basta che l'emigrato impari il tedesco?
- Secondo me, la cosa principale che ogni Italiano deve fare è: imparare a capire gli Svizzeri, sia nella lingua, sia nel loro modo di fare e di vedere. Ma anche gli Svizzeri devono meno generalizzare. Essi avevano forse qualche Italiano che non si comportava bene. Dicono allora che tutti i «cinq» sono così.
- Che rapporti ha con i colleghi di lavoro, adesso?
- Adesso mi sto facendo qualche amico comprensivo. Uno Svizzero, mio collega di lavoro, abita vicino a me, e lui, quando mi vede, mi prende sempre in macchina e mi porta al lavoro molto gentilmente.

A3 Che cosa ha capito

11 Perché il primo anno di Giuseppe in Svizzera è stato duro?
   a) Perché gli Svizzeri non lo comprendevano sempre.
   b) Perché lui offendeva gli Svizzeri.
   c) Perché si comportava male.
12 Che cosa deve fare ogni Italiano emigrato, secondo Giuseppe?
   a) Deve fare la cosa principale.
   b) Deve meno generalizzare.
   c) Deve imparare la lingua.
   d) Deve fare come gli Svizzeri o i Tedeschi.
13 Che cos'è un «cinq», nel dialetto svizzero?
   a) Un emigrato.
   b) Un Italiano.
   c) Uno Svizzero.
   d) Un cane.

Esercizio di conversazione: che cosa risponde Giuseppe?
Quando è venuto in Svizzera?
Che mestiere fa adesso?
E' stato facile trovare una camera?
Come sono stati i primi tempi in Svizzera?
Perché sono stati duri i primi anni?
Che cosa deve fare un Italiano emigrato in Svizzera, secondo Lei?

Transfer: Faccia queste domande a un Suo collega o amico:
Da quanto tempo lavora (lavori) qui? Che cosa fa (fai)?
Come si sente (ti senti) qui? Si è ambientato (ti sei ...) bene?
Vuole (vuoi) stabilirsi (stabilirti) qui per sempre?
Quanto spende (spendi) per il Suo (tuo) appartamento?
Quante camere ci sono? Quante persone abitano con Lei (te)?
Secondo Lei (te), che cosa possono fare gli Italiani per ambientarsi meglio in Svizzera/Germania/Austria?

Cooperativa di donne nella zona terremotata di Napoli

Il rientro degli emigrati (lettura)

Anche oggi molti emigrati rientrano definitivamente in Italia. Negli anni 1975–1980 partivano dalla Svizzera o dalla Germania con in tasca la lettera di licenziamento. Oggi perché decidono di rientrare? «Sono stufo di stare all'estero ... I bambini mi preoccupano per la scuola ... In Italia ci sarà un posto anche per me ... Ho finito di costruire la casa ... Una volta o l'altra devo pur rientrare ed ora sono ancora giovane.» Ecco alcune risposte di emigrati che stanno per rientrare.
Sono stanchi di fare gli emigrati e vogliono ritornare in Italia. E i figli? Devono tornare in Italia anche loro, naturalmente. Ma loro stanno ancora studiando nelle scuole svizzere e tedesche. La loro formazione scolastica o professionale si trova interrotta. Non è escluso che proprio per questo lo stesso figlio si trovi un giorno a fare ancora ed anche lui l'emigrante. E il posto di lavoro in Italia? Purtroppo, mancano spesso delle situazioni reali. Così, invece di rientrare, l'ex-emigrato si trova di fronte a maggiori difficoltà che prima di emigrare. Con una differenza sola: manca il lavoro, a casa.

Noi con voi, mensile bernese per i lavoratori stranieri, 1981

Esercizio
Ecco alcuni motivi del rimpatrio di emigrati italiani secondo dati statistici svizzeri del 1980.

Motivi del rimpatrio			
Per cattiva o mancata integrazione (motivi negativi)			
– Timore di licenziamento	60	=	2,7%
– Licenziamento	137	=	6,1%
– Infortunio non riconosciuto	49	=	2,2%
– Inadattabilità propria	265	=	11,8%
– Inadattabilità della famiglia	106	=	4,7%
– Problemi scolastici dei figli	439	=	19,6%
Totale	1056	=	47,1%
Ragioni diverse (motivi positivi)			
– Migliore sistemazione in Italia	444	=	19,8%
– Acquisto o costruzione di casa in Italia	159	=	7,1%
– Raggiungimento limite della pensione	210	=	9,4%
– Riconoscimento di invalidità	132	=	5,9%
Totale	945	=	42,2%
Altri motivi (neutri)			
– Matrimonio, divorzio, salute familiari in Italia, morte del coniuge, ecc.	244	=	10,7%

Attribuite le riposte degli emigrati nel testo B alle rubriche della statistica!

Vocabolario

I rapporti sociali
L'operaio emigrato non trova sempre un ambiente comprensivo.
Deve adattarsi alle abitudini e agli usi di un paese completamente diverso. Deve sistemarsi.
Deve imparare la lingua: ecco la cosa principale per ambientarsi meglio e per superare le difficoltà.
Quando può esprimere le proprie idee e opinioni i colleghi lo rispettano e lo accettano meglio.
Non bisogna generalizzare se qualcuno si comporta diversamente o male. Le generalizzazioni offendono sempre.

Alcuni posti di lavoro:
l'ufficio
la falegnamerìa
la fabbrica di cemento
il cantiere
la tintorìa

§ 12 Grammatica

«Stare» + gerundio
Confrontate:

Studio lingue. (= fatto)	Sto studiando il tedesco.
Abitiamo in campagna. (= situazione)	Stiamo cercando un altro appartamento.
Di solito legge il Corriere. (= abitudine)	Sta leggendo. (= situazione attuale, momentanea)

La formazione del gerundio

Regolare:	aspettare	aspettando
	prepararsi	preparàndosi
	leggere	leggendo
	sedersi	sedèndosi
	partire	partendo
	divertirsi	divertèndosi
Irregolare:	fare / facciamo	facendo
	dire / diciamo	dicendo
	tradurre / traduciamo	traducendo
	porre / poniamo	ponendo
	essere	essendo

3 a) Passato prossimo e imperfetto

Confrontate:

Ho cambiato posto.	Il padrone mi pagava male.
= azione unica	= causa
E' arrivato un telegramma.	Stavo ancora dormendo (= dormivo).
= azione unica	= situazione
L'ho superato dopo il mio corso di tedesco.	Mi offendevano spesso.
= risultato	= abitudine

b) La formazione dell'imperfetto

Regolare:

	cercare	avere	preferire
io	cercavo	avevo	preferivo
tu	cercavi	avevi	preferivi
lui	cercava	aveva	preferiva
noi	cercavàmo	avevàmo	preferivàmo
voi	cercavàte	avevàte	preferivàte
loro	cercàvano	avèvano	preferìvano

Irregolare:

fare	dire	bere	proporre	tradurre	essere
facevo	dicevo	bevevo	proponevo	traducevo	ero
facevi	dicevi	bevevi	supponevi	conducevi	eri
faceva	diceva	beveva	componeva	riduceva	era
facevàmo	dicevàmo	bevevàmo	ponevàmo	producevàmo	eravàmo
facevàte	dicevàte	bevevàte	ponevàte	producevàte	eravàte
facévano	dicévano	bevévano	imponévano	introducévano	èrano

c) «Stare» all'imperfetto + gerundio:

stavo	leggendo	stavàmo	discutendo
stavi	lavorando	stavàte	mangiando
stava	parlando	stàvano	guardando

Esercizi strutturali

1 Esempio: Sei contento della camera?
  Risposta: No, sto proprio cercando un'altra camera.
  Siete contenti del vostro lavoro?
  E' contento di questo ristorante?
  Sono contenti del loro albergo?

  Esempio: Hanno già potuto ordinare, i signori?
  Risposta (tipo): No, stiamo consultando la lista.
  Rispondete liberamente:
  Ha già avuto la comunicazione telefonica, signorina?
  Avete già terminato il pranzo?
  Hai già scelto le cartoline?
  Ha già finito di leggere questo giornale?

2 Esempio: Perché non hai parlato al direttore?
  Risposta (tipo): Lui stava parlando con un professore.
  Rispondete liberamente:
  Perché non hai parlato cogli amici?
  Perché non avete parlato alla segretaria?
  Perché non hai domandato al meccanico?
  Perché non hai chiamato Carlo che era in ufficio?
  Perché non sei andato al tavolo di Adriana e Pietro?
  Perché non avete continuato a fare la spesa?

3 Esempio: Perché non sei venuto all'appuntamento?
  Risposta: Non sono venuto perché ero troppo stanco.
  Perché non siete venuti all'appuntamento?
  Signore, perché non è venuto al cocktail?
  Perché non è venuto il tuo amico?
  Perché non sono venuti i tuoi colleghi?
  Perché non è venuta la tua fidanzata?
  Perché non sono venute le vostre amiche?

4 Esempio: Adesso ti pagano bene?
  Risposta: Sì, ma tre anni fa non mi pagavano bene.
  Adesso hai molti amici?
  Adesso vuoi stabilirti qui?
  Adesso nessuno ti offende?
  Adesso sei contento del lavoro?
  Adesso sai come comportarti?

  Esempio: Adesso capisci il tedesco?
  Risposta: Sì, ma tre anni fa non lo capivo.
  Adesso comprendi questi problemi?
  Adesso dici la tua opinione?
  Adesso leggi i giornali tedeschi?

Adesso hai una buona prospettiva?
Adesso avete un buon appartamento?
Adesso conoscete la città?
Adesso vi pagano bene?
Adesso non vi offendono più?

Esercizi scritti 21

5 **Mettete all'imperfetto:**

Non tutti (avere) .... comprensione. (Dire, loro) ....

............: niente camera per gli Italiani. Sul lavoro, mi (offendere, loro) ....

.... spesso.

(Dovere, io) .... andare da un ufficio all'altro per trovare qualche lavoro. Mi (restare) .... 20 000 lire per il biglietto di ritorno. A casa, tutto (andare) .... male.

Il padrone mi (pagare) .... 8 franchi e 50 centesimi all'ora.

(Bastare) .... per mangiare, ma non (restare) ....

niente alla fine del mese. Dopo due anni, siccome il padrone non (volere) .... pagare di più, sono entrato in una fabbrica di cemento.

6 **Mettete «stare» + gerundio; attenzione al tempo (presente o imperfetto)!**

Scusi il disturbo: vedo che Lei (lavorare) ....

Non posso chiamare il capo: in queste momento (parlare) ....

.... con l'ingegnere.

Volevamo partire subito, ma loro (vestirsi) ....

Gli ho telefonato stamattina, ma sua moglie mi ha detto che lui (dormire) .... ancora. – Cosa fai? – (leggere) ....

.... – Hai già terminato quel lavoro?

No, ma adesso lo ....

61

7 **Che forma ci vuole: l'imperfetto o il passato prossimo?**

a) Stamattina Ernesto riceveva / ha ricevuto un telegramma.

b) Quando ero / sono stato piccolo passavo / ho passato le vacanze dai nonni.

c) Perdevamo / abbiamo perduto il treno perché eravamo / siamo stati in ritardo.

d) Entravo / sono entrato in una tintoria perché non volevano / hanno voluto pagare di più.

e) In Italia tutto andava / è andato male: non c'era / c'è stato lavoro, il padre era / è stato malato, mio fratello doveva / ha dovuto andare al Nord. Così mi decidevo / mi sono deciso ad emigrare in Germania.

f) Non capisco quello che mi dicevi / hai detto.

g) Prendevamo / abbiamo preso il caffè quando è arrivato Carlo.

8 **Formate le domande del capo del personale:**

a) ....
Prima di emigrare facevo il contadino.

b) ....
Ho fatto la terza elementare, poi ho dovuto aiutare mio padre.

c) ....
Non potevo fare un apprendistato.

d) ....
Non potevo restare perché ci sono ancora i miei tre fratelli minori.

e) ....
Sì, ho fatto il servizio militare.

9 **Mettete «di» o «da»:**
Sono un operaio residente in Svizzera .... tre anni. Lavoro in una fabbrica .... macchine elettriche. Quasi tutti gli operai sono Svizzeri. Essi erano molto comprensivi nei primi giorni .... lavoro e anche oggi mi aiutano volentieri. Eppure i primi anni sono stati duri. Dovevo abitare in una baracca .... ditta, poi ho trovato una camera .... una vecchia signora. Ma quando la sera qualche amico veniva .... me, lei si arrabbiava. Adesso ho un piccolo

appartamento .... due camere in una grande casa .... periferia, dove non conosco nessuno. Ho una camera .... letto e un soggiorno che serve anche .... cucina. Gli amici vengono spesso .... me. Allora facciamo una festa all'italiana. Ecco: mi sono sistemato bene, ma non mi sono ambientato. .... vecchio voglio tornare in Italia. Ho bisogno .... un ambiente più simpatico.

10 **Che funzione ha la preposizione «da» in questi esempi?**

	a) von... ...her de	b) seit, von... ...an depuis	c) zu, bei chez	d) für pour	e) Wert à	f) als comme
Dino lavora in Germania da (1) due mesi. Abita una vecchia casa non lontana dal (2) centro. La sua camera da (3) letto è accanto alla cucina. La grande stanza serve da (4) cucina e da (5) soggiorno. Adesso va da (6) un indirizzo all'altro per trovare un appartamento migliore.		1				
Giampiero viene dalla (7) Toscana. In Italia, Giampiero lavorava da (8) bagnino. Da (9) tre settimane lavora in una tintoria a Zurigo. Va spesso da (10) una famiglia amica.						
Giuseppe viene da (11) Bari. Da (12) dieci anni lavora a Berna. Qui lavora da (13) elettricista.						
Ho bisogno di due francobolli da (14) 220 lire. Mi può cambiare un biglietto da (15) 50 000 lire.						
Vada dal (16) capo del personale. Il suo ufficio è aperto dalle (17) 9 alle 12.						
Cos'è successo? Una cosa da (18) niente. Un libro è caduto dallo (19) scaffale.						

63

C Esercizio di conversazione 21

E' in Italia. Un signore si rivolge a Lei. Cosa risponde?
– Scusi signorina, Lei non è di qui. Da dove viene?
– ....
– Per quanto tempo si ferma qui?
– ....
– Abita in albergo o presso una famiglia?
– ....
– Come si trova in Italia?
– ....
– Lei parla molto bene l'italiano. Dove l'ha imparato?
– ....
– Si trova lavoro in Germania (Svizzera)? Faccio il meccanico.
– ....
– E quanto si guadagna?
– ....
– Non vuole stabilirsi in Italia? Potrebbe lavorare da interprete!
– ....

Invece di emigrare lavorano in Sicilia, con macchine svizzere: nel Centro Servizio Cristiano a Riesi

Ventiduesima lezione
Telefonare   22

Al telefono (comprensione auditiva)

1 Una prenotazione
Sig. Ferrari: Pronto. Parlo col ristorante Da Peppino?
Ristorante: Sì, che cosa desidera?
Sig. Ferrari: Mi potrebbe riservare una tavola per quattro persone per stasera alle otto?
Ristorante: Volentieri. Le dispiace dirmi il Suo nome?
Sig. Ferrari: Felice Ferrari, Via 20 Novembre. Sarebbe possibile avere una tavola fuori sotto la pergola?
Ristorante: Senz'altro, signore. Sa già il menù?
Sig. Ferrari: No. Ci piacerebbe mangiare «à la carte».
Ristorante: Va bene. Arrivederci, signor Ferrari.

2 Un invito
Graziella: Pronto, parlo con la signora Amato?
Silvana: Ma sì, buon giorno, Graziella. Che piacere sentirti!
Graziella: Salve, Silvana. Ti disturbo?
Silvana: No, affatto! Anzi, volevo telefonarti da tempo. Come stai?
Graziella: Bene, grazie. Senti, vorrei invitarti con tuo marito a cena da noi domani sera, se vi è possibile.
Silvana: Sei veramente gentile, e naturalmente accetterei ben volentieri. Soltanto adesso Cesare non è ancora rientrato. Dovrei domandargli se non ha impegni per domani. Potrei ritelefonarti fra mezz'ora?
Graziella: Va bene. Noi però andiamo stasera da mia madre per sistemarle la lavatrice. Potresti richiamare prima delle 20?
Silvana: Sicuro. Intanto ti ringrazio dell'invito.

3 Un appuntamento
Silvana: Pronto, sei tu, Graziella?
Graziella: Ciao, Silvana. Allora, gli va bene per domani, a Cesare?
Silvana: Eh, purtroppo no. Gli dispiace tanto, sai, ma lui dovrebbe essere presente domani a una riunione degli impiegati della ditta. Ti prega di scusarlo.
Graziella: Peccato. Ma forse potreste venire sabato? A noi andrebbe benissimo.
Silvana: Anche a noi. Il sabato, Cesare non ha mai impegni professionali. Così potremmo venire senz'altro. Ma invece di disturbarvi, non si potrebbe uscire insieme?

65

Graziella: Il sabato, nelle trattorie non si starebbe bene. E poi Bruno vorrebbe mostrarvi le diapositive del nostro viaggio a Vienna. Allora vi aspettiamo per le ore 20, va bene?
Silvana: D'accordo. Ci rallegriamo molto di rivedervi. E grazie tante dell'invito!

Esercizio di comprensione auditiva
Nei tre dialoghi A 1–3 avete sentito delle forme verbali al condizionale, per esempio: mi potrebbe riservare ... (A 1)
Segnalate altre forme al condizionale:

A 1: ....

A 2: ....

....

A 3: ....

....

....

B1 Potrei parlare al direttore? (microdialogo)
Peter Müller: Pronto! Potrei parlare al direttore[1] della ditta?
Centralino: Non c'è. In questo momento sta dirigendo una riunione. Le posso passare la sua segretaria[2].
Peter Müller: Va bene.
Centralino: Le dispiace dirmi il Suo nome?
Peter Müller: Peter Müller, Francoforte.
Centralino: Un attimo per favore!

Varianti:
[1] la direttrice dell'istituto, il preside della scuola, il capo del personale.
[2] il suo segretario.

B2 Gli dica che ... (microdialogo)
Sig. Neri: Mi potrebbe passare il professor Bicci[3]?
Segretaria: Mi dispiace. Il professore è partito un'ora fa. Gli può lasciar detto qualcosa?
Sig. Neri: Sì. Gli dica di chiamare il signor Neri entro venerdì prossimo, al telefono 26 28 67. Mi può raggiungere sempre fra le ore 19 e 20.
Segretaria: Va bene.

Varianti:
[3] la professoressa Pavesi («gli» → «le»)
    i signori Amato («gli» → «gli» o «loro», vedi § 15)
Si possono cambiare il numero di telefono, l'ora, il giorno.

Odissea telefonica (lettura)
Scrive una lettrice al Corriere della sera:
«Mi sono rivolta telefonicamente all'Unione Artigiani per chiedere informazioni sui corsi serali per artigiani. Ecco la mia odissea telefonica:

Io: Buongiorno, signorina. Ho sentito che organizzate corsi gratuiti per operai che desiderano specializzarsi. Un nostro operaio vuole fare un corso per diventare tornitore. Mi può dare informazioni su questi corsi serali?
Unione Artigiani: Un attimo, Le passo l'ufficio.
L'ufficio: Mi dispiace, ma non è di mia competenza. Le passo un'altra persona.
L'altra persona: Ah, scusi, sbagliano sempre! Le ripasso il centralino. Chieda il numero telefonico del ragioniere Arbeo.
Ragioniere: Mi dispiace veramente, ma provi a rivolgersi all'ACIST, via Torino 2, telefono 87 43 37.
All'ACIST: Eh purtroppo, noi non facciamo corsi. Provi al numero 25 60 60, Opera Don Calabria.
All'Opera Don Calabria (signora Mazzola): No, mi dispiace: i nostri corsi sono diurni: esattamente dalle 8 alle 16.30. Provi eventualmente alla Regione telefono 43 43 23.
Alla Regione: Forse ci sono, ma non qui. Provi a telefonare in Comune.

Non telefono in Comune perché la signora Mazzola dell'Opera Don Calabria mi aveva dato altri due numeri telefonici. Un numero non risponde (sono le 17.45), l'altro mi risponde di telefonare al 42 87 25, naturalmente solo al mattino.

Il numero 42 87 25, il mattino dopo: Sì, li abbiamo. Comunque provi a telefonare all'ENAIP di Via Ventura, telefono 78 00 21, segreteria.
All'ENAIP: Ma qui è solo segreteria, provi in via Luini 5, telefono 87 11 91, dove c'è la nostra scuola.
Via Luini: Noi non sappiamo; si rivolga al Comune. Ripartizione Educazione.
Al Comune, Ripartizione Educazione Scuole Serali: Non lo so, può darsi che li facciano presso queste due scuole di meccanica in via Livigno 11, oppure in via De Vincenzi.
Via Livigno: Adesso non ne abbiamo più. Si rivolga all'Umanitaria di via Daverio, telefono 54 62 41.

Lì trovo ciò che cerco. Sono proprio felice: ho consumato 11 telefonate, ma ho raggiunto lo scopo!»

Esercizi di transfer
1 Realizzate le telefonate dell'Odissea telefonica nel vostro gruppo.
2 Il professore fa da centralino. Telefonategli per chiedere varie informazioni. Egli vi passa altre persone del gruppo che devono rispondervi. (Questo gioco si può fare anche nel laboratorio di lingue, mettendo in contatto due cabine.)

Vocabolario

Al telefono
Dov'è l'elenco telefonico (la guida del telefono)?
Dov'è la cabina telefonica?
È un apparecchio a scatti o devo prendere dei gettoni?
Conosce il prefisso per telefonare a Roma in teleselezione?
Pronto! Chi parla?
Un attimo, Le passo l'ufficio.
Rimanga all'apparecchio, c'è una comunicazione per Lei!
Le ripasso il centralino.
Provi a rivolgersi alla ripartizione / al reparto ...
Chieda del ragioniere Arbeo.
La linea è occupata.
Richiami fra le otto e le dieci, per favore.
Mi dia il Suo numero telefonico.
Quando si può raggiungerLa? Posso richiamarLa fra cinque minuti?
Potrebbe compitare il suo nome?
Non ho capito bene. Parli più forte/piano/lentamente.
Siamo stati interrotti.
Mi dispiace, c'è un guasto.

Accettiamo un invito:
(Ben) volentieri!
Accetto con piacere.
D'accordo!
Sei (è) veramente gentile.
Ti (La) ringrazio per l'invito.
(= dell'invito).
Grazie (tante) per l'invito (dell'invito).
Mi rallegro molto di rivederti (-La).

Non possiamo accettare l'invito:
Che peccato!
Accetterei ben volentieri, ma dovrei domandare ancora a ...
Ti (La) ringrazio tanto, ma purtroppo ho già un impegno.

Veramente, mi dispiace tanto, ma ti (La) prego di scusarmi, perché devo ...
Sarà per un'altra volta.

§ 14 Grammatica

Il condizionale
Confrontate:

Il condizionale suona meglio:

Posso parlare col direttore?	Potrei parlare col direttore?
Puoi richiamarmi più tardi?	Potresti richiamarmi più tardi?
Può riservarmi una tavola?	Potrebbe riservarmi una tavola?
Possiamo venire coi bambini?	Potremmo venire coi bambini?
Potete venire un'altra volta!	Potreste venire stasera?
Possono aspettare un attimo?	Potrebbero aspettare un attimo?

Il condizionale si forma così:

prendere	prender	-ei	
finire	finir	-esti	
dare, stare, fare	dar	-ebbe	
ma:			
restare (tutti i verbi in -are)	rester	-emmo	
Verbi irregolari:			
potere, vedere	potr	-este,	vedreste
avere, dovere	avr	-ebbero,	dovrebbero
andare	andr	-ei	
essere	sar	-ei	
volere	vorr	-ei	
venire	verr	-ei	
rimanere	rimarr	-ei	

I pronomi del complemento di termine

	Hai scritto **a Carlo?**	Hai telefonato **a Elena?**	Hai scritto **agli amici?** **alle amiche?**	Hai scritto **alla ditta?/** **al segretariato?**
a) davanti al verbo	**Gli** scrivo adesso.	**Le** telèfono adesso.	**Gli**[1] scrivo/ scrivo **loro**[1] adesso.	**Ci** scrivo adesso.
b) al passato prossimo	**Gli** ho scritto ieri.	**Le** ho telefonato ieri.	**Gli** ho scritto ieri. Ho scritto **loro** ieri.	**Ci** ho scritto ieri.
c) dopo l'imperativo	Scrìvi**gli**!	Telèfona**le**!	Scrìvi**gli**! Scrivi **loro**!	Scrìvi**ci**!
d) dopo l'infinito	Sto per scriver**gli**.	Sto per telefonar**le**.	Sto per scriver**gli**/ scrivere **loro**.	Sto per scriver**ci**.
e) dopo il gerundio	Sto scrivendo**gli**. **Gli** sto scrivendo.	Sto telefonando**le**. **Le** sto telefonando.	Sto scrivendo**gli**. Sto scrivendo **loro**.	Sto scrivendo**ci**. **Ci** sto scrivendo.
f) forma di cortesia	**Le** piace la camera, signore?	**Le** piace la camera, signora?	Piace **loro**, **Vi** piace la camera, signori/ signore?	

[1] Il pronome «loro» sta sempre dopo il verbo. Al suo posto si usa oggi, normalmente, «gli» per il maschile come per il femminile.
[2] Invece della terza persona plurale, considerata cerimoniosa, si usa oggi il «voi».

§ 16 Formazione irregolare del passato prossimo:

essere:	sono stato	rimanere:	sono rimasto
venire:	sono venuto	vedere:	ho visto
mi piace:	mi è piaciuto	rispondere:	ho risposto
piovere:	è piovuto	chiedere:	ho chiesto
rivolgersi:	mi sono rivolto	chiudere:	ho chiuso
raggiungere:	ho raggiunto	prendere:	ho preso
dire:	ho detto	permettere:	ho permesso
leggere:	ho letto	aprire:	ho aperto
scrivere:	ho scritto	offrire:	ho offerto

§ 17 L'alfabeto telefonico

a	a	come	Anna	n	enne		Nicola
b	bi		Battista	o	o		Olga
c	ci		Carlo	p	pi		Pietro
d	di		Dàvide	q	qu		Quintino
e	e		Ernesto	r	erre		Rodolfo
f	effe		Federico	s	esse		Susanna
g	gi		Giovanni	t	ti		Teresa
h	acca			u	u		Umberto
i	i		Isidoro	v	vu		Vittorio
j	i lungo			w	vu doppia		
k	cappa			x	ics		
l	elle		Luigi	y	ipsilon		
m	emme		Maria	z	zeta		Zurigo

Esercizi strutturali 22

1 Esempio 1: Potrebbe venire da noi domani?
Risposta: Vorrei venire, ma purtroppo ho già un impegno.
Esempio 2: Potreste venire da noi domani?
Risposta: Vorremmo venire, ma purtroppo abbiamo già un impegno.

Potrebbe farlo domani?
Potreste finirlo oggi?
Potrebbe scriverlo domani?
Potreste venire da noi stasera?
Potrebbe venire, il tuo amico?
Potrebbero venire, i tuoi amici?
Potrebbe farlo, il Suo collega?

2 Esempio 1: E' bello questo locale, vero?
　Risposta: Sì, mi piacerebbe assai.
　Esempio 2: Sono belli questi villini, vero?
　Risposta: Sì, mi piacerebbero assai.
  　　　　　E' elegante questo modello, vero?
  　　　　　Sono eleganti questi modelli, vero?
  　　　　　E' tranquillo questo albergo, vero?
  　　　　　Sono belle queste camere?

3 Esempio: Quando viene in Italia?
　Risposta: Vorrei venire quest'estate.
  　　　　　Quando venite a Roma?
  　　　　　Quando andate in Sicilia?
  　　　　　Quando va a Venezia?
  　　　　　Quando torni a Firenze?
  　　　　　Quando vengono i tuoi genitori?
  　　　　　Quando viene in Italia la tua fidanzata?

4 Esempio: Perché non viene al concerto?
　Risposta: Ci verrei senz'altro, ma non ho tempo.
  　　　　　Perché non venite alla partita di calcio?
  　　　　　Perché non viene al Palio di Siena?
  　　　　　Perché non vai alla riunione?
  　　　　　Perché non andate al ricevimento?
  　　　　　Perché i tuoi amici non vengono al ballo?
  　　　　　Perché il tuo amico non resta ancora?
  　　　　　Perché non restate ancora un po'?

5 Esempio: Lei vorrebbe prenotare una camera per le sue vacanze.
  　　　　　Che cosa dice al direttore dell'albergo?
　Risposta: Mi potrebbe prenotare una camera (matrimoniale, singola) dal 4 al 18 luglio?
  　　　　　Lei dovrebbe sapere a che ora partono gli aerei da Roma a Palermo.
  　　　　　Che cosa dice all'agenzia turistica?
  　　　　　In una città sconosciuta vorrebbe informarsi della strada per andare al centro. Cosa domanda a un vigile?
  　　　　　Alla stazione di rifornimento fa controllare l'olio e l'acqua. Che cosa chiede al meccanico?
  　　　　　Durante un concerto all'aperto un signore accanto a Lei sta fumando. Che cosa gli dice per farlo smettere?
  　　　　　Alla banca vorrebbe cambiare un assegno turistico. Che cosa dice all'impiegato?

6 Esempio 1:   Hai già telefonato a Carlo?
  Risposta: Gli telefonerei subito, ma adesso non posso.
  Esempio 2:   Hai già telefonato a Elena?
  Risposta: Le telefonerei subito, ma adesso non posso.
  Esempio 3:   Hai già telefonato agli amici?
  Risposta: Telefonerei loro subito, ma adesso non posso.
                 Hai già scritto al signor Ferrari?
                 Hai già scritto alla signora Amato?
                 Hai già risposto ai signori Amato?
                 Hai già risposto a Silvana?
                 Hai già telefonato a Silvana e Cesare?
                 Hai già domandato a Pietro?
                 Hai già parlato alla direttrice?

7 Esempio: Quando potrebbe telefonare al medico?
  Risposta: Gli ho telefonato un'ora fa.
                Quando potrebbe scrivere alla professoressa?
                Quando potrebbe parlare al padrone?
                Quando potrebbe rispondere agli operai?
                Quando potrebbe telefonare ai signori Ferrari?
                Quando potrebbe scrivere al segretario?

8   Compitate con l'alfabeto telefonico:
                ACIST   ENAIP   Arbeo   Stoccarda   Vienna   Innsbruck
                Neuchâtel   Porrentruy   Baltmannsweiler   Linz

9 Lei non può dare le informazioni richieste e fa passare un altro servizio.
  Esempio: Scusi, mi può dire quando parte il prossimo treno diretto per Brindisi?
  Risposta: Aspetti un momento, Le passo l'ufficio informazioni.
  – Ho bisogno di un'informazione sul mio conto corrente.
  – Mi può dare un'informazione sulle condizioni di lavoro?
  – Mi può informare sui programmi dei corsi di lingue?
  – Mi può dire dove c'è un club di tennis?
  – Albergo Mediterraneo? Mi può dire se è arrivato il signor Poppe di Amburgo?
  – Mi dica il corso dello scellino austriaco, per favore!
  Ecco alcuni servizi: l'Azienda Locale di Turismo e Soggiorno – l'ufficio dei conti correnti – l'ufficio di cambio – la segreteria – la portineria – il capo del personale – ecc.

Esercizi scritti 22

10 mi, ti, Le, gli, le, ci, vi, loro, Loro?

    a) Signor Arbeo, ... piace viaggiare in aereo?

    b) Carlo non risponde mai alle mie lettere. .... ho scritto da un mese e non ho ricevuto risposta.

    c) .... faccio portare il bagaglio in camera, signori!

    d) .... dispiace se apro la finestra, Antonio?

    e) .... piace la cucina italiana, signorina?

    f) Cari amici, ... dispiace di non poter mostrar .... tutto.

    g) Cosa ti ha risposto Elena? .... hai detto tutto?

    h) I ragazzi sono scontenti. .... abbiamo domandato .... di fare i loro letti e la spesa.

11 Siate cortesi e usate il condizionale:

Posso telefonare?	Potrei telefonare, per favore?
Possiamo aprire il finestrino?	....
Vogliamo una camera matrimoniale.	....
Mio marito vuole una camera con bagno.	....
Mi può passare il medico?	....
Ci possono indicare la strada?	....
I signori vengono con noi?	....
Scusi, mi ha un fiammifero?	....
Restiamo tre giorni.	....
Mi dà un passaggio fino alla prossima stazione di servizio?	....
Devo saperlo adesso.	....
Dobbiamo deciderci adesso.	....
Voglio due posti.	....

73

Ventitreesima lezione
Perdere e cercare   23

A1 **Ah, questi mariti che dimenticano tutto!** (microdialogo)
Carlo: Senti, Silvana, dov'è **il mio apparecchio fotografico?**[1]
           Lo cerco dappertutto!
Silvana: Ma dove lo cerchi? Guarda sullo **scaffale** dei libri[2]:
           non lo vedi?

Varianti:
[1] Ecco le cose che Carlo deve avere:
  l'apparecchio fotografico
  la cinepresa
  le pellicole
  gli occhiali (da sole)
  le chiavi della macchina
  la patente
  i documenti della macchina
  il passaporto
  la carta automobilistica
  la tessera per i musei
  il libretto di assegni
  la ricevuta / lo scontrino

[2] Ecco i luoghi possibili dove si trovano:
  lo scaffale dei libri
  l'armadio
  il cassetto della tavola
  il comò
  la camera da letto
  il tavolino da notte
  la cartella
  la tasca interna della giacca

A2 **Il controllo della macchina** (microdialogo)
Vigile: Signore, devo fare il controllo tecnico della sua macchina.
           Favorisca accendere **i fari abbaglianti**[3].
           Il faro destro non funziona.
Sig. Tosi: Accidenti! Li ho fatti controllare la settimana scorsa.
Vigile: Si vede che non li hanno controllati bene.
           Posso vedere i documenti?

Varianti:
[3] Il signor Tosi deve azionare i fari antiabbaglianti, i fanalini di coda, il freno, i tergicristalli, le frecce.
Come si svolge il dialogo?

A3 **Le donne mettono sempre troppa roba nella valigia** (microdialogo)
Silvana: Hai messo **il tuo vestito** blu?[4]
Carlo: Non voglio prenderlo.
Silvana: Ma sì, mettilo nella valigia, è tanto elegante per la sera!
Carlo: Per carità, non lo mettere, è veramente troppo pesante.

Varianti:
4 Ecco alcuni capi di vestiario
   per uomo: per signora:
   la giacca   il tailleur
   i pantaloni   il giaccone
   il cappotto   il cappotto
   il gilè   la gonna
Cambiano i colori: bianco/nero/rosso/azzurro/giallo/verde/marrone/grigio ecc.
Cambiano gli argomenti:
– ideale per la spiaggia / la montagna / la campagna / la passeggiata
– elegante per la città / la sera
– pratico per fare sport / per il mare / se piove o fa freddo ecc.
Fate altri dialoghi fra marito e moglie che preparano la valigia!

4 Si cerca sempre una cosa all'ultimo momento (microdialogo)
Silvana: Se sei pronto, si può anche partire.
                Hai i biglietti dell'autobus?[5]
Carlo: Sto cercandoli.
Silvana: Dove li hai lasciati?
Carlo: Credevo di averli nel **portafogli**[6] ... Ah, eccoli.
Silvana: Meno male. Facciamo presto, l'autobus sta per arrivare.

Varianti:
5 l'abbonamento del treno
  la prenotazione dei posti sul treno
  lo scontrino del bagaglio (attenzione: l'ufficio chiude fra cinque minuti)
  le lettere raccomandate
  la ricetta per la farmacia
6 la borsa, la cartella, la valigia, la tasca dei pantaloni

Il modello e le copie

B **Sinfonia mattutina** (dialogo da sviluppare)
Carlo: Silvana! Silvaaana!!!
Silvana: Pazienza! Sto venendo. Che c'è?
Carlo: Non ho le chiavi della macchina. Le hai tu?
Silvana: Le mie sì. Le tue no. Dove le hai lasciate?
Carlo: Cercale nell'altra giacca. Ho cambiato vestito, stamattina.
Silvana: Ieri sera ho stirato quella giacca. Le chiavi non c'erano.
Carlo: Perbacco!
Silvana: Forse le hai perdute. ($)
Carlo: Ci mancherebbe altro. Adesso sto per arrivare troppo tardi.
Silvana: Aspetta, ti butto le mie chiavi. Attenzione!
Carlo: No, non le buttare! Si rompono.
Silvana (un momento dopo): Eccole. E buon viaggio.
(Apre la portiera): Oh, ma questa è bella! Guarda un po': le tue chiavi sono sul sedile.
Carlo: Accidenti! Al diavolo queste maledette portiere che si chiudono da sé!
Silvana: Su, non bestemmiare. E adesso rendimi le mie chiavi, se no domani tu le lasceresti di nuovo in macchina.
Carlo: Ciao, e scusami!

Transfer:
1 Riprendete il dialogo fra Carlo e Silvana, prima parte (fino a $)
  Mettete invece delle «chiavi»: la patente, il portafogli, i documenti, il portamonete.
2 Adesso riprendete tutto il dialogo.
  Mettete invece delle «chiavi»: gli occhiali da sole, la chiave della rimessa.
3 Inventate scene analoghe alla prima parte del dialogo:
  – fra marito e moglie che stanno aspettando il treno e non trovano più i biglietti;
  – fra madre e figlio che sta cercando il libro di storia ed è già in ritardo per andare a scuola.

– Lascia che ti dia prima le buone notizie, caro: ... io non sono ferita!

Grammatica

18 I pronomi del complemento diretto

	Hai lo scontrino?	Hai la ricevuta?	Hai i biglietti?	Hai le chiavi?
a) davanti al verbo imperativo negativo (forma classica)	**Lo** cerco. Non l'ho. Non **lo** perdere!	**La** cerco. Non l'ho. Non **la** perdere!	**Li** cerco. Non **li** ho. Non **li** buttare!	**Le** cerco. Non **le** ho. Non **le** perdere!
b) al passato prossimo	L'ho perso.	L'ho persa.	**Li** ho persi.	**Le** ho perse.
c) dopo l'imperativo e «ecco»	Prénди**lo**! Non perder**lo**!	Prénди**la**! Non perder**la**!	Prendéте**li**! Non perdiamo**li**!	Prendiàmo**le**! Ecco**le**!
d) dopo l'infinito	Spero di trovar**lo**.	Spero di trovar**la**.	Bisogna trovar**li**.	Credo di trovar**le**.
e) dopo il gerundio oppure:	Sto cercàndo**lo**. **Lo** sto cercando.	Sto cercàndo**la**. **La** sto cercando.	Sto cercàndo**li**. **Li** sto cercando.	Sto cercàndo**le**. **Le** sto cercando.

§ 19

L'imperativo del tu/voi e l'imperativo di cortesia (=il congiuntivo esortativo)

	tu	noi	voi	Lei	Loro[1]
lasciare +	lascia!	lasciamo!	lasciate!	lasci!	làscino!
−	non lasciare!	non lasciamo!	non lasciate!	non lasci!	non làscino!
chiudere +	chiudi!	chiudiamo!	chiudete!	chiuda!	chiùdano!
−	non chiudere!	non chiudiamo!	non chiudete!	non chiuda!	non chiùdano!
finire +	finisci!	finiamo!	finite!	finisca!	finìscano!
−	non finire!	non finiamo!	non finite!	non finisca!	non finìscano!
riflessivo:					
sedersi +	siéditi!	sediàmoci!	sedétevi!	si sieda!	si siédano!
−	non sederti!	non sediàmoci!	non sedétevi!	non si sieda!	non si siédano!
con pronomi-oggetto:					
aprire + lo	àprilo!	apriàmolo!	apritelo!	lo apra!	lo àprano!
	non aprirlo!	non apriàmolo!	non apritelo!	non lo apra!	non lo àprano!
o:	non lo aprire!	non lo apriamo!	non lo aprite!		
verbi irregolari:					
andare (+ci)	va'! vacci!	andiamo (ci)!	andate (ci)!	vada! ci vada!	vàdano! ci vàdano!
dare (+lo)	da'! dallo!	diamo! diàmolo!	date! dàtelo!	dia! lo dia!	dìano! lo dìano!
stare	sta'!	stiamo!	state!	stia!	stìano!
fare (+lo)	fa'! fallo!	facciamo (lo)!	fate! fàtelo!	faccia! lo faccia!	(lo) fàcciano!
dire (+lo)	di'! dillo!	diciamo (lo)!	dite! ditelo!	dica! lo dica!	(lo) dìcano!
essere	sii!	siamo!	siate!	sia!	sìano!
avere	abbi!	abbiamo!	abbiate!	abbia!	àbbiano!
sapere	sappi!	sappiamo!	sappiate!	sàppia!	sàppiano!

[1] Nella lingua di oggi, invece delle forme con «Loro» si usano piuttosto le forme col «voi»: Signori, aspettate un momento, per favore! Accomodatevi qui!

«Stare» + gerundio / «stare» + infinito
Ha già chiesto la comunicazione?

Proprio adesso la sto chiedendo / sto chiedendola.	Un momento per favore, sto per chiederla.
stare + gerundio: ich bin daran, die Verbindung zu bestellen frz. je suis en train de demander la comunication engl. I am + -ing Form	stare per + infinito: ich bestelle sie gleich frz. je vais la demander engl. I am going to ask for it

Esercizi strutturali 23

1 Esempio: Hai lo scontrino?
  Risposta: No, lo cerco dappertutto, ma non lo trovo.
   Hai la ricevuta?
   Hai le carte automobilistiche?
   Hai i documenti?
   Hai gli occhiali da sole?
   Hai il portafogli?
   Hai la tessera del club?
   Hai le chiavi della macchina?

2 Esempio: Non trovo le chiavi. Le hai tu?
  Risposta: No. Le hai forse lasciate nella cabina?
   (nell'altra giacca, nella valigia, nella borsa, ecc.)
   Non trovo gli occhiali. Li hai tu?
   Non trovo l'orologio. L'hai tu?
   Non trovo la tessera d'ingresso. L'hai tu?
   Non trovo il portafogli. L'hai tu?
   Non trovo le ricevute. Le hai tu?
   Non trovo la patente. L'hai tu?
   Non trovo gli scontrini. Li hai tu?

3 Esempio: Hai forse dimenticato l'indirizzo?
  Risposta: No, non l'ho mica dimenticato. Eccolo!
   Hai forse perduto la tessera?
   Hai forse perso le chiavi?
   Hai forse dimenticato i passaporti?
   Non hai lasciato i fiammiferi al ristorante?
   Non hai dimenticato l'ombrello davanti alla porta?
   Non hai perduto la cartolina per Cesare?

4 Esempio: Attenzione, ti butto la chiave!
  Risposta: Per carità, non la buttare! Si rompe.

  Attenzione, ti butto gli occhiali!
  Attenzione, ti butto l'ombrello!
  Attenzione, ti butto le chiavi!

5 Esempio 1: Pietro, posso prendere il giornale?
  Risposta: Sì, prendilo pure!
  Esempio 2: Signore, posso aprire il finestrino?
  Risposta: Sì, lo apra pure!

  Pietro, posso chiudere l'ombrellone?
  Pietro, posso usare un momento la tua matita?
  Signore, posso usare un momento la sua matita?
  Signore, posso leggere un momento il suo giornale?
  Pietro, posso leggere un momento la tua rivista?
  Pietro, posso guardare un momento le tue fotografie?
  Signore, posso guardare un momento la sua carta automobilistica?
  Signore, posso chiudere il finestrino?

6 Esempio: Ha già chiesto la comunicazione?
  Risposta: Sto per chiederla. Un momento per favore!

  Ha già confermato il volo?
  Ha già spedito il bagaglio?
  Ha già fatto i biglietti?
  Ha già prenotato i posti?
  Ha già chiamato il tassì?
  Ha già fatto il conto?
  Ha già stirato il mio vestito?
  Ha già cercato le nostre valigie?

7 Esempio: Hanno già annunciato l'aereo?
  Risposta: Proprio adesso lo stanno annunciando.

  Hanno già controllato le valigie?
  Hanno già portato il bagaglio?
  Hanno già reso i passaporti?
  Hanno già chiamato i passeggeri?
  Hanno già chiesto la comunicazione?
  Hanno già aperto gli sportelli?
  Hanno già scritto il permesso?
  Hanno già riparato la macchina?
  Hanno già fatto il pieno?

Nella Galleria d'Arte realistica

Esercizio scritto 23

8 **«Stare» + gerundio / «stare per» + infinito**

Non Le posso passare il direttore: (parlare) .... con un cliente. Facciamo presto: il treno (partire) ....! Cosa fai? (io, leggere) .... Siete fortunati: (noi, uscire, imperfetto) .... quando avete telefonato. Non lo disturbate: (egli, dormire) .... ancora, perché ieri ha lavorato fino a mezzanotte. Carlo, dove sei? Ti chiamo da mezz'ora! Pazienza (io, venire) .... Bisogna far presto: il negozio (chiudere) ....

Programma d'istruzione: I pronomi personali lezioni 22 e 23

1 Legga questa serie di frasi:
Carlo apre la rimessa. Quando vuole aprire la portiera della macchina, non trova la chiave. Pensa un momento. Stamattina ha cambiato giacca e forse ha lasciato la chiave nell'altra. Adesso chiama Silvana.

Chi vuole aprire la portiera? Carlo.
Chi non trova la chiave? Carlo.

Non si dice mai «Carlo», ma sappiamo che Carlo è **il soggetto** di tutta la serie di frasi.

Quando non è necessario, in italiano **non si mette il pronome-soggetto:**

Parto subito. (io)
Dove vai? (tu)
Restiamo a casa. (noi)
Perché partite? (voi)

Trovi Lei il soggetto:
Che cosa fai? (..........)
Sono stanco, resto qui. (..........)
Dove avete lasciato Elena? (..........)
Quando arriviamo? (..........)

81

2   Nella terza persona può essere necessario mettere il pronome-soggetto:
    Carlo e Silvana sono a casa.
    (?) guarda la TV e   egli (lui)[1] = Carlo
    (?) legge il giornale.   essa (lei)[1] = Silvana

    [1] Nell'uso moderno, si mettono «lui, lei» invece di «egli, essa» senza differenza di senso. «Ella» per «essa» è forma antiquata.

    Che cosa fanno i ragazzi?
    (?) giocano a calcio, mentre   essi (loro) = i ragazzi
    (?) lavorano a casa.   esse (loro) = le ragazze

    Anche per le cose si possono mettere i pronomi-soggetto:
    Ti impresto il libro: esso mi sembra interessante.
    Ti do la rivista: anch'essa mi pare interessante.

    Ecco dunque **i pronomi personali – soggetto di terza persona:**

	Persone	Cose
maschile singolare	egli, lui	esso
plurale	essi, loro	essi
femminile singolare	essa, lei	essa
plurale	esse, loro	esse

    Risponda mettendo il pronome soggetto della terza persona:
    Dov'è il tuo amico?   .... è andato via.
    Dov'è la ragazza?   .... gioca con i bambini.
    Non hai visto i bambini?   .... giocano dietro la casa.
    E Maria e Anna?   .... stanno facendo la spesa.
    Dov'è il Palazzo Vecchio?   .... si trova nel centro storico.
    E la loggia dei Lanzi?   .... è di faccia al Palazzo Vecchio.

3   Quando ci rivolgiamo a una   In questo caso si mette spesso
    persona nella forma di cortesia, il pronome-soggetto:
    usiamo la terza persona:
    Scusi, è Svizzero?   Scusi, Lei è Svizzero?
    Al plurale, ci sono due possibilità:
    Scusino, sono di Berna?   Scusino, Loro sono di Berna?
    Scusate, siete Tedeschi?   Scusate, Voi siete Tedeschi?
    Lei e **Loro** si usano senza differenza per persone maschili o femminili.

82

4 I pronomi del complemento diretto.

Senti il bambino?
Chiama **la mamma**?   Sì, **la** chiama spesso.
complemento diretto: una persona
in tedesco: wen?
in francese: qui est-ce que ...?

Forse chiede già **la pappa**?   No, non **la** chiede mai a quest'ora.
complemento diretto: una cosa
in tedesco: was?
in francese: qu'est-ce que ...?

Ecco la lista dei pronomi del complemento diretto:

Quando **mi** chiami?	Se non **ti** disturbo, all'una.
Quando **ci** chiamate?	Se non **vi** disturbiamo, all'una.
Capisci **il professore**?	**Lo** capisco male.
Aspetti **il tuo amico**?	Sì, **l'**aspetto da 10 minuti.
Quando chiami **Elena**?	**La** chiamo stasera.
Inviti anche **Silvana**?	No, non **l'**invito.
Conosci **queste ragazze**?	No, non **le** conosco.
Accompagnate **le amiche**?	Sì, **le** accompagniamo.
Conosci **questi studenti**?	Sì, **li** conosco un po'.
Vuoi invitare **gli studenti**?	No, **li** invito un'altra volta.
Nella forma di cortesia, i pronomi sono questi:	
Scusi, Lei è **il signor Paoli**?	**La** chiamano da Francoforte.
Scusi, Lei è **la signora Zanetti**?	**La** prego di venire dal direttore.
Scusino, Loro sono **i signori Meier**?	**Li** prego di venire qui.
Scusino, Loro sono **le signorine R.**?	**Le** chiamano da Berna.
Oppure, nell'uso moderno:	
Scusate, Voi siete **i signori Meier**?	**Vi** prego di venire qui.

Adesso risponda Lei:

Lei conosce la città?   Sì, ... conosco abbastanza bene.

Lei conosce questo museo?   ....

Lei conosce questi signori?   ....

Loro conoscono queste ragazze?   ....

Dove mi aspetta, Signore?   .... qui.

Dove ci aspettano, Signori?   .... qui.

Dove ci aspettate, amici?   .... all' ingresso.

5 lo, la, li, le + passato prossimo

Ha chiamato **il tassì**?	Sì, **l'**ho già chiamat**o**.(l' = lo)
Ha prenotato **la camera**?	Sì, **l'**ho già prenotat**a**. (l' = la)
Ha sistemato **questi studenti**?	Sì, **li** ho sistemat**i** nella pensione
A che corso ha iscritto **queste studentesse**?	**Le** ho iscritt**e** al corso inferiore.

Il participio passato si accorda con lo, la, li, le.

Hai visto **Silvana**?	L'ho vist**a** ieri sera.
Hai incontrato Carlo?	....
Hai invitato Carlo e Cesare?	....
Hai chiamato Elena?	....
Hai chiamato Elena e Silvana?	....
Hai invitato **Carlo e Silvana**?	**Li** ho invitat**i** la settimana scorsa.
Hai fatto la valigia?	....
Avete fatto i biglietti?	.... abbiamo ....
Avete spedito la lettera?	....
Avete letto le riviste?	....

6 infinito / ecco + lo, la, li, le

Dov'è **il signor Passerini**?	Ecco**lo**!	Signorina, può accompagnar**lo** in segreteria?
C'è **la signorina Huber**?	Ecco**la**!	Anna, puoi accompagnar**la** alla camera 7?
Sono arrivati **gli studenti** di Salisburgo?	Ecco**li**!	Chi può accompagnar**li** all'Università?
Sono arrivate **le studentesse** di Amburgo?	Ecco**le**!	Bisogna accompagnar**le** all'albergo.

Signor Arbeo, ha già chiesto la comunicazione?	Sto per chieder**la**.
idem:	
Ragazzi, avete già fatto i biglietti?	Stiamo per ....
Carlo, hai prenotato le camere?	....

Sua moglie ha spedito il bagaglio?	Sta per ....
Signori, hanno visto la piscina?	....
Buon giorno, signor Gabrieli!	Lieto di conoscerla di persona.
idem:	
Buon giorno, signora Adele!	....
Buon giorno, signori Huber!	....
Buon giorno, amici!	Sono felice di riveder............
Ciao Cesare!	Sono felice di riveder............
Buon giorno, signorina Elena!	Sono felice di riveder............

7 A chi? I pronomi del complemento di termine

Hai telefonato **a Cesare**?	Sì, **gli** ho telefonato.
Hai scritto **a Silvana**?	Sì, **le** ho scritto.
Hai risposto **agli amici**?	a) Sì, ho risposto **loro**.
	b) Sì, **gli** ho risposto.
Hai risposto **alle amiche**?	a) Sì, ho risposto **loro**.
	b) Sì, **gli** ho risposto.
	a) = forma classica
	b) = forma moderna
Hai pensato **al progetto**?	Sì, **ci** ho pensato.
	«ci» = a una cosa (cf. in francese: «y»)

Ho telefonato a Carlo.	Gli ho telefonato anch'io.
Ho scritto a Carlo.	....
Ho scritto a Elena.	....
Ho telefonato ai ragazzi.	....
Ho scritto a Silvana e Maria.	....
Ho pensato alle vacanze.	....
Ho risposto alla sua domanda.	....
Ho parlato a Carlo e Cesare.	....
Ho parlato a Carlo.	....

8 **Attenzione al costrutto:**

Aiutare qualcuno	deutsch aber: jemande**m** helfen
	en français: aider quelqu'un
domandare (chiedere) **a** qualcuno	deutsch aber: jemand**en** fragen, bitten
	en français: demander à quelqu'un

Domando **al signore** la strada per Roma – .... domando la strada. Carlo ti ha chiamato, tu devi aiutar ....! Perché non .... aiuti? Le ragazze vi pregano di aiutar ...., perché non .... aiutate? La signorina ci ha dato tutti i libri che .... abbiamo chiesto.

9 **Diamo del Lei:**

Signore, **mi** ha riservato una camera?	Sì, **Le** ho riservato una camera singola.
	Le = a un signore / a una signora
Signorina, **ci** ha riservato una camera a due letti?	a) Ho riservato **Loro** una camera matrimoniale.
	b) **Vi** ho riservato una camera matrimoniale.
	a) **Loro** = forma classica, cerimoniosa
	b) **vi** = forma moderna

Hai parlato a Pietro?	Sì, gli ho parlato stamattina.
Hai scritto a Elena?	....
Lei ha telefonato alla signorina Volpi?	....
Ha risposto agli operai?	....
Signore, mi ha portato un giornale italiano?	Sì, ... il Corriere.
Signorina, ci ha prenotato una camera matrimoniale o con due letti?	....
Carlo, quando ci hai telefonato?	....
Adriana, quando mi hai scritto?	....

10 **Il participio passato non si accorda mai col complemento di termine!**

Hai chiuso la porta?	Sì, l'ho chiusa.
Hai scritto a Elena?	Sì, le ho scritto.
Hai fatto i compiti?	Sì, ...
Hai telefonato agli amici?	No, ...
Ha portato la valigia, signore?	Sì, ...
Ha mostrato la camera a Gina?	Sì, ... la camera.
Ha telefonato a Gina e a Elena?	....
Ha trovato le chiavi?	....
Che cosa hai chiesto alla signora?	.... quanto tempo resta.
Che cosa hai domandato alle ragazze?	.... perché non restano.

11 **Complemento diretto o complemento di termine?**

Hai telefonato alla cooperativa?	Sì, ci ho telefonato.
Hai scritto alla fabbrica?	....
Hai risposto a Guido?	....
Hai risposto alla lettera?	....
Hai detto tutto a Elena?	....
Hai detto tutto a Guido?	....
Hai detto la verità?	....
Hai fatto gli esercizi?	....
Avete telefonato all'architetto?	....
Avete telefonato agli architetti?	....

12 **Pronomi affissi all'imperativo, all'infinito e al gerundio**

Gli telefoni?	Telefonagli!	Devi telefonargli!	Stai telefonandogli!
Le scrivi?	................!	................!	................?
Lo aiuti?	................!	................!	................?
Li aspetti?	................!	................!	................?
La aspettate?	................!	................!	................?

Comparate con i verbi riflessivi:

Ti riposi?	................!	................!	................?
Vi divertite?	................!	................!	................?

13 Ricapitolazione delle forme

soggetto	complemento di termine	complemento diretto	riflessivo
Io vado.	Carlo mi scrive.	Carlo mi chiama.	Mi diverto.
Tu vai.	ti	ti	Ti diverti.
Egli/lui va.	gli	lo	Si diverte.
Essa/lei va.	le	la	Si diverte.
Lei va. (Forma cortese)	Le	La	Si riposa.
Noi andiamo.	ci	ci	Ci riposiamo.
Voi andate.	vi	vi	Vi divertite.
Essi/loro vanno.	gli (loro)	li	Si seccano.
Esse/loro vanno.	gli (loro)	le	Si seccano.
Loro vanno.	gli, vi (Loro)	li/le oppure: vi	Si riposano.

Dar tempo al tempo

Ventiquattresima lezione
Far fare 24

Dalla parrucchiera (dialogo da sviluppare)
Signora Rizzoli: Buon giorno. Vorrei far lavare e mettere in piega i capelli.
La parrucchiera: Prego, si accomodi qui. Le faccio lavare subito i capelli. Si fa tingere i capelli?
Signora Rizzoli: No, sono bionda di natura.
La parrucchiera: Desidera uno shampoo speciale?
Signora Rizzoli: Mi dia uno shampoo all'uovo.
La parrucchiera: Volontieri. La temperatura dell'acqua va bene così?
Signora Rizzoli: E' un po' fredda. Ora va meglio.
La parrucchiera: Ecco fatto. Come si fa pettinare?
Signora Rizzoli: Mi pettini con i capelli raccolti.
La parrucchiera: Desidera farsi tagliare i capelli?
Signora Rizzoli: No, preferisco lasciarli crescere ancora.
La parrucchiera: Prego, si accomodi sotto il casco. Se le sembra troppo caldo, basta che giri questo interruttore. Desidera un giornale o una rivista?
Signora Rizzoli: Mi dia «Oggi», per favore.
La parrucchiera: Desidera un fissativo?
Signora Rizzoli: No, non occorre.

Esercizio
Studiate il vocabolario che segue e rifate il dialogo a seconda dei vostri bisogni personali!

Vocabolario A 1
La signora va dal parrucchiere o dalla parrucchiera.
Si fa lavare i capelli con uno shampoo all'uovo e metterli in piega.
Si accomoda sotto il casco e si fa dare una rivista.
Si fa pettinare i capelli e si fa dare un fissativo.
Non si fa tagliare i capelli, preferisce lasciarli crescere ancora.
La signorina Elena si fa fare una permanente a freddo, perché la messa in piega le richiede troppo tempo.
La moda dei capelli cambia. Dopo i capelli raccolti ci sono la permanente, le «mèches», ecc.
I capelli sono biondi, bruni, neri, rossi, bianchi; chi non è contento del colore naturale si fa tingere i capelli.
Il signore va dal barbiere o dal parrucchiere.
Si fa fare la barba e tagliare i capelli (ma fa togliere solo le punte); preferisce la brillantina alla lozione. Poi compra un profumo, un sapone da barba e delle lamette per il rasoio.
La manicure cura le mani.

A2 Confezione o su misura? (dialogo da sviluppare)

Adriana: Ho sentito che in Italia non costa poi tanto farsi fare un abito.

Elena: Mah, non so! Un tempo si andava dalla sarta per farsi fare i vestiti, ma ora quasi tutte le Italiane comprano abiti confezionati in serie: vanno in un grande magazzino come la RINASCENTE, la STANDA, se vogliono spendere poco o in una boutique se desiderano qualcosa di più elegante.

Adriana: Non mi piacciono i modelli in serie, e poi ho una misura difficile: mi occorre un numero piuttosto grande, ma più stretto di vita.

Elena: In molti negozi di abbigliamento femminile puoi avere anche un abito su misura allo stesso prezzo della confezione. Poi non richiede molto tempo: oggi ti fai prendere le misure e domani torni per la prova.

Adriana: E' interessante. Voglio fare un tentativo ancora oggi.

Esercizi e vocabolario A 2

1 Per le signore: Nella boutique Le piacciono alcuni vestiti estivi. Lei spiega i problemi della Sua figura:
Le occorre un taglio più largo/stretto al busto/sotto le braccia/in vita/sui fianchi;
non Le piace la lunghezza (troppo lunga/corta).
Finalmente trova un modello che Le piace per la stoffa, ma che non va per la Sua figura.
La commessa Le propone di farsi fare con la stessa stoffa un abito su misura al prezzo della confezione. Lei è d'accordo, si fa prendere le misure e dare un appuntamento per la prova.

2 Per i signori: Lei va dal sarto per farsi fare un vestito da mezza stagione. Il sarto Le fa vedere vari modelli. Lei sceglie una stoffa (di lana, di terital, di cotone, leggera/pesante, in tinta chiara/scura/unita), poi si fa prendere le misure e dare un appuntamento per la prova il più presto possibile (dica il perché!) –

Per il guardaroba, rivedete VIVENDO S'IMPARA 1, lezione 11.

Dal medico (comprensione auditiva)

Sig. Grassi: Buona sera, dottore. Da alcuni giorni mi sento poco bene. Ho difficoltà di digestione, mi prende la sonnolenza dopo i pasti, mi sento molto stanco e ho spesso mal di testa. La notte dormo poco.

Dottore: Si accomodi sul lettino che misuriamo la pressione. Mi dia il braccio. E' un po' bassa. Si distenda.

Sig. Grassi: Devo togliermi la maglia?

Dottore: Sì, resti in canottiera, abbassi un poco i pantaloni. Va bene così. Alzi tutt'e due le braccia. Le fa male qui?

Sig. Grassi: Un po' più in alto a destra... mi fa male proprio lì.

Dottore: Eh già... Si è fatto fare l'esame del sangue?

Sig. Grassi: Ho fatto due mesi fa l'esame del sangue ed è risultato tutto negativo.

Dottore: Si metta seduto e si pieghi in avanti per l'auscultazione. Dia un colpo di tosse. Ancora uno.

Sig. Grassi: Certe volte dalla parte del cuore sento strani dolori.

Dottore: Forse sono dolori intercostali; il cuore comunque è in ordine. Le pulsazioni sono regolari. Ma vuol farsi fare l'esame elettrocardiografico?

Sig. Grassi: Veda Lei, dottore. Bisogna aspettare tanto?

Dottore: No, domani stesso lo può far fare qui all'ospedale della città. Le faccio la domanda. Lei è un tipo nervoso?

Sig. Grassi: Abbastanza e poi non ho orari per i pasti.

Dottore: Questo vuol dire molto. Per aiutare la digestione prenda una di queste pastiglie dopo ogni pasto. Poi, due compresse con un po' d'acqua, una la mattina e una la sera. Ma soprattutto Le consiglio di fare dello sport, il nuoto ad esempio.

Sig. Grassi: Ho già tentato di fare la dieta, ma tutti i tentativi sono stati inutili.

Dottore: Beh, ci vediamo domani per l'esame elettrocardiografico.

Sig. Grassi: Grazie, dottore.

Esercizio di comprensione auditiva
1 Che difficoltà ha il paziente?
   a) Difficoltà di digestione.
   b) Difficoltà di respirazione.
   c) Difficoltà di pressione.
2 Quando gli prende la sonnolenza?
   a) Quando mangia della pasta.
   b) Dopo i pasti.
   c) La notte.
3 Quando si è fatto controllare il sangue l'ultima volta?
   a) Durante gli esami.
   b) Due mesi fa.
   c) Il mese scorso.
4 Quando deve prendere le compresse?
   a) Dopo ogni pasto.
   b) Una la mattina e una la sera.
   c) Ogni sera.

Esercizi di transfer
1 Faccia la parte del paziente nella conversazione seguente:

Medico: Buon giorno signore, si accomodi. Le dispiace darmi le Sue generalità?
Paziente: ....
Medico: Ha il telefono a casa?
Paziente: ....
Medico: Qual è la Sua mutua?
Paziente: ....
Medico: Qual è la Sua età?
Paziente: ....
Medico: Dove sente dolori?
Paziente: ....
Medico: Prende delle pillole o altro?
Paziente: ....
Medico: Qual è il suo lavoro? Dove lavora?
Peziente: ....
Medico: Fa dello sport?
Paziente: ....
Medico: Fuma molto?
Paziente: ....

Medico:	E' da molto che non va dal medico?
Paziente:	....
Medico:	Va bene. Adesso si distenda sul lettino.
Paziente:	....
Medico:	Sì, devo auscultarLa. Grazie. Quanto pesa?
Paziente:	....

2 Faccia la parte del medico. Una madre italiana Le porta il suo bambino che non sta bene. Non ha appetito e dorme male. Un particolare: Lei si trova in Germania (Svizzera, Austria); la famiglia italiana è immigrata da poco.

Vocabolario B

Che cosa dice il paziente?
Non mi sento bene.
Sento dolori in tutto il corpo.
Sono molto stanco.
Non mi va di mangiare.
Ho mal di testa, di denti, di gola,
 di ventre, ecc. =
la testa mi fa male,
 i denti mi fanno male, ecc.
Ho la febbre, sono ammalato.
Non digerisco bene.
Mi prende la sonnolenza dopo i pasti.
Dormo male e mi sveglio spesso.
Ho sempre sete.
Mi sono preso un raffreddore,
 la tosse.
Mi sono rotto (rompersi) il dito.
Mi sono ferito.

Che cosa dice l'infermiera?
Mi dia le Sue generalità.
Qual è la Sua mutua
 (Ticino: cassa malati)?
Lei può farsi rimborsare dalla
 Sua mutua in Germania.
Il medico riceve in ambulatorio
 dalle 9 alle 12.
Le fisso un appuntamento per la
 radiografia all'ospedale.
Il dottore non visita a domicilio.
Chiamo subito il dottore.
E' un caso urgente?
Lei può parlare col dottore in
 persona.
Ecco una ricetta per la farmacia.

Che cosa vuol sapere il medico?
Quanti anni ha?
Quanto pesa?
Che disturbi ha?
Che cosa Le fa male?
Le fa male qui?
Ha avuto malattie gravi in passato?
Fuma molto?
Pratica dello sport?
Si è fatto fare l'esame del sangue
 e dell'urina, la radiografia?
Ha febbre?
E' da molto che non va dal medico?
Ha misurato la temperatura?

Che cosa dice il medico al paziente?
Si accomodi sul lettino per l'auscultazione.
Alzi il braccio destro/sinistro.
Dia un colpo di tosse. Respiri.
Apra la bocca. Mostri la lingua.
Si metta seduto e si pieghi in avanti.
Si tolga la camicia, per favore.
Non è grave (non è niente).
Può guarire entro tre giorni.
Deve mettersi a letto per alcuni giorni.
Deve osservare una dieta e smettere
 di fumare.
Passi dall'infermiera per l'esame del
 sangue.
Bisogna fare l'esame elettrocardiografico/la radiografia.
Prenda questa pillola/capsula/
 pastiglia/compressa dopo ogni pasto/
 prima di mangiare/la mattina e la sera.

Grammatica

§ 21 far fare / lasciar fare (lassen)

Non so riparare la macchina: **la faccio riparare** nella rimessa. (lassen, veranlassen) Vado dal parrucchiere: **mi faccio tagliare** i capelli.	I ragazzi vogliono uscire: tu **li lasci** uscire? (lassen, zulassen, erlauben) Controllo sempre i conti: **non mi lascio ingannare.**

§ 22 Il plurale irregolare (II)

Alcune parole maschili in -o hanno due forme di plurale:
il braccio a) le due braccia dell'uomo
            b) i bracci del Po (Flussarme)
Il plurale in **-a** è femminile:
le due braccia sono ferite.
	Parole con accento sulla desinenza sono invariabili:
	la difficoltà – le difficoltà
	              le generalità

Ecco le parti del corpo umano:

la testa = il capo:		**le membra**	
	i capelli	la spalla	le spalle
la faccia		il braccio	le braccia
il viso		il gomito	i gomiti
(l'occhio)	gli occhi	la mano	le mani
il naso		il dito	le dita
la bocca			
la lingua			
	i denti		
il labbro	le labbra	la gamba	le gambe
la barba		il ginocchio	i ginocchi, le ginocchia
	i baffi	il piede	i piedi
l'orecchio	gli orecchi	il dito	le dita del piede
la guancia	le guance		
la gola		**gli organi interni**	
il collo		il cuore	
			i polmoni
il petto (= il busto)			
il ventre		lo stomaco	
la schiena		il fegato	
le reni			i reni
il fianco	i fianchi		

Esercizio di transfer: commentate questi proverbi
Bocca morta non parla più.
Bocca larga, mano stretta.
È meglio perdere il dito che la mano.
Il vino e le donne fanno perdere il capo.
Quattro occhi vedono più che due.
Tra moglie e marito non mettere il dito.
Chi non ha testa, usa le gambe.

Esercizi strutturali 24

1 Lei si rivolge al portiere dell'albergo.
   Esempio: Questo vestito è sporco.
   Lei domanda: Potrebbe far lavarlo per domani?
   Ho dei vestiti da stirare.
   La mia macchina perde olio.
   Bisogna riparare queste scarpe.
   Ho delle pellicole da sviluppare.
   Vorrei prenotare due posti per una gita a Venezia.

2 Esempio 1: Desidero farmi lavare i capelli.
   Risposta: Si accomodi, le faccio subito lavare i capelli.
   Esempio 2: Desideriamo farci mostrare la camera.
   Risposta: Accomodatevi, vi faccio subito mostrare la camera.
   Desideriamo farci mostrare i nuovi modelli.
   Desidero farmi mostrare i nuovi modelli.
   Desidero farmi tagliare i capelli.
   Desideriamo farci mostrare questo villino.
   Desidero farmi mostrare questo villino.

3 Esempio: Desidera farsi lavare i capelli?
   Risposta: Sì, mi lavi i capelli.
   Desidera farsi fare la barba?
   Desidera farsi tagliare i capelli?
   Desidera farsi tingere i capelli?
   Desidera farsi pettinare con i capelli raccolti?
   Desidera un fissativo per i capelli?
   Desidera un giornale?

4 Esempio 1: Come? Gli operai possono decidere da soli?
   Risposta: Sì, li lasciamo decidere da soli.
   Esempio 2: Come? I bambini devono già andare a letto?
   Risposta: Sì, li facciamo andare a letto presto.
   Come? Il personale può decidere?
   Come? Gli operai stranieri devono iscriversi al sindacato?
   Come? Gli impiegati devono scegliere?
   Come? Il bambino può giocare sul prato?
   Come? La ragazza può uscire la sera?

5 Esempio: Ha mal di testa?
　Risposta: Sì, la testa mi fa male.

　　　　　　Ha mal di denti? di ventre? di schiena? di stomaco? Hai mal di orecchi? Come cammini male! Hai mal di cuore?

6　　　　　Che cosa Le fa male?

　Risposta: Mi fa male la testa.

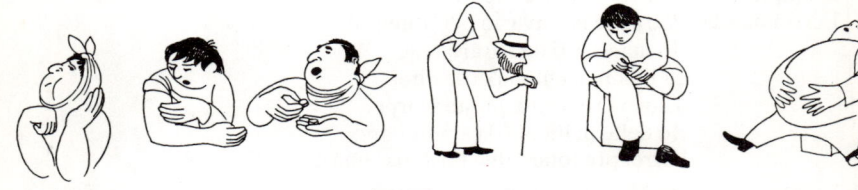

7 Esempio: Le fa male qui?

　Risposta: No, un po' più in alto.

8 **Vocabolario**
　Esempio: E' da molto che non fa gli esami del sangue?
　Risposta: Ho fatto due mesi fa l'esame del sangue.

　　　　　　E' da molto che non fa gli esami dell'urina?
　　　　　　E' da molto che non fa la radiografia?
　　　　　　E' da molto che non fa l'elettrocardiogramma?
　　　　　　E' da molto che non va dal medico?
　　　　　　E' da molto che non si fa controllare il cuore?

9 **Mettete al plurale:**
　Esempio: Alzi il braccio sinistro!
　Risposta: Alzi tutt'e due le braccia!

　　　　　　Chiuda l'occhio sinistro!
　　　　　　Si copra l'orecchio sinistro!
　　　　　　Tiri a sé la gamba sinistra!
　　　　　　Stringa la mano sinistra!
　　　　　　Salti sul piede sinistro!

10 **Che cosa bisogna togliere?**
   Esempio: Mi dia il braccio!
   Risposta: Si tolga la giacca e la camicia!
               Mi mostri il piede!
               Mi mostri il ginocchio!
               Mi mostri la schiena!
               Mi mostri il ventre!
               Mi mostri gli occhi!

«Adesso che ho un altro cuore, cara, bisognerà aspettarsi che i miei sentimenti verso di te cambino».

Esercizi scritti   24

11 **Potere / sapere?**   **far fare / lasciar fare?**

   a) (Io) non .... aspettare,   ti .... decidere da solo.

   b) Renato non .... fare questa
      riparazione,   la .... fare dal meccanico.

   c) Siccome il mio medico non ha
      gli apparecchi, non .... fare le
      radiografie   e me le .... fare all'ospedale.

   d) (Noi) non ....
      deciderci,   vi .... volentieri scegliere
                                               il programma.

12 **Mettete al plurale:**

   Il braccio.   ....

   L'occhio.   ....

   Mi fa male il ginocchio.   ....

   Mi fa male la mano.   ....

   Un dito della mano sinistra.   Le dieci ....

   La gamba è un membro del corpo.   ....

C Ridiamo insieme! 24

Referenze
– Sei stata da quel parrucchiere che ti ho consigliato? – chiede una ragazza a un'amica.
– Sì.
– Gli hai detto che sono stata io a mandarti da lui?
– Sì.
– E lui che cosa ti ha detto?
– Di pagare in anticipo.

Sempre questi uomini
L'infermiera, tanto carina, al dottore:
– Quel che mi preoccupa, dottore, non è la mano ferita del numero 17, bensì l'altra!

Meglio prima che mai
– Dottore, è grave, mi dimentico di tutto, che cosa devo fare?
– Prima di tutto pagarmi la visita!

Precedenza
L'infermiera entra nella sala d'attesa del reparto maternità, dove due uomini fumano nervosamente, e dice a uno:
– Complimenti! Lei è diventato padre di un bel maschietto ...
L'altro però insorge:
– Ehi, un momento: c'ero prima io!

Esercizi
1 Completate:
Gli hai detto che sono stata io a .... da lui? Mi ha detto di pagare in ....

Adesso che ho un altro cuore, cara, bisognerà aspettarsi che i miei sentimenti ....
.... te cambino.

Quel che mi preoccupa, dottore, non è la mano .... del numero 17,
.... l'altra!

Dottore, è grave, mi .... di tutto, che cosa devo fare?

2 Correggete le parole sbagliate:
Sei stata da quel barbiere che ti ho consigliato per la permanente? Quel che mi occupa, dottore, è il fatto che non posso più dormire. Adesso che ho un altro cuore, cara, bisognerà aspettare che i miei sentimenti contro di te cambino.

98

Letture 24

1 L'ospite dal braccio slogato

Il signor M., ospite di un grande albergo, chiede di vedere il direttore e si lamenta: – Sono caduto dalla scala perché su un gradino c'è una lastra di marmo che non è stata fissata bene. Ho dei dolori fortissimi alla spalla destra e Le chiedo di far venire un medico! – Il medico arriva ed attesta che l'ospite ha il braccio slogato. Il direttore dell'albergo fa riparare il gradino, e per far bella figura, paga all'ospite sfortunato un'indennità di 250 mila lire.
Tutto è finito male, perché nell'albergo c'era un cameriere molto curioso. Questo ha osservato (dal buco della serratura) come il signor M. subito dopo l'incidente faceva la ginnastica...
Le indagini hanno portato alla luce i fatti seguenti: Due anni fa il signor M. è veramente caduto, e da allora ha conservato la facoltà di slogarsi il braccio con un movimento, senza provar dolore. Con questa sua facoltà si è guadagnato la somma di 12 milioni di lire in 48 alberghi di tutta l'Italia.
Nella sua valigia la polizia ha trovato scalpelli e martelli, con i quali l'ospite ingegnoso usava adattare le scale ai suoi bisogni...

Esercizio di comprensione scritta
Rispondete:
1 Perché il direttore ha pagato 250 mila lire all'ospite?
  a) per pagare il medico.
  b) per far riparare la scala.
  c) per farsi scusare dall'ospite.
  d) perché l'ospite gli chiedeva un'indennità.
2 Che cosa ha osservato il cameriere dal buco della serratura?
  a) la bella figura del direttore.
  b) 250 mila lire.
  c) una valigia con martelli.
  d) gli esercizi di ginnastica dell'ospite.
3 Che cosa significa «da» nel titolo: L'ospite «dal» braccio slogato?
  a) con.
  b) di.
  c) a.

Completate:
Sono caduto .... scala.

Ho dei dolori molto forti .... spalla.

Nell'albergo .... un cameriere molto curioso.

Il direttore dell'albergo .... riparare il gradino.

D2 **I ladri ed il vecchietto con i reumatismi**

Nella notte del 6 giugno due ladri hanno voluto fare un «gran colpo» in una gioielleria a Milano. Per poter lavorare tranquillamente, i due hanno deciso di mettere fuori uso il sistema d'allarme. Dopo mezzanotte, quando nella casa non c'erano più finestre illuminate, i due si sono introdotti nella cantina e hanno tagliato tutti i fili elettrici. Però sono stati sfortunati: al primo piano, proprio sopra la gioielleria, c'era un vecchietto che aveva sempre un cuscino elettrico nel suo letto perché soffriva di reumatismi. Questo si è svegliato, tutto stupito, perché il suo cuscino elettrico ad un tratto è diventato freddo. Ha voluto accendere la luce, ma non funzionava. Quando poi ha sentito un rumore strano di sotto, nella gioielleria, ha avuto qualche sospetto. Ha allarmato la polizia che ha colto i due ladri in fallo.

Esercizio di comprensione scritta
Rispondete:
4 Che cosa hanno fatto i due ladri nella cantina?
   a) Hanno tagliato i fili elettrici.
   b) Hanno sistemato l'allarme.
   c) Hanno illuminato le finestre.
   d) Hanno introdotto un nuovo sistema.

5 Perché il vecchietto si è svegliato?
   a) Perché soffriva di reumatismi.
   b) Perché c'era luce nella cantina.
   c) Perché non funzionava il cuscino elettrico.
   d) Perché ha sentito l'allarme.

...Tre Ave Maria prima di pranzo e tre prima di cena.

Venticinquesima lezione
Dove, quando

L'appuntamento (comprensione auditiva)

Karin:	Pronto! Chi parla?
Claudio:	Sono io, Claudio. Ciao Karin. Stai bene?
Karin:	Ah, sei tu, Claudio. Sto benissimo. Che c'è di bello?
Claudio:	Sto per uscire con alcuni amici. Andiamo a Vallombrosa a prendere il fresco. Ti telefono perché tu venga con noi.
Karin:	Sei molto gentile, ma adesso non posso, sto terminando un lavoro per la scuola.
Claudio:	Ma senti, adesso che fa un caldo da matti, sarebbe peccato lavorare tutto il giorno! E poi è sabato.
Karin:	E' lontana, Vallombrosa?
Claudio:	Ci si mette un'ora, in macchina.
Karin:	Potrei portarci anche la mia amica?
Claudio:	Certo. Ci farebbe piacere.
Karin:	Va bene. E dove ci diamo appuntamento?
Claudio:	A mezzogiorno, in Piazza Beccarìa.
Karin:	D'accordo. Vi aspetto davanti al cinema. Bisogna portare qualcosa per il picnic?
Claudio:	Ci penso io. Basta che tu ci arrivi in tempo. In piazza Beccarìa, non ci si può fermare a lungo in macchina.
Karin:	Non ti preoccupare. Cerco di essere puntuale.

Picnic a Volterra

Esercizio di comprensione: sbagliato o giusto?
1 Claudio sta prendendo il fresco a Vallombrosa.
2 Karin vuole terminare un lavoro per la scuola.
3 Claudio pensa che il sabato non si dovrebbe lavorare.
4 Karin vorrebbe portare anche il suo amico.
5 Karin va ad aspettare alla fermata di piazza Beccarìa.

Esercizi di transfer:
a) Rifate il dialogo fra di voi e cambiate luogo e ora dell'appuntamento. Provate a fare lo stesso dialogo anche nella forma di cortesia (Lei) oppure fra Claudio e due persone (voi).
b) Karin racconta la telefonata di Claudio ad Anna. Anna accetta l'invito.

Grammatica: §§ 23 e 24.
Esercizi strutturali: 1–7.

B1 Il picnic (dialogo da sviluppare)

Karin: Claudio ha detto che pensa lui al picnic. Ma non so se pensi proprio a tutto.
Anna: I ragazzi dimenticano sempre qualcosa. Per esempio la frutta[1]: vado a vedere se c'è ancora della frutta. No, purtroppo non ce n'è più.
Karin: Allora, compriamo delle mele o delle pere?
Anna: Andiamo al mercato[2] a vedere.

Varianti:
[1] la carne (prosciutto, salame)
 il formaggio (parmigiano, pecorino)
 il pane (panini, briosce, dolci, biscotti)
 le bevande (vino, birra, acqua minerale)
[2] il fornaio, il macellaio, la salumeria, il bar

andare al, alla + negozio / da + persona

B2 La spesa (dialogo da sviluppare)

Karin: Per favore, signore, quanto costano queste mele?[3]
Fruttivendolo: Sono ottime queste mele, costano 3500 lire al chilo. Assaggi, signorina, provi che dolcezza!
Anna: Sono troppo care. E quelle?
Fruttivendolo: Quelle mele costano 2800 lire al chilo, e sono veramente buone.
Karin: Anna, quante ne prendiamo?
Anna: Prendiamone un chilo.[4]
Karin (al fruttivendolo): Va bene. Prendo un chilo di quelle mele da 2800. Poi vorrei delle pere.

Fruttivendolo: Desidera pere dure o molto mature?
Anna: Prendiamo quelle gialle che sono più dolci.
Fruttivendolo: Sì, sono dolcissime. Ve ne do un chilo?
Karin: Sì, per favore.

Varianti:
[3] le pesche, le arance, i pomodori, le albicocche, il cocomero
[4] mezzo chilo, due chili

Esercizio di transfer:
Come si svolge il dialogo B2 dal fornaio, dal macellaio, nella salumeria?

Grammatica: §§ 25 e 26.

La partenza (comprensione scritta)

Karin: E' già mezzogiorno e un quarto. Possibile che se ne siano andati senza di noi?
Anna: Ma no che non se ne sono andati. Forse con questo traffico non ce l'hanno fatta ad arrivare in tempo.
Karin: Eccoli che stanno arrivando.
Anna: Te l'avevo detto, no?
Claudio: Salve. Scusate il ritardo: spero che non ce l'abbiate con noi. Ma che traffico!
Karin: Pazienza, Claudio! Ti presento Anna.
Claudio: Piacere di conoscerLa.
Anna: Ma su, diamoci del tu! Buon giorno a tutti!
Claudio: Vi presento Giacomo e Bruno. Così siamo in cinque ad andare a Vallombrosa.
Anna: Molto lieta.
Karin: * Che cosa c'è a Vallombrosa[1]?
Claudio: C'è la foresta, c'è l'acqua, c'è il fresco ...
Anna: ... e c'è anche un famoso convento. Karin[2] si interessa molto d'arte[3].
Claudio: Te lo facciamo vedere senz'altro, Karin.* Però, adesso è già mezzogiorno e mezzo. Basta con le chiacchiere, bisogna partire. Con questo traffico non ce la facciamo ad arrivare a Vallombrosa prima delle 2.
Karin: Che piacere trovare il fresco. Fa tanto caldo qui a Firenze!
Anna: E tu che volevi lavorarci tutto il santo giorno!
Karin: E' vero. Non me lo ero immaginato.

Esercizio di analisi grammaticale: Che cosa significano queste frasi:
1 Non ce l'hanno fatta ad arrivare in tempo.
   a) Non potevano arrivare in tempo all'appuntamento.
   b) Non avevano tempo per andare all'appuntamento.
   c) Non facevano niente per arrivarci in tempo.
2 Te lo facciamo vedere senz'altro.
   Ti facciamo vedere
   a) la foresta.
   b) l'acqua.
   c) il convento.
   d) il fresco.
3 Non ce la facciamo ad arrivare a Vallombrosa prima delle due.
   a) Arriviamo a Vallombrosa fra le 13 e le 14.
   b) Non possiamo arrivare a Vallombrosa prima delle 14.
   c) Arriviamo a Vallombrosa alle 14 precise.

Esercizio: Riprendete il pezzo di dialogo fra ** e sostituite
1 Pisa: la Torre pendente, il Camposanto.
  Arezzo: gli affreschi di Piero della Francesca.
  Siena: il Duomo, la Piazza del Campo, la Casa di Santa Caterina, le vecchie fontane dei terzi della città, ecc.
2 io, noi, le amiche
3 di architettura, storia, ecc.

Grammatica: § 27.

Grammatica 25

§ 23 Pronomi personali atoni e tonici
a) Soggetto

I pronomi del soggetto atono di solito non si mettono:	I pronomi del soggetto tonico si mettono spesso dopo il verbo:
Posso parlare al direttore? Dove vai? **Egli** è professore, **essa** è interprete. Andiamo? Dove andate? **Essi** restano a casa. **Esse** vi accompagnano.	Sono **io**. Ci penso **io**. **Io** non c'entro. Sei **tu**? **Tu** ne sai qualcosa? Lo dice **lui**. Lavora anche **lei**? Usciamo anche **noi**? Venite anche **voi**? Sono **loro**? Lo sanno **loro**. Ah, è **Lei**, signore? Sono **Loro**, signori? Siete **Voi**, signori?

b) Oggetto diretto

Chi **mi (ti, ci, vi)** ha chiamato? Chi **lo (la, li, le)** chiama?	Hanno chiamato **me** o **te**? **noi** o **voi**? Chiamano **lui** o **lei**? **Loro** o **noi**?

c) Complemento di termine

Cosa **ti** ha detto? Cosa **gli** hai risposto? Chi **le** ha telefonato? **Vi** scriveremo tutto.	Perché si è rivolto a **te**? Hai pensato a **lui**? Perché vi siete rivolti a **lei**? Vogliamo saperlo da **voi**? Questo lo dico solo a **Lei**?

4 Il Pronome «ci»

a) Pronome e avverbio di luogo

Bisogna pensare **al biglietto**. Perché andate **a Vallombrosa**?	Non ti preoccupare, **ci** penso io. **Ci** andiamo per il fresco.

Distinguete:
Ci vediamo domani?   ci = noi
Ci andiamo per il fresco.   ci = in quel luogo

b) «Metterci un'ora» = «impiegare un'ora»

Quanto tempo **ci metti** a finire questo lavoro? Da Firenze a Vallombrosa ci sono circa 40 chilometri, ma è una strada di montagna.	**Ci metto** due ore. Il telegramma **ci** ha messo un'ora. **Ci** si mette un'ora. (si mette un'ora **per questo percorso**.)

c) «Si» impersonale + verbo riflessivo

ferma**rsi** + **si** impersonale:	**Ci** si ferma per due minuti. Non **ci** si può fermare di più.

§ 25 Il pronome «ne»

Vuoi comprare **della frutta**?	Quanta **ne** prendi? Quanta vuoi prender**ne**? Non **ne** comprare troppa! Compra**ne** un chilo.
Quando torna da Firenze?	**Ne** torna stasera.
Ci + ne: C'è ancora del vino? Ci sono ancora degli spaghetti?	No, non **ce n'**è più. No, non **ce ne** sono più.

§ 26 La quantità

Articolo partitivo: di + articolo	**di:** quantità + di + (-)	**-:** negazione + (-)
Bisogna comprare **della** frutta, **delle** mele, **dei** pomodori.	Compro un po' **di** frutta, un chilo **di** mele, mezzo chilo **di** uva.	Non ci sono più cocomeri, mele, panini.
Articolo definito:		
Abbiamo mangiato tutta **la** pasta, tutti **i** panini, tutto **il** formaggio.		Abbiamo comprato molta frutta, troppo pane, troppo poco latte.

§ 27 Doppi pronomi

andarsene	**farcela**	**avercela con qualcuno**
me **ne** vado	non **ce la** faccio più	**ce l'**ho con Carlo
te **ne** vai	non **ce la** fai mai	**ce l'**hai con me?
se **ne** va	non **ce la** fa ancora	**ce l'**ha con noi?
ce **ne** andiamo	non **ce la** facciamo	non **ce l'**abbiamo con nessuno
ve **ne** andate	non **ce la** fate	**ce l'**avete con noi?
se **ne** vanno	non **ce la** fanno	**ce l'**hanno con qualcuno?
me **ne** sono andato (-a)	**ce l'**ho fatta	**ce l'**ho avuta con Carlo
ce **ne** siamo andati (-e)	**ce l'**hanno fatta	**ce l'**hanno avuta con noi
vatte**ne**!		non aver**cela** con me!
andate**vene**!		non abbiate**cela** con noi!

b) Due complementi:

Mi mostri il Duomo?
Mi spieghi gli affreschi?
Mi racconti la storia?
Mi mostri le fontane?
Mi dai della frutta?
Così:
mi   +lo/li/la/le/ne
si
ci
 	
vi
gli (= a lui)
gli (= a loro)
le (= a lei)
Le (= a Lei, signore)
ma:
mi
ti + ci (= in quel luogo)
vi
si
si (impersonale) + si (riflessivo):
	Sì, **te lo** mostro subito.
	No, **te li** spiega meglio il professore.
	     Te la racconta Anna Maria.
	     Te le mostro volentieri.
	     Te ne può dare lui.
	
	me lo immagino, **me ne** vado
	se lo, ecc.: **se ne** va
	ce lo, ecc.: **ce ne** siamo informati
	ve lo, ecc.: **ve lo** consiglio
	
	glielo, glieli, gliela, gliele, gliene
	
	Gliel'ho detto io.
	
	Non **mi ci** sono iscritto.
	        Ti ci sei iscritta?
	        Vi ci siete fermati?
	Renato **ci si** diverte molto.
	        Ci si informa all'ingresso.

c) Far (lasciar) fare qualcosa a qualcuno:

Faccio riparare la macchina. Faccio venire il meccanico. Faccio riparare la macchina al meccanico. Non lo lascio fare ai ragazzi.	**La** faccio riparare. **Lo** faccio venire. **Gli** faccio riparare la macchina, **gliela** faccio riparare. Non **glielo** lascio fare.

107

Esercizi strutturali

1. Esempio 1: Anna: Posso entrare?
   Risposta: Anna: Sono io!
   Esempio 2: Claudio: Salve Karin!
   Risposta: Karin: Ah, sei tu?

   Giacomo e Bruno: Salve Claudio!   Claudio: ....
   Karin: Salve Claudio!   Claudio: ....
   Sig.a Rizzoli: Buongiorno, Karin!   Karin: Oh scusi, ..!
   Karin: Posso entrare?   Karin: ....
   Claudio e Bruno: Possiamo entrare?   Cl./Br.: ....

2. Esempio: Sei tu, Guido?
   Risposta: Sì, sono io.

   Siete voi, ragazzi?
   Sei tu, Pietro?
   È Lei, signor Ernesto?
   L'ha detto il direttore?
   L'ha detto la professoressa?
   L'ha detto Lei, signor Ernesto?
   L'avete detto voi?
   L'hanno detto gli amici?
   L'hanno detto le amiche?

3. Esempio: Vai al cinema?
   Risposta: Aspetta, vengo con te!

   Andate al cinema?
   Vai alla spiaggia?
   Buon giorno signore, va al mare?
   Buon giorno signori, andate in città?

4. Esempio 1: Ho telefonato a Carlo.
   Risposta: Gli ho telefonato anch'io
   Esempio 2: Ho pensato a Carlo.
   Risposta: Ho pensato a lui anch'io.

   Ho scritto a Elena.
   Ho pensato a Elena.
   Ho risposto agli amici.
   Mi sono rivolto agli amici.
   Mi sono rivolto a Elena.

5. Esempio: Quando sei andato all'ufficio?
   Risposta: Ci sono andato ieri.

   Quando sei stato dal direttore?
   Quando hai parlato al direttore?
   Quando hai pensato al problema?
   Quando hai finito la riparazione?
   Quando hai telefonato alla segretaria?

Momenti del palio di Siena

Quando hai pensato alla difficoltà?
Quando hai scritto alla fabbrica?
Quando hai scritto la lettera?
Quando hai risposto alla lettera?

6 Esempio: Quanti chilometri ci sono da Firenze a Roma?
  Risposta: 270 chilometri?
  Sì, in autostrada ci si mettono due ore e mezzo.
  Quanti chilometri ci sono da Firenze a Milano? 300?
  Quanti chilometri ci sono da Bologna a Napoli? 600?
  Quanti chilometri ci sono da Firenze a Lucca? 72?

7 Esempio: Dove ci vediamo? Davanti al cinema?
  Risposta: Va bene, ci si vede davanti al cinema.
  Dove ci iscriviamo? In segreteria?
  Quando ci telefoniamo? Alle due?
  Dove ci informiamo? All'ufficio prenotazioni?
  Per quanto tempo ci riposiamo? Per due giorni?

8 Esempio: Hai comprato della frutta?
  Risposta: Sì, ne ho comprata tanta!
  Hai comprato delle mele?
  Hai fatto delle diapositive?
  Hai mangiato degli spaghetti, in Italia?
  Hai assaggiato dei vini italiani?
  Hai incontrato della gente?

9 Esempio 1: C'è ancora della birra?
  Risposta: No, non ce n'è più.
  Esempio 2: Vuoi ancora degli spaghetti?
  Risposta: No, non ne voglio più.
  Esempio 3: Prendi lasagne o ravioli?
  Risposta: Oggi non prendo pasta.
  Bevi Chianti o Frascati?
  Prendi ancora dell'insalata?
  C'è ancora dell'arrosto?
  Ci sono ancora delle tagliatelle?
  Vuoi una bistecca o una cotoletta?
  Vuoi ancora un po' di patate?
  Ci sono ancora dei carciofi fritti?

10 Esempio: E' partito Renato?
  Risposta: Sì, purtroppo se n'è andato senza salutarmi.
  Forse ce l'ha con me.
  E' partita Elena?
  Sono partite le amiche?
  Sono partiti gli amici?
  E' partito Cesare?

11 Esempio: Puoi esserci alle due?
　　Risposta: Mi dispiace, ma non ce la faccio ad arrivarci in tempo.

　　Signor Arbeo, ci può essere alle cinque?
　　Signori, ci potete essere alle otto?
　　Suo marito può esserci a mezzogiorno?

12 Esempio 1: Mi puoi mostrare il Castello?
　　Risposta: Te lo faccio vedere nel pomeriggio.
　　Esempio 2: Mi può mostrare la Torre pendente?
　　Risposta: Gliela faccio vedere nel pomeriggio.

　　Mi può mostrare gli affreschi?
　　Mi puoi mostrare le fontane?
　　Mi puoi mostrare Piazza Navona?
　　Ci puoi mostrare le vecchie strade?
　　Signore, ci può mostrare i vecchi quartieri?
　　Signore, può mostrare ai bambini il trenino elettrico?

13 Esempio 1: Non vuoi che i ragazzi partano?
　　Risposta: Non li lascio partire.
　　Esempio 2: Vuoi proprio che Carlo venga qui?
　　Risposta: Sì, lo faccio venire qui.

　　Non vuoi che io parta?
　　Vuoi veramente che i ragazzi partano oggi?
　　Desideri che il medico venga a casa?
　　Non ti importa che i ragazzi facciano come vogliono?
　　Come? Il cane può uscire da solo?

Esercizi scritti   25

14 «Gli, le, loro, la, le, lo, li, ci»:
　　Sei andato alla cooperativa?　　　　Sì, ci sono andato.
　　Hai telefonato alla cooperativa?　　Sì, ci ho telefonato.

　　Hai risposto a Guido?　　　　　　　..

　　Hai risposto alla lettera?　　　　　..

　　Hai pensato al problema?　　　　　..

　　Hai detto tutto a Elena?　　　　　　..

　　Hai detto la verità?　　　　　　　　..

　　Hai fatto le riparazioni?　　　　　　..

　　Avete terminato questo lavoro?　　　..

　　Avete telefonato agli architetti?　　..

　　Avete pensato alle spese?　　　　　　..

15 **Doppi pronomi**
Quando mi dai **il libro?**   a) Te **lo** do subito.   b) Sto per dar**telo.**

Quando mi dai la chiave?   ....

Quando mi informi del progetto?   ....

Quando ci dite **che cosa fate?** (= lo) ....

Signore, quando ci fa la riparazione? ....

Signori, quando ci portano le valigie? ....

Quando scrivi la lettera a Carlo?   ....

Quando mostri le fotografie a Elena? ....

Quando mandi il pacchetto alle ragazze? ....

Quando porti la lettera alla posta?   ....

Quando parli a Cesare del tuo progetto? ....

Quando ci raccontate la storia?   ....

Quando si va al cinema?   ....

Ci sono ancora dei posti?   No, non .... più!

C'è ancora della frutta?   Sì, ...

16 **«lasciare» o «fare»?**

Lei si .... tingere i capelli? Desidero .... lavare i capelli.

Desidera .... tagliare i capelli? No, preferisco .... li crescere ancora. Vorrei .... tagliare solo le punte dei capelli. Che ragazzi maleducati! Sì, i genitori li .... fare troppo.

17 **Mettete la quantità** (un chilo, un etto, ecc.)

Compro .... patate, ... latte, ... burro, ... formaggio svizzero, ... pomodori, ... acqua minerale, ... vino Chianti, ... sigarette americane, ... scarpe o di sandali.

Desidero un chilo d'uva.

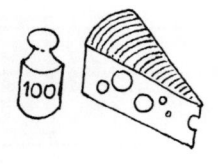

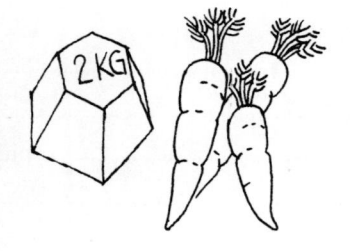

....

....

....

....

Ventiseiesima lezione
Progetti

Il programma (comprensione auditiva)
Bernd, uno studente tedesco, lavora durante le vacanze in un cantiere dove ha conosciuto un operaio italiano, Dino (cf. lez. 21). Un giorno gli fa sapere i suoi progetti:

Bernd: — Mi sono deciso: in estate andrò in Italia.
Dino: — Accidenti! E dove andrai? A Roma? Al mare?
— Anche a Roma. Vedrò Milano, Firenze, l'Umbria, Roma...
— Vai a Roma per Mugello! Ma non vedrai mica tutta l'Italia in quattro e quattr'otto?
— No, senti! Mio padre mi offre il viaggio a Roma, il mio professore mi ha promesso una borsa di studio per un mese, e io ho risparmiato quattro soldi col mio lavoro in cantiere.
— Non c'è che dire! E dove farai gli studi?
— Ecco i miei progetti. Prima mi fermerò a Milano, ma soltanto per un giorno. Resterò una settimana a Firenze, poi andrò a Perugia. Ci farò gli studi all'Università per stranieri. Dopo un mese e mezzo andrò a Roma, dove passerò due o tre settimane. Tornando mi fermerò anche a Bologna...
— Il mio paese natio San Lorenzo non è tanto lontano da Bologna!
— E' presso Rimini?
— Sì. Quando tornerai da Roma?
— Aspetta. Partirò da M. ai primi di luglio, arriverò a Roma a fine agosto e ne partirò a metà settembre, magari verso il 20 settembre.
— Io, in settembre, avrò le mie vacanze. Verrò a prenderti a Bologna, così passerai anche una settimana nel nostro podere, non è vero?
— Perché no?
— Potrai darci una mano a far la vendemmia. I miei genitori ne saranno contenti.
— Allora ci verrò certamente!

Esercizio di comprensione auditiva: Giusto o sbagliato?
1 Bernd si è deciso di andare in Italia.
2 Il suo professore gli offre il viaggio.
3 Ha risparmiato quattrocento marchi.
4 Si fermerà a Milano per una settimana.
5 Studierà all'Università per stranieri.
6 Resterà un mese e mezzo a Roma.
7 Dino lo invita a far la vendemmia nel podere dei suoi genitori.
8 Bernd non è sicuro se ci andrà.

Esercizio orale
Raccontate i progetti di Bernd alla terza persona e precisate sempre le date. Esempio: Il 2 luglio Bernd partirà per Milano ...

Transfer:
Quali sono i vostri progetti per le prossime vacanze in Italia?

Grammatica: § 28.

Vocabolario 26

Gli studi
Lo studente termina i suoi studi al liceo passando (superando) l'esame di maturità. Se non è bocciato (se non cade all'esame) sarà poi ammesso (ammettere) all'università. Per continuare i suoi studi si iscrive (si immatricola) alle facoltà di lettere, di legge (giurisprudenza), di medicina, di scienze, di ingegneria. Qualche volta ottiene una borsa di studio per un soggiorno di studi all'estero. Termina gli studi con l'esame di laurea (si laurea in lettere, in legge).
Le università per stranieri a Perugia e altrove danno corsi di lingua a letteratura italiane e anche di cultura generale italiana.

Fraseologia	significato:
accidenti!	potztausend! parbleu!
andare a Roma per Mugello	andare a Roma con un lungo giro
in quattro e quattr'otto	in breve spazio di tempo
non c'è che dire	non c'è ragione di dire di no

Espressioni temporali
ai primi di luglio – a metà agosto – a fine settembre

Grammatica 26

8 Il futuro regolare / Il condizionale regolare

restare	prendere	partire	restare	prendere	partire
resterò	prenderò	partirò	resterei	prenderei	partirei
resterai	prenderai	partirai	resteresti	prenderesti	partiresti
resterà	prenderà	partirà	resterebbe	prenderebbe	partirebbe
resteremo	prenderemo	partiremo	resteremmo	prenderemmo	partiremmo
resterete	prenderete	partirete	restereste	prendereste	partireste
resteranno	prenderanno	partiranno	resterebbero	prenderebbero	partirebbero

Forme irregolari
essere: sarò — sarei
fare: farò — farei
dare: darò — darei
stare: starò — starei

Cade la vocale dell'infinito:
avere: avrò — avrei
dovere: dovrò — dovrei
potere: potrò — potrei
vedere: vedrò — vedrei
cadere: cadrò — cadrei
andare: andrò — andrei

Assimilazione:
venire: verrò — verrei
tenere: terrò — terrei
volere: vorrò — vorrei

Il futuro anteriore / Il condizionale passato

avrò finito	sarò arrivato	avrei finito	sarei partito
avrai fatto	sarai partito	avresti dato	saresti restato
avrà chiamato	sarà sceso	avrebbe chiamato	sarebbe sceso
avremo preso	saremo andati	avremmo scritto	saremmo passati
avrete letto	sarete stati	avreste guardato	sareste caduti
avranno dato	saranno tornati	avrebbero visto	sarebbero venuti

115

§ 29

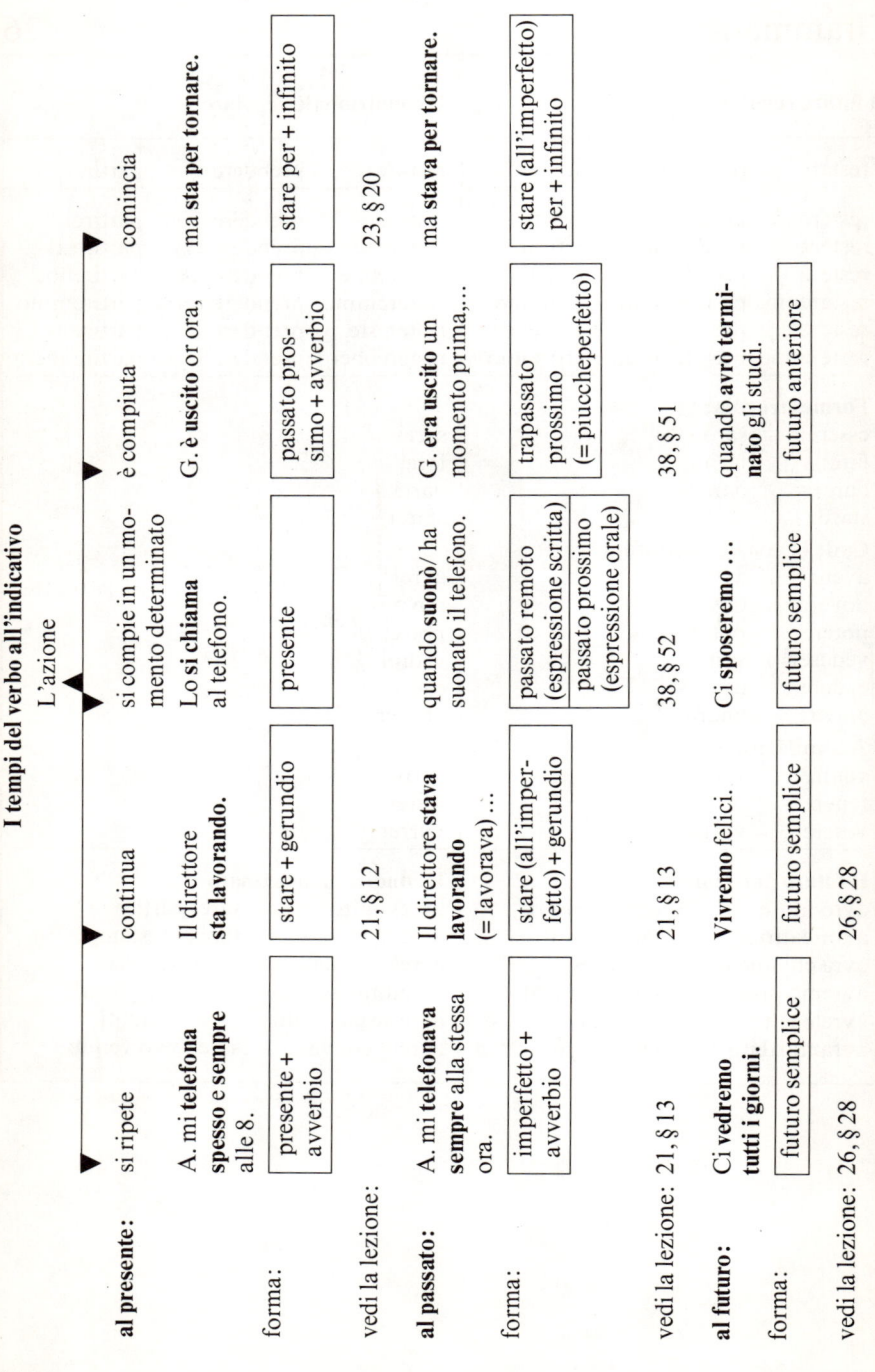

I tempi del verbo all'indicativo
L'azione

	▶	▶	▶	▶
al presente:	si ripete	continua	si compie in un momento determinato	è compiuta	comincia
	A. mi **telefona spesso e sempre** alle 8.	Il direttore **sta lavorando.**	Lo **si chiama** al telefono.	G. **è uscito** or ora,	ma **sta per tornare.**
forma:	presente + avverbio	stare + gerundio	presente	passato prossimo + avverbio	stare per + infinito
vedi la lezione:	21, § 13	21, § 12			23, § 20
al passato:	A. mi **telefonava sempre** alla stessa ora.	Il direttore **stava lavorando** (= lavorava) ...	quando **suonò**/ ha suonato il telefono.	G. **era uscito** un momento prima,...	ma **stava per tornare.**
forma:	imperfetto + avverbio	stare (all'imperfetto) + gerundio	passato remoto (espressione scritta) passato prossimo (espressione orale)	trapassato prossimo (= piuccheperfetto)	stare (all'imperfetto) per + infinito
vedi la lezione:	21, § 13	21, § 13	38, § 52	38, § 51	
al futuro:	Ci **vedremo tutti i giorni.**	**Vivremo** felici.	Ci **sposeremo** ...	quando **avrò terminato** gli studi.	
forma:	futuro semplice	futuro semplice	futuro semplice	futuro anteriore	
vedi la lezione:	26, § 28	26, § 28			

Nomadelfia: la potatura

Nomadelfia: una migliore proposta per il futuro

Esercizi strutturali 26

1 Esempio: Quando (Lei) andrà in Grecia?
　Risposta: Ci andrò a fine luglio.
　　　　　　Quando andrà in Turchia?
　　　　　　Quando tornerà in America?
　　　　　　Quando passerà per Genova?
　　　　　　Quando si fermerà a Perugia?
　　　　　　Quando scenderà a Napoli?
　　　　　　Quando verrà a Milano?

ci (vi) = a Roma, in Italia, qui, là
ne   = da Roma, dall'Italia, da casa

2 Esempio: Quando tornerete da Roma?
　Risposta: Ne torneremo ai primi di giugno.
　　　　　　Quando partirete da Roma?
　　　　　　Quando verrete da Napoli?
　　　　　　Quando uscirete dall'ospedale?
　　　　　　Quando tornerete dall'Italia?
　　　　　　Quando (Lei) tornerà dalla Francia?
　　　　　　Quando uscirai dall'ospedale?

117

3 Esempio 1:   Quando (Lei) andrà a Roma?
　Risposta: Ci andrò a metà maggio.
　Esempio 2:   Quando (Lei) tornerà da Roma?
　Risposta: Ne tornerò a metà maggio.

　　Quando verrà a Milano?
　　Quando verrà da Milano?
　　Quando arriverà a Genova?
　　Quando partirà da Genova?
　　Quando andrete in Italia?
　　Quando salirete sul Monte Bianco?
　　Quando scenderete dalla montagna?
　　Quando tornerete dalla Spagna?

4 Esempio: Devo arrivare a Roma alle 3.
　Risposta: Non ci arriverai in tempo.

　　Devo arrivare alla stazione alle 8.
　　Devo arrivare a Firenze alle 6.
　　Devo tornare da Firenze alle 9.
　　Devi tornare dalla città alle 11.
　　Carlo deve tornare qui alle 11.
　　Carlo deve tornare dal porto alle 10½.
　　Dobbiamo arrivare a casa a mezzogiorno.
　　Dovete arrivare all'ufficio all'una e mezzo.
　　Devono essere qui a mezzanotte.

5 Esempio: Hai imparato l'inglese?
　Risposta: No, l'imparerò più tardi.

　　Hai guardato i risultati?
　　Hai imparato queste parole?
　　Hai preparato la valigia?
　　Avete chiamato il medico?
　　Avete telefonato al medico?
　　Avete scritto la lettera?
　　Avete scritto a Elena?
　　Avete risposto alla lettera?
　　Avete parlato dei problemi?
　　Hai aiutato tuo fratello?
　　Avete dato le chiavi?
　　Avete fatto la spesa?

6 Esempio 1:   Chiamerò il medico più tardi.
　Risposta: Lo chiami subito!
　Esempio 2:   Chiameremo il medico più tardi.
　Risposta: Lo chiamino subito!

　　Telefonerò a Carlo più tardi.
　　Telefoneremo a Elena più tardi.
　　Farò i biglietti più tardi.
　　Faremo la spesa più tardi.
　　Andrò all'ufficio più tardi.

| | | Andremo a Bologna più tardi.
Penseremo a questo più tardi.
Scriverò a Elena più tardi.
Scriveremo a Pietro più tardi.
Leggerò le notizie più tardi. |
|---|---|---|
| 7 | Esempio:
Risposta: | Oggi non andrò in città.
Ci sono andato ieri.
Oggi non verrò al cinema.
Oggi non scriverò a Carlo.
Oggi non telefonerai a Elena.
Oggi non guarderà la TV.
Oggi non ascolterà i Musici.
Oggi non mangeremo in trattoria.
Oggi non parleremo di questo problema.
Oggi non prenderanno frutta. |
| 8 | Microdialogo: | telefonare al medico. |
| | Esempio: | A: Carlo, hai già telefonato al medico?
B: No, adesso non ho tempo. Gli telefonerò più tardi.
A: Devi telefonargli subito.
B: Pazienza, sto per telefonargli! |
| | Varianti: | chiamare il capo-operai / fare i biglietti / telefonare agli amici / andare all'ufficio / rispondere alla lettera / scrivere a Pietro / prenotare i posti al teatro / ecc. (tu / Lei) |

Programma d'istruzione: il futuro　　　　　　　　　　26

1 Per formare **il futuro italiano** si prende **l'infinito** e si aggiungono le forme di **«avere» al presente:**

		mettere:	desinenze del futuro:
(io)	ho	metterò (accento!)	-ò
(tu)	hai	metterai	-........
(egli)	ha	metterà (accento!)	-........
(noi)	abbiamo	metteremo	-............
	(vecchia forma: avemo)		
(voi)	avete	metter........	-ete
(essi)	hanno	metteranno	-............

119

2 **Mettete al futuro:**

(io) apro   aprir............ (accento!)   preferiamo   preferir...............

(tu) parti   partir............   costruite   costruir...............

(egli) dice   dir................... (accento!)   mettono   metter...............

(essa) scrive   scriver............ (accento!)   prendono   ....

Lei si diverte   si .... (accento!)   si rivolgono   ....

3 **Futuro dei verbi in -are:**
portare   porterò
(-are   →   -er-)

mi alzo   mi alzerò   torniamo   ....

ti lavi   ....   guardate   ....

si leva   ....   lavorano   ....

4 **Attenzione alla radicale:**

gi, ci   →   ge, ce   mangio   mangerò

                       lascio   ....

c, g   →   che, ghe   cerca   egli cercherà

                       si secca   Lei si ....

                       ci asciughiamo   ci asciug ....

                       spiegate   spieg ....

5 **Mettete il verbo al futuro:**

Sto per alzarmi.   Mi alzerò subito.

Stai per divertirti.   ....

Sta per vestirsi.   ....

Stiamo per deciderci.   ....

State per sistemarvi.   ....

Stanno per svegliarsi.   ....

6 **Mettete il verbo al futuro:**
Stasera (io, incontrare) .... il mio amico. (Noi, guardare) .... un film, poi (prendere) .... un caffè e (parlare) .... del film. Ci divertir .... molto! (Io, tornare) .... a mezzanotte; quando torn............... tu? Il treno .... alle sette e .... alle otto e mezza a Pisa. Il professore ci spieg.................. queste parole.

7 **Il futuro irregolare:**
fare:	farò	Faccio un lavoro.	Lo ....
dare:	darò	Facciamo una passeggiata.	La ....
stare:	starò	Danno un libro a noi.	Ci .... un libro.
essere:	sarò	Non ci siete in tempo.	Non ci .... in tempo.

8 **In alcuni verbi la vocale dell'infinito cade**
avere	avrò	sapere	noi sapr..................
cadere	tu cadr..................	vedere	voi vedr..................
dovere	egli dovr..................	andare	essi andr..................
potere	essa potr..................		

9 Anche nei verbi **volere, venire** cade la vocale dell'infinito; ma non si può pronunziare:
io volrò, io venrò
Si produce un'assimilazione: lr = rr; nr = rr
io vorrò, io ....

10 **Mettete al futuro:**
Oggi vado in città. Tu puoi accompagnarmi se vuoi. Andiamo al cinema e vediamo un bel film. Dopo faccio le spese e compro una cioccolata perché oggi è il compleanno di mia madre. Se ho tempo, prendo un caffè; torno col bus delle sei meno un quarto e sono a casa alle sei in punto.

Domani .... in città. Tu .... accompagnarmi, se ....

.... al cinema e .... un bel film.

Dopo .... le spese e .... una cioccolata, perché domani .... il compleanno di mia madre. Se ....

tempo, ... un caffè; .... con l'autobus delle sei meno un quarto e .... a casa alle sei in punto.

11 **Ieri** **oggi** **domani**
　　ho voluto vedere il　............... vedere　vorrei vedere il mio ami-
　　mio amico; gli ho tele-　il mio amico; gli ....　co; gli ....
　　fonato e gli ho detto che　.......................... e gli　e gli .... che lo
　　lo aspetto a casa mia.　..　aspett.............. a casa mia.
　　　　　　　　　　　　　che lo aspett.................. a
　　　　　　　　　　　　　casa mia.

　　Ieri .... le spese　Oggi faccio le spese per il　Domani .... le
　　..　compleanno di mia madre;　spese per il compleanno
　　..　cerco un bel regalo, ma non　di mia madre; ....
　　..　posso spendere molto.　.............. un bel regalo,
　　..　　　　　　　　　　　　ma non ....
　　　　　　　　　　　　　　　　　　　　　　　　　　spendere molto.

12 **Prospettive di un impiegato**
Per il momento sono proprietà del dottor Max. Manterrò quello che ho promesso ai miei genitori: (fare) .... parte della ditta, (lavorare) ....
.... e (guadagnare) .... , (sposarsi) ....
.... e (formare) .... una famiglia,
(avere) .... una casa, con mobili moderni, la radio, la televisione, il frigorifero, la lavatrice e tutto quello che occorre. (andare) .... in villeggiatura d'estate nei venti giorni che mi (toccare) ...., come tutti.
Non (muoversi) .... di qui. (stringere)
.... i denti e non (sentire) .... più le parole di nessuno e in ogni caso, ripeto, (essere) .... coerente con me stesso; oramai sono proprietà del dottor Max e sta a lui decidere per me, non io.

　　　　　　　　　　　Goffredo Parise, *Il padrone* Einaudi, Torino 1971, cap. 2

13 Futuro semplice o futuro anteriore?

noi partire arrivare	Partiremo alle 8. Alle 12 saremo arrivati a Lugano.	
tu prendere arrivare	Se .... l'aereo delle 9, alle 10.30 .... già .... a Roma.	
io imparare andare	Quando .... l'italiano, ... in Italia.	
vedere	Quando i vostri amici	
volere	la Toscana, non .... più andare altrove.	
tornare	Appena Cesare .... a casa,	
venire	.... da voi.	

123

C **Una lettera dall'Italia** (comprensione scritta)
Gudrun Poppe si è rivolta ai «Soggiorni all'estero per la gioventù», Viale Romagna 10, 20133 Milano, per trascorrere un soggiorno «alla pari» presso una famiglia italiana. Le hanno inviato le informazioni e dei moduli d'iscrizione. Un mese dopo, Gudrun riceve una lettera dall'Italia:

Dott. Alberto De Melis
Via Varesina 12
Milano   Milano, 16 maggio 198..

Cara Signorina Poppe,
abbiamo ricevuto dalla segreteria di «Soggiorni all'estero per la gioventù» la Sua domanda per un soggiorno «alla pari» presso una famiglia italiana per due mesi dal 19 luglio in poi.
Siamo una famiglia con due bambini e crediamo di offrirLe quanto desidera. I nostri bambini, uno di sei anni e l'altra di otto, sono abbastanza buoni. Lei si dovrà occupare di loro la mattina. Le sarò grata se parlerà loro nella Sua lingua; sono piccoli ma già conoscono molte parole e vedrà che La capiranno bene. Nel pomeriggio potrà prendere lezioni d'italiano in qualche istituto, e la sera sarà libera di fare quello che vorrà. Potrà darsi che qualche sera dovremo uscire, e allora La pregheremo di rimanere in casa. Per le pulizie abbiamo una donna a ore e quindi non c'è da preoccuparsene. Lei si occuperà soltanto della pulizia della Sua camera. Per quanto riguarda la retribuzione, Le daremo quanto di solito si dà a una ragazza che è in casa «alla pari», e cioè ventimila lire la settimana. Non è molto, ma d'altra parte Lei dovrà considerarsi più che altro un'ospite. I bambini non Le daranno tanto da fare. Del resto, in agosto andremo in villeggiatura al mare; per questo non Le consiglio di iscriversi a un corso di lingua per il periodo dal 1° al 21 agosto. Durante questo tempo potremo fare scambio di conversazione perché sto studiando un po' il tedesco. Se invece il Suo programma glielo permetterà potrà restare da noi fino al 30 settembre, perché dal 20 al 23 settembre accompagnerò mio marito a un congresso di medici a Roma.
La prego di risponderci quanto prima perché ci hanno indicato varie ragazze interessate come Lei a un soggiorno alla pari. In attesa della Sua risposta La saluto cordialmente.

                                                                                Maria De Melis

Osservate:

Quanto tempo potrà restare?	wieviel?	combien?
Le daremo **quanto** si dà a una ragazza «alla pari».	soviel wie	autant que
Crediamo di offrirLe **quanto** desidera. = quello che	(das) was	ce que
Ci scriva **quanto prima** = il più presto possibile	so bald wie möglich	le plus tôt possible
Per quanto riguarda la retribuzione...	was die Entschädigung betrifft	en ce qui concerne la rémunération

Esercizio di comprensione scritta:
1 Quando Gudrun pensava di rientrare in Germania?
   a) il 19 agosto
   b) il 19 settembre
   c) il 30 settembre
2 I bambini sono tutt'e due ragazzi?
   a) Sì, tutt'e due sono ragazzi.
   b) No, tutt'e due sono ragazze.
   c) No, una è ragazza.
3 In che lingua dovrà parlare ai bambini?
   a) in italiano
   b) in tedesco
4 Gudrun dovrà fare la pulizia?
   a) Sì, di tutta la casa.
   b) No.
   c) Soltanto della sua camera.
   d) Soltanto delle camere dei bambini.
5 Quando potrà prendere lezioni d'italiano o iscriversi a un corso?
   a) Dal 1° al 21 agosto, sempre nel pomeriggio.
   b) Dal 19 luglio al 30 settembre, sempre nel pomeriggio.
   c) Dal 19 al 31 luglio e dal 22 agosto in poi, sempre nel pomeriggio.
   d) Sempre la sera.

Esercizio di transfer
Scrivete la lettera di risposta   a) favorevole   b) negativa
Nella risposta favorevole dite come viaggiate e quando arrivate a Milano.
Nella risposta negativa dite perché non vi è possibile accettare l'offerta della signora De Melis.
Ecco alcune espressioni per la risposta negativa:
Mi dispiace di doverLe dire che...
Vorrei piuttosto...
Purtroppo non posso...
Ecco alcune espressioni per la risposta favorevole:
La ringrazio di ...
Accetto con piacere l'offerta...
Mi piacerebbe...
Mi rallegro di...
La prego di...

Le parole crociate (Scrivere anche nelle caselle nere)

1
2
3
4
5
6
7

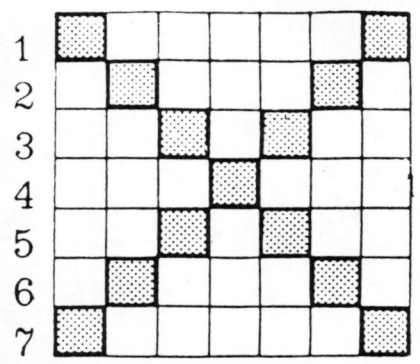

1 Verbo perdere – indicativo futuro, 3ª persona
2 annoiarsi – indicativo presente, 3ª persona
3 Sinonimo di «grande edificio per abitazione»
4 rubare – indicativo futuro, 2ª persona
5 cenare – indicativo futuro, 2ª persona
6 vedere – indicativo futuro, 1ª persona plurale
7 vincere – indicativo futuro, 1ª persona singolare

Legga in diagonale dal basso in alto: avrà il nome di una fra le più importanti città italiane. Sta sempre coi «piedi in acqua», ogni tanto s'abbassa di un centimetro e lo Stato non fa niente per salvarla.

Legga in diagonale dall'alto in basso (nelle caselle nere); avrà il nome di una città molto importante. E' la capitale di un'isola che molti chiamano «regina del Mediterraneo».

L'oroscopo

ARIETE
21 Marzo
20 Aprile

Ci sarà ancora qualche momento di tensione e quindi di confusione. Bisognerà dunque affrontare tutto con calma e riflessione. Alcuni progetti richiedono costanza. Successo. **La luna consiglia:** più tempo per gli amici.

TORO
21 Aprile
21 Maggio

Avrete notevoli soddisfazioni e buoni contatti per gran parte della giornata, solo in serata il vostro umore tenderà a cambiare ed allora dovrete far mostra di comprensione. **La luna consiglia:** controllo.

GEMELLI
22 Maggio
21 Giugno

Avrete molto da fare, situazioni intense, ma anche molto interessanti. Riuscirete a muovervi con alquanta abilità e successo. Serata simpatica. **La luna consiglia:** non lasciarsi condizionare.

CANCRO
22 Giugno
22 Luglio

La luna piena accentuerà la vostra fantasia ma potrà anche determinare in voi una sorta di disagio. Troppa sensibilità ed emotività. Non lasciate spazio all'irascibilità. **La luna consiglia:** evitare decisioni.

LEONE
23 Luglio
22 Agosto

Influssi intensi e molte cose sul vostro carnet. Tuttavia avrete situazioni molto stimolanti e contatti con persone importanti. Per raggiungere certi obiettivi siate molto persuasivi. **La luna consiglia:** amore.

VERGINE
23 Agosto
22 Sett.

Anche oggi avrete una giornata costruttiva e soddisfacente. Situazioni interessanti per prendere qualche nuova iniziativa. Comincerete a pensare ad un viaggio. **La luna consiglia:** un buon dialogo.

BILANCIA
23 Sett.
22 Ottobre

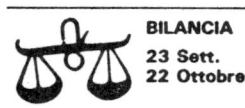

Probabilmente vi attende una giornata faticosa ma allo stesso tempo costruttiva e fortunata. Non lasciatevi condizionare da certi discorsi. Serata rassicurante. **La luna consiglia:** non indugiare.

SCORPIONE
23 Ottobre
22 Novem.

Tenderete a strafare e quindi arriverete alla sera piuttosto disfatti. Le vostre prospettive comunque stanno migliorando e la vostra intraprendenza sta dando frutti. **La luna consiglia:** sempre buona volontà.

SAGITTARIO
23 Novem.
21 Dicem.

Forse avrete delle soluzioni definitive per un certo periodo di tempo. Progressi più rapidi e migliore intesa con persone vicine. Serata simpatica per la vita sentimentale. **La luna consiglia:** gioia di vivere.

CAPRICORNO
22 Dicem.
20 Gennaio

Le cose da fare sono sempre tante e non tutte di vostro gradimento. Il sapersi momentaneamente adattare sarà cosa molto saggia. Le piste da seguire le troverete. **La luna consiglia:** sempre molta pazienza.

ACQUARIO
21 Gennaio
18 Febbraio

Qualche momentanea incertezza o qualche dubbio, ma si dissiperanno velocemente. Siate attivi e dinamici perché il periodo è molto importante per voi. **La luna consiglia:** tolleranza con il partner.

PESCI
19 Febbraio
20 Marzo

Saprete organizzare molto bene la vostra giornata, però non lasciatevi disorientare dalle questioni secondarie. La vita privata tende ad essere più intensa. **La luna consiglia:** buon umore.

Ventisettesima lezione
Previsioni meteorologiche 27

A1 Studiamo le previsioni dell'Aeronautica (vocabolario)
Su quali paesi si stendono le zone di alta (A) e le zone di bassa (B) pressione?

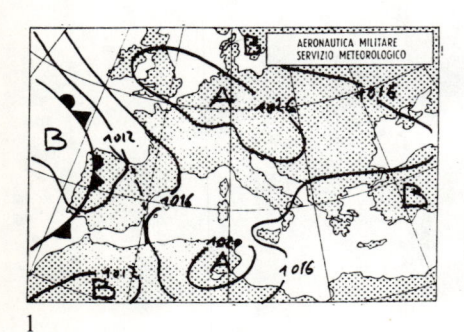

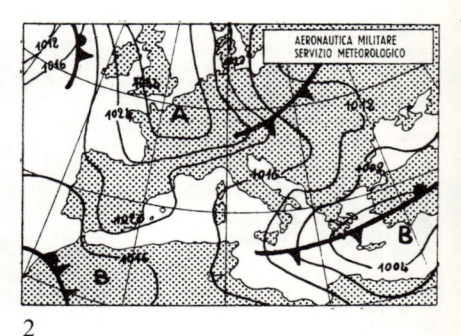

1

2

3

A quali carte (1–3) corrispondono le situazioni meteorologiche a–c?

a) Un'area di alta pressione con massimo sulla Francia si muove verso il Mediterraneo centrale. Aria fredda proveniente dall'Europa settentrionale si dirige sulla penisola balcanica.
b) Il tempo migliora temporaneamente sull'Italia; una nuova perturbazione proveniente dalla Spagna si muove verso l'Italia.
c) Una zona di alta pressione si stende sulla Germania e sulla Tunisia. La bassa pressione sull'Atlantico spinge una linea d'instabilità verso il Mar Tirreno.

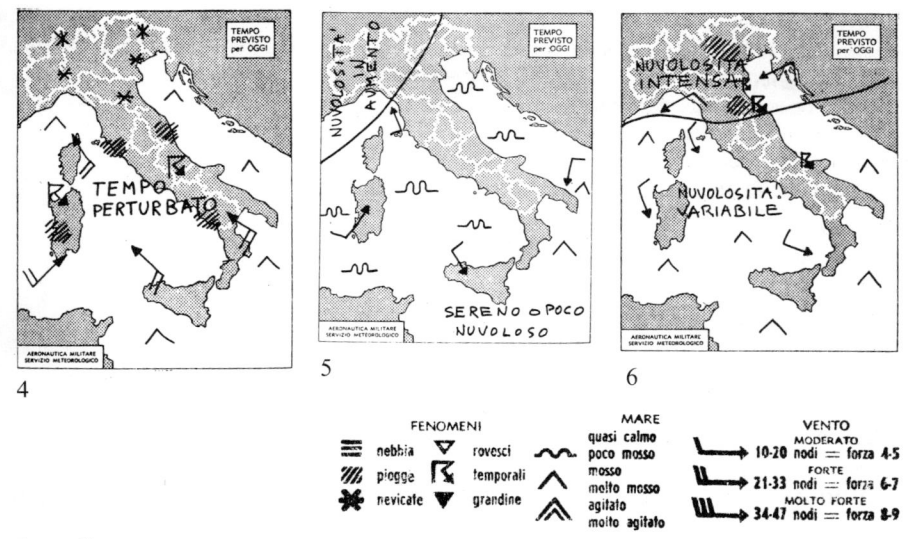

A quali carte (4–6) corrispondono le previsioni seguenti:

d) Nel Nord e nel Centro farà bello. Il mare sarà calmo. Nel Sud la nuvolosità varierà e potrà piovere sul Mare Ionio. Venti moderati di Nord-Ovest, mare mosso.
e) Su tutte le regioni il tempo resterà perturbato. Nevicherà sulle Alpi, sugli Appennini e occasionalmente anche sulla Pianura Padana. Pioggia e temporali sulle Regioni Centrali, sulla Sardegna e sulla Campania. Nebbia sulla Pianura Padana.
f) Nel Nord la nuvolosità è in aumento. Venti da Sud-Ovest sul Mar Ligure. Sulla penisola farà bello, il cielo sarà sereno o solo poco nuvoloso. Venti moderati da Nord. Il Mar Tirreno e il Mare Adriatico saranno calmi, il Mare Ionio invece sarà un po' mosso.

Domanda agli specialisti del tempo: a quali situazioni generali (1–3) corrispondono le previsioni d–f?

Vocabolario 27

Fa bel tempo: L'area di alta pressione è stazionaria, il sole brilla, il cielo è sereno, il mare è calmo, fa caldo.
Il tempo peggiora: Un'area di bassa pressione che proviene dall'Atlantico si muove rapidamente verso il nostro paese. Il tempo sarà variabile, la nuvolosità aumenterà, venti forti da Nord-Ovest. Il mare sarà mosso. Piogge (precipitazioni) possibili sul versante tirrenico.
Fa brutto tempo: Perturbazioni provenienti dalla Francia attraversano il paese. Fa fresco e comincia a piovere. Venti forti da Ovest. Temporali sul versante adriatico.
D'inverno: Neve fino a 1000 metri di altitudine. Gelo sulle strade. Nebbia in pianura e sui laghi.

Proverbi sul tempo
Quando la luna è rossa, ci sarà vento; quando è serena, farà bello, quando è pallida, verrà pioggia.
Cielo a pecorelle, acqua a catinelle.
Dopo la pioggia viene il sereno.
Mare bianco, scirocco in campo.
Acqua di cielo e sardelle alle reti.

Esercizi
1 Cercate proverbi analoghi sul tempo nella vostra lingua.
2 Lavoro di gruppo: fate le previsioni meteorologiche per domani!

A2 Ancora una telefonata (dialogo da sviluppare)

Cesare:	Pronto! ... Ah, sei tu. Ciao Antonio. Cosa mi racconti di bello?
Antonio:	Sareste liberi, domani e domenica, per passare due giorni sul lago?
Cesare:	Come? Non è piovuto ieri da voi? Qui, stamattina, c'è tanta nebbia che non si vede a un metro di distanza.
Antonio:	Qui a Desenzano fa bello e farà bello anche domani.
Cesare:	Io devo ascoltare le previsioni alla radio per sapere se c'è sole fuori Milano.
Antonio:	Anche le previsioni della radio sono buone: una zona di alta pressione raggiungerà il suo massimo proprio domani. Sulle Alpi aumenterà la nuvolosità verso sera e ci sarà un po' di vento. Proprio l'ideale per far della vela, vedrai ...
Cesare:	Eh, ti credo. Allora, verremo quanto prima.
Antonio:	Portate pure le giacche a vento, verso sera ci sarà una bella brezza sul lago.
Cesare:	Va bene. Arriveremo verso le dieci. Grazie dell'invito!

Esercizio
Antonio telefona a Cesare e Silvana che discutono le proposte fra di loro:
andare a sciare a San Moritz (Svizzera)
fare il bagno / una passeggiata in campagna / una gita in montagna
fare una partita di calcio / di tennis
visitare un'esposizione in città

Il clima italiano (lettura)
L'Italia, a causa della sua particolare posizione geografica, presenta una grande varietà di climi: così nell'Italia settentrionale si ha una forte differenza fra la temperatura estiva e quella invernale: media del mese di gennaio 0° – media del mese di luglio 25°. Soltanto la Liguria, fra le montagne e il mare, ha un clima molto più mite, come del resto lo ha la zona dei laghi (Lago Maggiore, Lago di Garda).
Mentre la pianura padana è spesso ricoperta dalla nebbia, la penisola ha un clima mediterraneo, che diventa più accentuato verso sud e che è più tipico sul versante tirrenico che su quello adriatico. L'inverno qui è più mite, e l'estate però più calda: media di gennaio 5°, media di luglio 27°. Il clima a carattere continentale si ritrova sugli Appennini.
Le temperature massime si registrano in genere nelle isole, dove il termometro può salire fino a 39°; le temperature minime nel Piemonte e in Emilia, dove non è raro che il termometro scenda a 20° sotto zero.

Esercizio: confrontate le temperature minime e massime
dell 29 gennaio 1980 e del 12 agosto 1980

ANCONA	+ 4	+ 8	ANCONA	+17	+31
BARI	+ 7	+10	BARI	+20	+31
BOLOGNA	− 1	+ 8	BOLOGNA	+21	+30
BOLZANO	− 6	+ 7	BOLZANO	+18	+28
CAGLIARI	+ 7	+17	CAGLIARI	+18	+34
CATANIA	+10	+20	CATANIA	+20	+32
FIRENZE	+ 4	+11	FIRENZE	+20	+29
GENOVA	+ 5	+13	GENOVA	+23	+27
L'AQUILA	+ 3	+ 7	L'AQUILA	+15	+29
MESSINA	+12	+15	MESSINA	+25	+32
MILANO	−1,6	+ 9	MILANO	+23	+30,4
NAPOLI	+ 6	+10	NAPOLI	+21	+27
PALERMO	+14	+16	PALERMO	+23	+29
PERUGIA	+ 3	+ 6	PERUGIA	+19	+28
PISA	0	+13	PISA	+20	+26
POTENZA	0	+ 2	POTENZA	+18	+25
ROMA	+ 4	+12	ROMA	+18	+31
TORINO	− 3	+ 8	TORINO	+17	+31
TRIESTE	+ 3	+ 6	TRIESTE	+23	+28
VENEZIA	− 1	+10	VENEZIA	+19	+29
VERONA	− 6	+ 7	VERONA	+20	+30

Dove notate le maggiori/minori differenze di temperatura fra l'inverno e l'estate? Dove fa meno freddo d'inverno? Dove fa meno caldo d'estate?

Grammatica

§ 30 Il comparativo

a) Uguaglianza

La montagna è **tanto** bella **quanto** il mare. I laghi sono belli **quanto** il mare. Milano è **così** moderna **come** Francoforte. Venezia è interessante **come** Firenze.	tanto ...... quanto – ...... quanto così ...... come – ...... come

b) Disuguaglianza

L'Italia è **meno** grande **della** Francia. Il clima mediterraneo è **più** mite **di** quello atlantico. Tu sei **meno** bagnato **di** me. Si vede che la tua giacca è **migliore de**lla mia.	meno ...... di + sostantivo o più ...... di + pronome
Il clima dell'Italia settentrionale è **più** continentale **che** mediterraneo. Il clima mediterraneo è **più** tipico sul versante tirrenico **che** su quello adriatico. E' **meglio** partire presto **che** tardi.	più ...... che + aggettivo + preposizione + avverbio

c) Comparativi irregolari (cf. 34, § 46)

Le differenze di temperatura sono
maggiori (= più grandi) nell'interno del paese,
minori (= meno grandi, più piccole) sui litorali.
Il clima del Ticino è **migliore** (= più buono) di quello della Svizzera settentrionale.
L'inquinamento del mare è **peggiore** vicino ai porti che negli altri luoghi.
E' **meglio** fare che dire, è **peggio** aspettare che sbagliare.

Esercizi strutturali 27

1 C'è sempre un motivo per dire di no:

– Venite a fare una partita di pallamano?
– Non credo. Stanotte è piovuto e il terreno sarà troppo bagnato.

2
Esempio: Mentre state in villeggiatura a Desenzano, vi si domanda:
              Siete già saliti al castello?
Risposta: No, ma ci saliremo domani.
              Avete già fatto il giro del lago?
              Siete già andati al mercato in Piazza delle Erbe a Verona?
              Avete già fatto la classica gita a Sirmione?
              Avete già visitato il centro storico di Brescia?
              Siete già saliti sul Monte Baldo?

3　Siete di ritorno dalla vostra villeggiatura a Desenzano. Gli amici vi fanno delle domande, ma voi non avete realizzato tutti i progetti perché .... Ma ditelo voi!

Esempio:　Penso che avrete fatto della vela?

Risposta:　Non abbiamo potuto fare della vela perché non c'era mai abbastanza vento.

– Penso che avrete fatto il bagno, allora?

– Avrete visto le Grotte di Catullo, a Sirmione?

– M'immagino che sarete andati almeno a Verona?

– Penso che sarete stati sul Monte Baldo?

– Allora non credo che siate stati sul Lago di Garda!

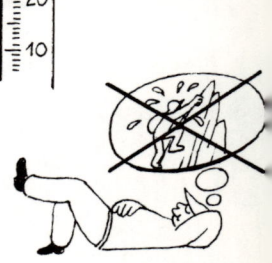

4　Esempio:　In Liguria il clima è così mite come a Venezia?
　　Risposta:　In Liguria il clima è più mite che a Venezia.
　　Esempio:　Le Alpi sono così alte come gli Appennini?
　　Risposta:　Le Alpi sono più alte degli Appennini.

In Sicilia fa così caldo come sul continente?
La Sardegna è così grande come la Corsica?
Il Po è così lungo come l'Arno?
Il clima è così mediterraneo sul Mar Tirreno come sul Mare Adriatico?
In Italia il turismo è così importante come in Germania?
La cucina bolognese è così tipica come quella fiorentina?

5
Esempio:
　
　
Risposta:

Lei ascolta la conversazione di due persone e fa le conclusioni.
A: Che tempo in città: nove mesi di freddo e sempre nebbia
B: Strano. Da noi in montagna, solo novembre è un mese nebbioso.
Lei: Si sa che in città c'è più nebbia che in montagna.

A: E come fa freddo in città, anche in marzo e in aprile.
B: Basta un po' di sole durante il mese di marzo e subito il termometro sale a 12, 15 gradi.
Lei:
A: Mi piacerebbe trasferirmi a Napoli. Sul litorale c'è sempre un clima molto mite.
B: Non so. In montagna si avverte il cambiamento di stagione. E a me piace così.
Lei:
A: Però, a Napoli, il mare è inquinato.
B: E' vero, bisogna andare sulle isole a fare il bagno.
Lei:

6
Esempio:
　
Risposta:

La discussione fra gli amici si anima. Lei cerca di conciliarli:
A: Vivere in campagna? Preferisco la città.
B: In campagna trovi ancora il silenzio.
Lei: Certo, vivere in campagna è così bello come vivere in città.

A: In città ci sono tanti spettacoli interessanti.
B: A me interessa soprattutto la natura.
Lei: Certo, la natura è ...
A: E poi, in città puoi fare tante belle passeggiate.
B: Già, fra le macchine e i tram. Io, le belle passeggiate le faccio nei campi.
Lei:
A: In città incontro sempre degli amici. Dove vuoi trovarli, in campagna?
B: Io ho tanti amici, in campagna, fra i contadini.
Lei:
A: No, davvero, non potrei mai abituarmi alla solitudine della campagna.
B: E io ti dico, caro mio, che in città la solitudine non è minore.
Lei:

Esercizi scritti

7 **Mettete «più / meno** .... **di / che»:**

La Francia produce .... vini bianchi .... l'Italia.

Vanno .... turisti al mare .... nelle città d'arte.

In Germania si beve .... birra .... in Italia.

Il pane è .... caro .... carne, ma oggi è molto .... caro .... nel 1978.

D'estate fa .... caldo .... d'autunno.

La campagna è .... bella in primavera .... d'estate.

E' .... pericoloso viaggiare in macchina .... in treno.

E' .... facile dire .... fare.

Lei scrive .... correttamente l'italiano .... tanti Italiani.

Milano ha .... abitanti .... Torino, e c'è .... industria .... a Roma.

Mi piace .... l'italiano .... l'inglese.

Firenze mi è piaciuta .... Venezia.

8 **Mettete «così** .... **come» / «tanto** .... **quanto»:**

Silvia non è .... intelligente .... bella.

Firenze è .... interessante .... Roma.

Nei ristoranti italiani, il quarto di vino costa .... la birra.

Il clima nella zona dei laghi è .... mite .... quello della Riviera.

Ci ho pensato .... voi: ma non sono .... sicuro del successo .... voi.

9 **Mettete «maggiore / minore, migliore / peggiore, meglio / peggio** .... **di / che»:**

Tutto andava di bene in .... (di male in ....).

Mi piace .... la cucina italiana .... quella inglese.

Come trovi questo vino? Lo trovo .... quello che m'hai offerto l'altra volta.

.... tacere .... parlare troppo!

I grandi vini piemontesi sono .... molti vini italiani.

Le differenze climatiche sono .... sul continente, ... sui litorali.

Io ho 24 anni; ... mio fratello .... ne ha 26, e il mio fratello .... ne ha 21.

10 **Scrivete una lettera** a un vostro amico italiano che vuole passare le vacanze nel vostro paese. Proponetegli tre luoghi diversi e comparate le loro qualità:
- la temperatura e le stagioni,
- gli alberghi e i prezzi,
- le possibilità di fare sport o gite, ecc.

1 **Le previsioni del tempo** (comprensione auditiva)
Sentite il bollettino della Radio Svizzera Italiana, poi verificate le frasi seguenti:

1 A sud delle Alpi farà bello. Giusto? Sbagliato?
2 Nella Svizzera occidentale, nordoccidentale e nel Vallese aumenta la nuvolosità.
3 Nella Svizzera centrale, orientale, nel nord e nel centro dei Grigioni ci sarà ancora il sole per via del Föhn.
4 Evoluzione per mercoledì e giovedì: la temperatura salirà.

2 **Le previsioni del tempo per Ferragosto**

L'alta pressione porterà il bel tempo sull'Italia

Ormai è sicuro: a Ferragosto farà bel tempo su tutta Italia, con temperatura in aumento e mari quasi calmi. Sull'Italia si stende una zona di alta pressione che raggiungerà il suo massimo proprio quel giorno. Solo di notte ci saranno foschie, lungo le coste e nelle valli. A «prometterlo» è il Centro nazionale di meteorologia e climatologia aeronautica.
Ma ecco, giorno per giorno, le previsioni:
Giovedì 14: su tutta l'Italia quasi sereno, salvo annuvolamenti sul versante centro meridionale adriatico.
Venerdì 15: su tutte le regioni quasi sereno. Foschie notturne lungo le coste e nelle valli.
Sabato 16: aumento della nuvolosità sulle Alpi occidentali. Sulle altre regioni quasi sereno. Ancora foschie notturne nelle valli e lungo i litorali.
Temperatura in aumento giovedì e venerdì. Stazionaria sabato. Venti a regime di brezza.
Meno brillanti, come si vede, ma solo per le regioni settentrionali, le indicazioni per il «fine settimana». Sabato sulle Alpi occidentali aumenterà la nuvolosità mentre sulle altre regioni continuerà il «quasi sereno» con foschie notturne nelle valli e lungo i litorali.
Domenica c'è la possibilità di temporali al Nord.

Esercizio di comprensione scritto

1 Dove ci saranno delle foschie, di notte?
   a) In tutta l'Italia.
   b) Lungo il mare e nelle valli.
   c) Sul mare.
   d) In montagna.
2 Dove aumenterà la nuvolosità sabato?
   a) Nelle valli.
   b) Sulle Alpi.
   c) Lungo il mare.
   d) Lungo i litorali.
3 Come sarà la temperatura sabato?
   a) Aumenterà.
   b) Scenderà.
   c) Non cambierà.
   d) Farà fresco.

Ventottesima lezione
Più o meno   28

La pausa di lavoro (comprensione auditiva)
Sentirete una conversazione fra un operaio italiano e uno svizzero che lavorano sul cantiere. Ascolterete la conversazione una seconda volta, presentata in cinque parti. Per ognuna delle dieci frasi, indicate se la stessa è giusta o sbagliata.

Peter: Attenzione, Marco, passa il caporeparto ed è soltanto mezzogiorno meno 10.
Caporeparto: Marco, la pausa comincia alle dodici in punto. Non fermare la macchina già adesso.
Marco: Scusi, il mio orologio va avanti.
Peter: Fortunati voi italiani che prendete la vita alla leggera.
Marco: Va bene, Peter, ma noi si ride per non bestemmiare.
Peter: Pazienza! Non vorrai mica dirmi di essere scontento? Con diciannove franchi e venti centesimi all'ora!
Marco: Va bene, però ne tolgono un tanto per le tasse e l'affitto per la camera. E poi si dice anche che stanno per aumentare le tasse.
Peter: Quelle aumentano sempre. Io poi, per l'affitto dell'appartamento, spendo un quarto della paga.
Marco: Certo, in Italia si guadagna meno. Ma qui si lavora di più, e la vita è più cara che in Italia.
Peter: Ma qui, almeno, la paga arriva puntualmente.
Marco: Già. Così puntualmente come le critiche del caporeparto.
Peter: Lui è più pedante che cattivo. E poi tu non resti sempre qui.
Marco: Figùrati! Mando la metà del salario in Italia per i miei genitori e per il libretto di risparmio. La domenica lavoro in un ristorante. Così risparmio il vitto per un giorno. Appena posso, torno in Italia e mi costruisco la casa.
Peter: Allora verrò da te per le vacanze... Prendi, è caffè di casa mia. Non è all'italiana, ma è corretto con molto kirsch.
Marco: Non dico di no: è in ogni modo migliore del caffè dell'automatico. Grazie!

Esercizi di comprensione auditiva
Adesso ascolterete la conversazione una seconda volta e negli intervalli indicherete per ognuna delle dieci frasi se è giusta o sbagliata. Esempio:
Marco è un operaio italiano.　　　　　　　　　　　　G　　S
(La frase è giusta.)
 1　Sono le dodici precise.
 2　Marco ha fermato la macchina.
 3　Marco riceve la paga meno le tasse e l'affitto.
 4　In Italia bisogna lavorare di più.
 5　In Svizzera la vita è più cara che in Italia.
 6　Il caporeparto non è pedante.
 7　Marco risparmia denaro per mangiare al ristorante, la domenica.
 8　In Italia vuole farsi una casa propria.
 9　Peter gli offre un caffè all'italiana.
10　Marco trova che il caffè dell'automatico è migliore.

Che cosa significano queste frasi:
11　Ne tolgono le tasse.
　　a)　L'operaio non deve pagare tasse.
　　b)　Non pagano all'operaio i soldi per le tasse perché le pagano direttamente alla fonte.
12　Al ristorante gli pagano 1000 fr. con vitto e alloggio.
　　a)　Il cameriere guadagna 1000 fr., in più mangia e abita gratis al ristorante.
　　b)　Gli pagano 1000 fr. e i vestiti.
　　c)　Con i 1000 fr. il cameriere deve pagare il mangiare e la camera.

Quanto vale il lavoro? (Espressione orale)
Quante ore e quanti minuti deve
lavorare un operaio italiano per
comprarsi da vivere?
Il suo reddito medio mensile
nel 1982: 685.257 lire (179 ore)
Reddito medio all'ora: 3.828 lire
Ecco quanto gli costano alcuni
beni e servizi:

E da voi?
Reddito medio
al mese:
all'ora:

TRE ORE DI LAVORO PER UN CHILO DI CARNE

	Prezzo	Ore e minuti	Fr. / DM / öS
1 kg di pane	1.350	21	
1 l di latte	900	14	
250 g di burro	1.500	23	
500 g di caffè	7.000	1 49	
1 kg di carne di vitello	12.150	3 10	
1 bottiglia di vino	2.000	31	
Quotidiano	400	6	
1 ora manodopera meccanico specializzato	10.800	2 50	
Scarpe da uomo	48.000	12 32	
Vestito da uomo	200.000	52 14	
Far lavare un vestito da donna	2.700	42	
Messa in piega	13.500	3 32	
1 l di benzina	1.025	16	
Una gomma per auto	47.000	12 16	
Cinema di prima visione	5.000	1 18	
Una bicicletta	121.000	31 36	
Televisore a colori	945.000	246 52	
Frigorifero piccolo	200.000	52 14	

Il reddito calcolato comprende la tredicesima mensilità, ma esclude eventuali assegni familiari. Il tasso attuale dell'inflazione annuale è fra il 15 e il 20 per cento.

Esercizi

1 Che cosa costa più/meno da voi?
2 Quali prodotti sono più importanti per l'operaio italiano che per voi?
3 Per ottenere di più con il suo denaro, in che cosa l'Italiano deve cambiare abitudine?
4 Un operaio italiano viene a lavorare nel vostro paese. Che consigli gli date per la spesa di ogni giorno? Immaginate un dialogo, per esempio:
   Italiano: Mi piace bere il mio quarto di vino ad ogni pasto.
   Tedesco: Già. Soltanto, qui in Germania il vino costa più che in Italia. Perché non vuoi prendere birra? Costa meno.

Grammatica

§ 31 «si» impersonale («man») (III e riepilogo)
cf. lez. 20 § 12, lez. 25 § 26

Il soggetto impersonale («man») si esprime in italiano in due modi:

soggetto impersonale «essi»:		«si» riflessivo:
tolgono il vitto dal salario	=	si toglie il vitto dal salario
aumentano le tasse	=	si aumentano le tasse

Problemi del «si» impersonale

1 Accordo del verbo riflessivo:

	si affitta	un	appartamento
	si assumono	due	aggiustatori
cf. con:	c'è	un	posto libero
	ci sono	tre	posti liberi

2 Dietro il «si» impersonale c'è un'idea di plurale indeterminato:

	si è stan**chi** per il viaggio	essere + aggettivo
	si è preg**ati** di prenotare i posti	forma passiva
	si è arriv**ati** or ora	pass. prossimo
	(= siamo arriv**ati**)	coniugato con «essere»
ma:	si è dormito bene	pass. prossimo
	(= abbiamo dormito)	coniugato con «avere»

Quest'idea del plurale spiega l'uso del «si» impersonale con i verbi riflessivi:

ci si vede alle otto
(= ci vediamo alle otto)
ci si è divert**iti** assai

3 Ecco un uso del linguaggio popolare:
Noi si ride per non bestemmiare
(= noi ridiamo per ...; cf. in francese: nous on s'en fiche...)

142

Esercizi strutturali

1 Esempio 1:   Aumentano le tasse.
  Risposta: E perché si aumentano le tasse?
  Esempio 2:   Fanno lo sciopero.
  Risposta: E perché si fa lo sciopero?

                    Chiudono la fabbrica.
                    Tolgono la metà della paga.
                    Licenziano molti operai.
                    Fermano il lavoro.
                    Non accettano le proposte del sindacato.
                    Non vogliono più discutere col sindacato.
                    Chiamano la polizia.

2 Esempio: Mangiate sempre alla mensa?
  Risposta: Eh già, noi si mangia sempre alla mensa.

                    Lavorate sempre a cottimo?
                    Abitate sempre nelle baracche della ditta?
                    Tornate sempre in Italia, durante le vacanze?
                    Risparmiate sempre per farvi una casa?
                    Bevete sempre vino con acqua?
                    Seguite sempre il programma italiano?
                    Ridete sempre tanto?

3   Il suo orologio va avanti di un quarto d'ora!
  Esempio: Sono già le dieci, vero?
  Risposta: Macché! Sono le dieci meno un quarto.

                    E' già mezzogiorno, vero?
                    Sono già le nove e mezzo, vero?
                    E' già l'una?
                    Sono già le due e un quarto?
                    Sono già le otto meno un quarto, vero?

4   La Svizzera = il paradiso in terra?
  Esempio 1:   Si guadagna bene, in Svizzera?
  Risposta: Certo, in Svizzera si guadagna meglio che in Italia.
  Esempio 2:   E i salari sono così alti come quelli tedeschi?
  Risposta: Sono forse anche più alti di quelli tedeschi.

                    Allora la vita è così cara come in Italia?
                    E il lavoro? E' duro?
                    I ristoranti svizzeri sono così buoni come quelli austriaci?
                    Gli orologi svizzeri sono così esatti come quelli giapponesi?
                    I treni svizzeri sono così puntuali come in Germania?
                    Il caffè svizzero è così forte come quello austriaco?
                    Il formaggio svizzero è così gustoso come quello italiano?
                    Allora si vive bene, in questo paradiso svizzero?

5 Esempio: A: I salari svizzeri sono alti.
B: Ma anche i salari tedeschi sono alti.
Lei: Penso che i salari tedeschi siano alti quanto quelli svizzeri.
A: La regione della Ruhr è molto industrializzata.
B: Ma anche la Lombardia è molto industrializzata.
Lei:
A: Le macchine italiane sono veramente eleganti.
B: Ma ormai anche le macchine tedesche sono eleganti.
Lei:
A: La gastronomia italiana è raffinata.
B: Anche la gastronomia austriaca è raffinata.
Lei:
A: In Svizzera, la vita è carissima.
B: Ma anche in Italia, la vita costa molto cara.
Lei:
A: Il caffè italiano mi piace molto.
B: Ma anche il caffè viennese mi piace molto.
Lei:

6 Esempio: Il caporeparto è pedante, ma non è cattivo.
  Risposta: Forse è più pedante che cattivo, ma non mi va.
Giuseppe è corretto, ma non è molto aperto.
Il lavoro è duro, ma non è molto interessante.
Il vino Lambrusco è frizzante, non è pesante.
La cucina italiana è sana, non è così raffinata.

Esercizi scritti 28

7 «Si» impersonale

Eseguono un concerto per pianoforte.   Si .... un concerto per pianoforte.

Danno un ballo mascherato.   ....

Presentano due film italiani.   ....

Mostrano delle fotografie.   ....

Vendono questa villa.   ....

Affittano tre camere.   ....

Cercano una donna di servizio.   ....

144

8 **Mettete al passato prossimo:**

Si arriva alle 8.	Si è arrivati alle 8.
Si riparte all'indomani.	....
Si dorme in camere da tre letti.	....
Ci si riposa bene.	....
Ci si può telefonare.	....
Si prega di non fumare.	....
Si offre una piccola colazione.	....
Ci si diverte assai.	....

9 **Mettete le frasi seguenti alla forma impersonale al futuro:**

arrivare tardi	....
alzarsi presto	....
fare una bella gita	....
partire col primo treno	....
divertirsi un mondo	....
vedere alcuni laghi	....
tornare a mezzanotte	....
essere stanchi	....

C Bisogna risparmiare (Espressione orale, transfer)

ENTE NAZIONALE PER L'ENERGIA ELETTRICA

Utilizza meglio l'energia elettrica: darai un contributo all'economia nazionale ed avrai una bolletta meno cara!
Sensibili risparmi possono essere ottenuti con un attento uso degli elettrodomestici. Ecco a scopo indicativo:

La tabella dei consumi

FRIGORIFERO

capacità litri	potenza watt	consumo giornaliero kwh
da 130 a 160	da 100 a 120	da 1 a 1,2
da 160 a 200	da 120 a 130	da 1,2 a 1,4
da 200 a 250	da 130 a 150	da 1,4 a 1,5
da 250 a 400	da 150 a 300	da 1,5 a 3

LAVATRICE

capacità kg.	potenza watt	consumo medio per lavaggio kwh
3	2000	2
5	2500	3

LAVASTOVIGLIE

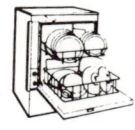

potenza watt	consumo medio per lavaggio kwh
2000	2
2500	3

CUCINA ELETTRICA

	potenza watt
piastre (ciascuna)	da 500 a 2500
forno	da 1800 a 2600
grill a raggi infrarossi	da 1500 a 2400
girarrosto	da 25 a 60
scaldavivande	da 300 a 500

TELEVISORE

schermo pollici	potenza watt	consumo orario kwh
da 6 a 27	da 50 a 200	da 0,05 a 0,2

SCALDA ACQUA PER BAGNO

capacità litri	potenza watt	consumo per portare l'acqua da 15°C a 60°C kwh
da 50 a 80	da 800 a 1200	da 3 a 5
da 100 a 150	da 1000 a 1500	da 6 a 9

Questa inserzione offre l'occasione per alcuni esercizi:

1 Leggete:
Un frigorìfero con la capacità di 130 litri e la potenza di 100 watt consuma un chilowattora per giorno.
Continuate!

2 Fate piccoli dialoghi:
    Maria: Ci vorrebbe una lavastoviglie della potenza di 2500 watt. Siamo una grande famiglia!
    Giuseppe: Prendiamo una lavastoviglie più piccola della potenza di 2000 watt. Così si risparmia un chilowattora per lavaggio.
    Maria   Ma allora devi fare tre lavaggi al giorno. Dov'è il risparmio?
    Giuseppe: Vedrai che basteranno due lavaggi. Tanto si può lavare qualche bicchiere a mano, non ti pare?

Adesso confrontante due frigoriferi, due lavatrici (avete 6 kg di biancheria da lavare ogni tre giorni), due tipi di cucine elettriche (cosa è veramente necessario?), due scaldacqua (bagno o doccia?).

3 Inventate una scena:
E'arrivata una salata bolletta per il consumo elettrico. Il signor Tagliafichi rimprovera alla moglie di sprecare l'energia elettrica.
La moglie osserva che ogni sera lui si guarda la televisione fino a mezzanotte e che «il signore» preferisce il bagno alla doccia.
Si mettono d'accordo ideando una serie di proposte per un'utilizzazione più economica dell'energia.

Ventinovesima lezione
Perché ? 29

A **Perché studia l'italiano?** (Inchiesta)
Vorremmo oggi sapere perché studia l'italiano e La preghiamo di rispondere alle domande seguenti.

1 Perché studia l'italiano? Se risponde di sì ...

Perché mi serve per i miei studi.	☐	... continui alla domanda 2
Perché mi serve per il lavoro.	☐	... continui alla domanda 3
Perché mi serve per i miei viaggi.	☐	... continui alla domanda 4
Perché lo parla qualcuno della mia famiglia.	☐	... continui alla domanda 5
Perché lo parlano amici miei.	☐	... continui alla domanda 6
Perché m'interessa la civiltà italiana.	☐	... continui alla domanda 7.
Perché ne ho bisogno per la carriera politica o militare.	☐	... continui alla domanda 8
Perché mi piace la lingua.	☐	... continui alla domanda 9

2 Dunque, l'italiano Le serve per i Suoi studi?

Sì, perché fa parte del curriculum scolastico d'obbligo. ☐
Sì, perché voglio laurearmi in lingua e letteratura italiane. ☐
Sì perché sto studiando una disciplina umanistica (storia, storia dell'arte, della musica, ecc.) ☐
Sì, perché devo leggere molti testi italiani anche se la mia disciplina non è di tipo umanistico. ☐

3 Se lo far per esigenze di lavoro, è perché

– vuole entrare in rapporti economici o professionali con l'Italia? ☐
– desidera venire in Italia per apprendervi una professione? ☐
– nel Suo lavoro ha rapporti con italiani residenti o di passaggio nel Suo paese (emigrati, turisti)? ☐
– esercita o si propone di esercitare la professione di interprete o di traduttore di lingua italiana? ☐
– deve leggere testi professionali in italiano? ☐
– è professionalmente interessato a certi aspetti della civiltà italiana? ☐

4 Se abbiamo capito bene Lei viaggia spesso in Italia. Perché?
   - Per motivi professionali.   □
   - Mi interesso alla storia o all'arte italiana.   □
   - Mi piace il paese e/o il suo popolo.   □
   - Devo fare delle cure in Italia.   □
   - Per motivi familiari.   □

5 Lei studia l'italiano per motivi affettivi?
   Sì, perché mia moglie/mio marito è di lingua italiana.   □
   Sì, perché qualcuno della famiglia (ma non mia moglie/mio marito)
   parla italiano.   □
   Sì, perché vorrei capire meglio ciò che dicono i miei amici/le mie
   amiche.   □
   Sì, perché vorrei entrare in contatto con italiani.   □

6 Di che cosa s'interessa specialmente, nel quadro della civiltà italiana?
   - Di storia e di archeologia.   □   - Di politica.   □
   - D'arte.   □   - Di sociologia.   □
   - Di musica o/e di canzoni.   □   - Di folklore.   □
   - Di film.   □   - Di geografia.   □
   - Di sport.   □   - Di lavori d'artigianato. □
   - Di tecnica e di scienze.   □   - .... □

7 Lei ha detto che ha bisogno di sapere l'italiano per la Sua carriera
   politica o militare.
   - Lei ha contatti con connazionali Suoi di lingua italiana?   □
   - Lei ha contatti con emigrati italiani nel Suo paese?   □
   - Lei ha contatti con ambienti politici italiani?   □
   - Lei ha contatti con soldati di lingua italiana?   □

8 Che cosa Le piace della lingua italiana?
   - Il suono.   □   - La ricchezza del vocabolario. □
   - Il ritmo.   □   - Il modo di fare le frasi.   □
   - La ricchezza delle forme. □ - .... □
   - La vicinanza al latino. □

9 Per quale tipo di conoscenza dell'italiano Lei ha maggiore interesse:
   – leggerlo, scriverlo, capire il parlato, parlarlo ☐
   – leggerlo, parlarlo, capire il parlato ☐
   – leggerlo, scriverlo ☐
   – leggerlo ☐
   – parlarlo, capire il parlato ☐
   – capire il parlato ☐

10 In che settore della lingua ha maggiori difficoltà?
   – nella pronuncia ☐   – nel modo di fare le frasi ☐
   – nell'ortografia ☐   – nel vocabolario ☐
   – nelle forme ☐   – nella comprensione auditiva ☐

11 Dove ha studiato in passato l'italiano?   Dove pensa di perfezionare lo studio dell'italiano?
   ☐ In una scuola media del Suo paese. ☐
   ☐ All'Università. ☐
   ☐ Presso un istituto privato nel Suo paese. ☐
   ☐ All'Università popolare o in un altro istituto di corsi serali. ☐
   ☐ Presso l'Istituto italiano di cultura o la Società Dante Alighieri. ☐
   ☐ In Italia. ☐
   ☐ In nessun luogo. ☐

Grammatica

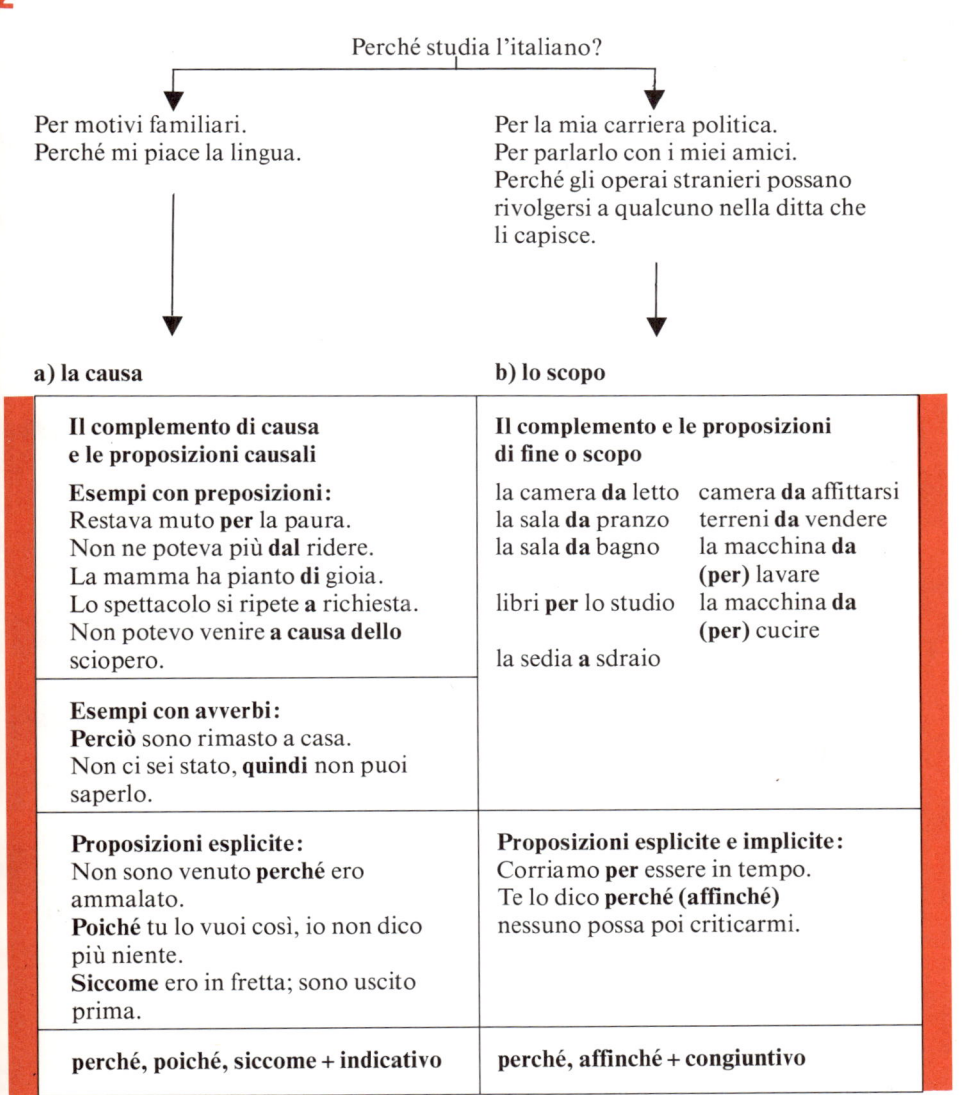

2 Perché?

Perché studia l'italiano?

Per motivi familiari.
Perché mi piace la lingua.

Per la mia carriera politica.
Per parlarlo con i miei amici.
Perché gli operai stranieri possano rivolgersi a qualcuno nella ditta che li capisce.

a) la causa

b) lo scopo

Il complemento di causa e le proposizioni causali	Il complemento e le proposizioni di fine o scopo
Esempi con preposizioni: Restava muto **per** la paura. Non ne poteva più **dal** ridere. La mamma ha pianto **di** gioia. Lo spettacolo si ripete **a** richiesta. Non potevo venire **a causa dello** sciopero.	la camera **da** letto camera **da** affittarsi la sala **da** pranzo terreni **da** vendere la sala **da** bagno la macchina **da** **(per)** lavare libri **per** lo studio la macchina **da** **(per)** cucire la sedia **a** sdraio
Esempi con avverbi: **Perciò** sono rimasto a casa. Non ci sei stato, **quindi** non puoi saperlo.	
Proposizioni esplicite: Non sono venuto **perché** ero ammalato. **Poiché** tu lo vuoi così, io non dico più niente. **Siccome** ero in fretta; sono uscito prima.	**Proposizioni esplicite e implicite:** Corriamo **per** essere in tempo. Te lo dico **perché (affinché)** nessuno possa poi criticarmi.
perché, poiché, siccome + indicativo	**perché, affinché + congiuntivo**

Esercizi strutturali 29

0 **Ripetete gli esercizi seguenti:**
   nella lezione 21, l'esercizio 3
   nella lezione 27, l'esercizio 3

1 Esempio 1:   Perché sei uscito prima? Avevi forse fretta?
   Risposta: Sì, sono uscito prima proprio perché avevo fretta.
   Esempio 2:   Perché sei in ritardo? C'era forse uno sciopero?
   Risposta: Sì, sono in ritardo proprio a causa di uno sciopero.

   Perché non ti sei presentato? Avevi forse paura?
   Perché Carlo si è ammalato? Aveva forse fatto della vela?
   Perché Antonio è partito? Non aveva forse più soldi?
   Perché non siete entrati? C'era forse troppa confusione?
   Perché non avete preso gli sci? La neve non era buona?
   Perché non sono andati alla spiaggia? Faceva forse troppo freddo?
   Perché non sei venuto? Avevi troppo lavoro?
   Perché lo hanno licenziato? Lavorava troppo poco?

2 Esempio 1:   Non lo so. Nessuno me l'ha detto.
   Risposta: Non lo so perché nessuno me l'ha detto.
   Esempio 2:   Te lo dico adesso. Nessuno potrà poi criticarmi.
   Risposta: Te lo dico adesso perché nessuno possa poi criticarmi.

   Non lo compro. Non ho soldi.
   Gli scrivo. Dovrà farlo meglio.
   Glielo spiego lentamente. Dovranno poi saper fare da soli.
   Mi sono informato adesso. Non sapevo la verità.
   Parto. Non voglio disturbarvi.
   Cosa devo fare? Tu non me lo crederai!

Esercizi scritti 29

3 **Trasformate:**
   Non potevo attraversare la strada
   perché c'era un autobus   = a causa di un autobus.

   perché c'erano tante macchine   ....

   perché il semaforo era rosso   ....

   perché il traffico era intenso   ....

   perché c'era una manifestazione politica   ....

4 Mettete «per, perché»:

a) ... arrivare alla strada dove c'è la ditta, il filobus fa diciasette fermate e mette circa trenta minuti. Finalmente arrivo, scendo e mi avvio per la piccola strada che va alla ditta. A metà di questa stradina c'è un bar dove mi fermo .... far colazione.

b) Il signor M., ospite di un grande albergo, chiede di vedere il direttore e si lamenta: – Sono caduto dalla scala .... su un gradino c'è una lastra di marmo che non è stata fissata bene. Ho dei dolori fortissimi alla spalla destra e Le chiedo di far venire un medico! – Il medico arriva ed attesta che l'ospite ha il braccio slogato. Il direttore dell'albergo fa riparare il gradino, e .... far bella figura, paga all'ospite sfortunato un'indennità di 250 mila lire.
Tutto è finito male, ... nell'albergo c'era un cameriere molto curioso.

c) Nella notte del 6 giugno due ladri hanno voluto fare un «gran colpo» in una gioielleria a Milano. .... poter lavorare tranquillamente, i due hanno deciso di mettere fuori uso il sistema d'allarme. Dopo mezzanotte, quando nella casa non c'erano più finestre illuminate, i due si sono introdotti nella cantina e hanno tagliato tutti i fili elettrici. Però sono stati sfortunati: al primo piano, proprio sopra la gioielleria, c'era un vecchietto che aveva sempre un cuscino elettrico nel suo letto .... soffriva di reumatismi. Questo si è svegliato, tutto stupito, ... il suo cuscino elettrico ad un tratto è diventato freddo. Quando poi ha sentito un rumore strano di sotto, nella gioielleria, ha avuto qualche sospetto. Ha allarmato la polizia che ha colto i due ladri in fallo.

5 Che cosa significano le espressioni sottolineate?

Non diceva niente **per paura**.	= Non diceva niente perché aveva paura.
Non ballava **per timidezza**.	= perché era ....
Non uscivamo **per stanchezza**.	= perché ....
Non ce la faceva **per ignoranza**.	= ....
Non sono partito **per via dello sciopero**.	= ....
Non ho scritto **per mancanza di tempo**.	= ....
Ha perduto tutto **per la sua generosità**.	= ....

6 Trasformate:

Sono contento. Hai avuto un bel successo.   Sono contento del tuo bel successo.

La mamma piange. Ha tanta gioia!   ....

Il cane morì. Aveva fame.   ....

Egli soffre molto. Ha sempre freddo.   ....

Sono stanchissimo. Ho lavorato molto. ....

Ti ringrazio. Mi hai aiutato molto. ....

Ci rallegriamo molto. Fa bel tempo. ....

Eravamo seccati. Il discorso era lungo. ....

Il ladro fu spaventato. Un agente arrivò. ....

B Sospetti inutili

«In ogni modo, l'ingegnere mi era riuscito subito antipatico non soltanto per quanto avevo sentito dire di lui, ma anche per come si era comportato nella faccenda dei piccoli furti. Pretendeva che io controllassi, all'uscita della villa, dopo il lavoro, vecchi operai, tecnici idraulici, la cui vita intera era uno specchio di onestà. E non voleva, alla mia richiesta, mettere a verbale il presunto valore degli oggetti che risultavano mancanti. Questo perché, evidentemente, quegli oggetti valevano molto meno di quanto egli voleva farmi credere. 'Non è per il valore, capisce? maresciallo .... E' per il principio. E' per la giustizia. Non posso tollerare che degli operai che mi lavorano in villa portino via qualche cosa ...»

Ad ogni buon conto, dopo la terza o quarta volta che andai alla villa, gli oggetti mancanti furono ritrovati in un sottoscala, coperti da un mucchio di cartacce. L'ingegnere disse che gli operai, spaventati dalle mie visite, si erano affrettati a riportarli, oppure che li avevano nascosti lì, con l'intenzione di rubarli in secondo tempo.

Mario Soldati,
I racconti del maresciallo, Mondadori, Milano 1967.

Esercizio di analisi: sottolineate i complementi e le proposizioni causali del testo!

Trentesima lezione
Viaggiare per lavorare   30

La giornata del pendolare (comprensione scritta)
Ci sono tanti modi di viaggiare per lavorare.
Uno consiste nel partire dal Meridione per il Nord o per la Germania; e un altro consiste nell'abbandonare ogni giorno il proprio paese per raggiungere il posto di lavoro.
Se c'è, si prende il treno (costa meno). Se manca, si prende la corriera. La macchina è un lusso per pochi. Nebbia o sole, estate o inverno, pioggia o neve, non si sfugge: il posto di lavoro bisogna sempre raggiungerlo.
Saliamo sul treno delle 6.32 per Milano. La gente sale in silenzio, quasi in punta di piedi per rispettare il sonno di quelli che sono partiti un'ora prima da Mantova e si sono alzati anche prima delle 5.
Infatti, già da qualche ora molti lavoratori sono in viaggio per raggiungere la fabbrica o l'ufficio: per essi il lavoro è cominciato molto prima del suono della sirena o dal momento in cui timbrano il cartellino all'orologio dello stabilimento.
Si sono fatti un'ora o perfino due ore di treno o di corriera per arrivare in tempo ai cancelli della propria fabbrica, e così tutte le mattine, per anni.
La giornata del lavoratore pendolare comincia dunque molto presto al mattino. Per recarsi al lavoro ha bisogno di vari mezzi di trasporto: usa la bicicletta o il motorino, il treno o la corriera, l'autobus o la metropolitana e alle 8 comincia il lavoro quotidiano nello stabilimento e nell'ufficio.

CORRIERE MILANESE

A COLLOQUIO CON IL SINDACO TOGNOLI SULLA «CRISI DI CRESCITA» DELLA CITTA'

Milano paga i servizi di cento Comuni ma chiede in cambio spazi per le case

Strutture come gli aeroporti, l'Ortomercato, le nuove carceri, la rete dei trasporti extraurbani gravano sulle spalle della città, ma servono tutta l'area metropolitana - Le possibilità di sviluppo sono ormai soltanto nell'hinterland - Necessaria una legge regionale sulla pianificazione territoriale

Il traffico pendolare di Milano

A Milano giungono ogni mattina cira 500.000 pendolari provenienti dalle città e dai paesi della Lombardia e da alcune zone del Piemonte e dell'Emilia.

Nello schema seguente, si può vedere Milano (rappresentata con questo segno: □) e attorno il vasto territorio in cui abitano i suoi 500.000 pendolari giornalieri. Con delle linee sono poi indicate le direzioni principali da cui provengono e i due cerchi indicano la distanza media in chilometri delle varie zone dalla città.

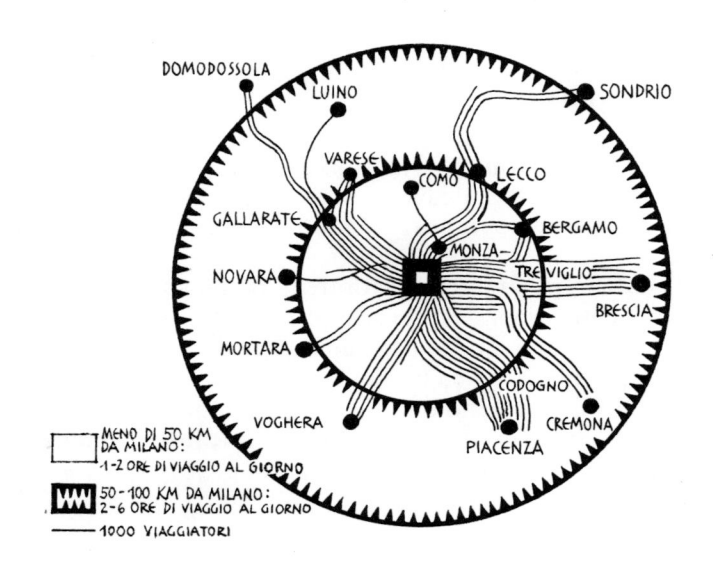

Esercizio di comprensione scritta

1 Gli emigranti meridionali abbandonano ogni giorno il   giusto/sbagliato
proprio paese per raggiungere il posto di lavoro.
2 Pochi lavoratori possono prendere la propria macchina
per andare al lavoro.
3 Ci sono pendolari che devono alzarsi prima delle 5.
4 I pendolari possono cominciare il lavoro anche più
tardi degli altri.

Esercizio orale
Leggete il grafico «Il traffico pendolare di Milano».
Esempio:
– Ogni giorno, circa 2000 pendolari di Milano provengono da Domodossola che è lontana più di 100 chilometri.

Intervista col sig. Rossi (comprensione auditiva)

Giornalista: Lei lavora a Milano?
Sig. Rossi: Sì, in una fabbrica di elettrodomestici.
Giornalista: Dove abita?
Sig. Rossi: A Casalpusterlengo, a 55 km da Milano.
Giornalista: Prende sempre lo stesso treno?
Sig. Rossi: Già. Il mio treno è questo. Parte alle 6.16. Mi alzo alle 5.30 e corro alla stazione in bicicletta.
Giornalista: Anche d'inverno?
Sig. Rossi: Non c'è altro mezzo per andare alla stazione.
Giornalista: E a Milano, come fa?
Sig. Rossi: Arrivo alla stazione di Porta Vittoria alla 7.12. Prendo il tram e alle 7.50 finalmente sono davanti alla fabbrica. A volte perdo il tram e allora non faccio in tempo a timbrare il mio cartellino prima delle 8.00.
Giornalista: Dove mangia a mezzogiorno?
Sig. Rossi: Per fortuna, nel nostro stabilimento c'è una mensa. Così posso prendere un pasto caldo. Ma nella fabbrica dove lavoravo prima, la mensa non c'era, e allora bisognava arrangiarsi alla meno peggio, perché le trattorie vicine costavano troppo.
Giornalista: Quali sono per Lei le difficoltà maggiori a causa della Sua condizione di pendolare?
Sig. Rossi: Direi ... la vita familiare. Vede: la mattina scappo alle sei meno un quarto, quando gli altri dormono. La sera arrivo a casa alle sette. Allora i bambini sono stanchi e mia moglie vuole vedere la TV. Così ci parliamo soltanto il sabato e la domenica. Ma il sabato sono stanco io, e non mi va di uscire.
Giornalista: Perché continua ad abitare lontano dal luogo di lavoro? Non potrebbe sistemarsi a Milano?
Sig. Rossi: Ha visto, Lei, gli affitti degli appartamenti in periferia? E poi, va' a vedere quei palazzi! Manca il verde lo spazio per i bambini, mancano i servizi, le scuole, il mercato, manca proprio tutto. Una sola cosa non manca: i teppisti. Basta tornare a casa dopo le nove di sera, anche in tram, per finire nelle loro mani. No, preferisco abitare fuori città, anche se questo mi costringe purtroppo a viaggi faticosi.

Esercizio di comprensione auditiva
1 Quando deve alzarsi l'operaio Rossi?
   a) Alle 6.16.
   b) Alle 5.30.
   c) Alle 7.12.
2 Che cosa deve fare prima delle 8.00?
   a) Timbrare il suo cartellino.
   b) Cominciare il lavoro.
   c) Fare la spesa.
3 Dove mangia a mezzogiorno?
   a) In una pasticceria.
   b) Alla mensa dello stabilimento.
   c) Nelle trattorie più vicine.
   d) A casa.
4 Quali sono le difficoltà maggiori per un pendolare?
   a) Il pranzo.
   b) Le spese di viaggio.
   c) La vita di famiglia.
5 Perché il signor Rossi non vuole abitare in città?
   a) Non gli piace la città.
   b) Gli piace viaggiare.
   c) Gli affitti sono troppo alti in città.
6 Che cosa sono i teppisti?
   a) Delle guardie notturne.
   b) Giovani che dormono nelle strade.
   c) Giovani che fanno l'autostop.
   d) Giovani che mettono sottosopra la città.

Esercizio orale
Fate un'intervista analoga con altre persone del vostro corso.
Altri argomenti che fanno scegliere la città o la campagna:
– i problemi o la mancanza di trasporti pubblici,
– il traffico sulle strade,
– la solitudine, la mancanza di amici,
– la vita culturale, gli spettacoli,
– l'indipendenza sociale (non lasciarsi controllare dagli altri), ecc.

C1 La propria macchina o il treno? (dialogo da sviluppare)
Sul treno delle 6.32 per Milano. Sono le 6.55, si sta attraversando la periferia di Milano. Tre pendolari discutono insieme: i signori Rossi, meccanico in una fabbrica di elettrodomestici, Caprioli, studente di sociologia, Monchieri, operaio in una fabbrica di automobili.

Monchieri: Se l'Alitalia comprerà il grande aereo supersonico «Concorde» gli uomini d'affari potranno raggiungere New York più o meno nello stesso tempo che noi si impiega per andare da casa alla fabbrica e viceversa.

Rossi: Già. C'è una differenza, però: loro, gli affaristi, questi viaggi li fanno una o due volte al mese. Noi invece lo facciamo ogni mattina alle cinque e mezzo.
Caprioli: Sono allo studio vari progetti come quel «Jumbo Tram» che dovrebbe collegare una decina di città con Milano. Si tratta di treni superveloci collegati con la metropolitana.

Continuate voi questa conversazione! Ecco alcuni argomenti attribuiti

a Monchieri: a Rossi: a Caprioli:
Progetti utopistici!

                     Costo dei trasporti super-
                     veloci? Treni per ricchi
                     e treni per gli altri?

                                          Una sola categoria
                     Due categorie di salari.   di treni.

Il proprio mezzo di
trasporto: la macchina.

                     Problemi di traffico:
                     stanchezza, incidenti.

                                          A questo punto C. spiega
                                          la statistica degli inci-
                                          denti:

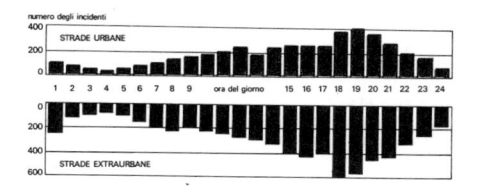

Il tempo perso nei tra-
sporti pubblici. Necessità
di costruire appartamenti
in città.

                     Problemi della vita nella
                     grande città
                     (vedi parte B).

                                          Necessità di decentra-
                                          lizzare la produzione
                                          industriale.

Problemi della vita nelle
piccole città e in cam-
pagna.

La conversazione non permette conclusioni se non quelle, irrealizzabili, dello studente di sociologia.

C2 **Come viaggia Lei?** (conversazione)
Leggete prima questa asserzione:
Il treno è il mezzo di trasporto più utilizzato per coprire le maggiori distanze: 100.000 persone lo usano ogni giorno per raggiungere Milano. La corriera o la macchina si usano invece preferibilmente per le distanze minori. I «pendolari» che usano gli automezzi (400.000 circa) sono nella maggioranza quelli che abitano nei paesi della cosidetta «area metropolitana»: la zona che comprende i vari centri abitati che si sono col tempo saldati alla città-metropoli (ora tra Milano e questi centri non esiste più la campagna).

Domande per una piccola inchiesta:
Quali mezzi di trasporto ci sono a Sua disposizione?
Quando prende il treno? l'aereo?
Quando si serve di un proprio mezzo di trasporto?
Secondo Lei quali sono le condizioni per una politica dei trasporti pubblici?
Mi può dire quali mezzi di trasporto (pubblico) devo prendere per arrivare a casa Sua?

Grammatica 30

§ 33 **La congiunzione «se» (I)**
a) «se» reale + indicativo:

Se c'è (un treno) prendo il treno, sennò (= se no), prendo la macchina.	Tempo: presente.
Se l'Alitalia comprerà l'aereo «Concorde», si raggiungerà New York in meno di 6 ore.	Tempo: futuro.
Se avete lavorato bene, potete uscire stasera.	Tempo: passato prossimo.
In tutte queste frasi, la condizione è reale, cioè, essa si può realizzare.	

b) «anche se» + indicativo = «sebbene» + congiuntivo:

Preferisco abitare in campagna, anche se questo mi costringe a viaggi faticosi.	Indicativo.
= Preferisco abitare in campagna, sebbene questo mi costringa a viaggi faticosi.	Congiuntivo.

160

4 L'uso idiomatico di alcune preposizioni (I)

Come?	Preferisco viaggiare Facciamo una passeggiata Arrivo Viaggio Enrico andava spesso	**in** aereo / macchina / bicicletta. **in** barca / bicicletta. **col** treno delle 6.30, **con** l'autobus B. **con** l'aereo dell'Alitalia. **a** cavallo, **a** piedi.
Dove?	Abito volentieri Mi piace lavorare Non mi piace lavorare Spesso i pendolari dormono Dove c'è un ponte Quali porti ci sono	**in** città / campagna, **in** Italia / Toscana, **in** centro. **nei** campi. **in** fabbrica, **a** Milano. **in** treno. **sul** fiume? **sul** Tirreno?

5 Esprimere la preferenza

Gli piace **di più** vivere in campagna **che** in città.
Piuttosto di lasciare la sua cascina continua a fare il pendolare.
Preferisce viaggiare in treno **anziché** in macchina.
Prendo questo giornale **invece di** quella rivista.

Esercizi strutturali 30

1 Esempio: Fra Como e Milano c'è il treno, e c'è l'autostrada. Come viaggia Lei?
Risposta: Se c'è un treno, prendo il treno, sennò, (prendo) la macchina.
Fra Milano e Roma ci sono treni e aerei. Se ha tempo, come viaggia Lei?
Fra Varese e Milano ci sono treni e corriere. Lei viaggia sempre in treno?
Per andare in centro prende sempre la metropolitana o va anche a piedi?
Si dice che un giorno mancherà la benzina. Preferirà allora (prendere) il tram o la bicicletta?

161

2 Esempio: A: Il Jumbo-tram costerà troppo.
                B: Anche una nuova autostrada costerà troppo.
  Risposta: Lei: Già. Una nuova autostrada costerà anche più del Jumbo-tram
                A: Ormai i treni sono velocissimi.
                B: Anche le nuove corriere saranno rapide.
                Lei:
                A: Con questa neve ci saranno alcuni incidenti.
                B: Quando c'è la nebbia ci sono moltissimi incidenti.
                Lei:
                A: Abitare lontano dal centro è scomodo.
                B: Abitare nei palazzoni della città è scomodissimo.
                Lei:
                A: Il lavoro del contadino è duro.
                B: La vita del pendolare è durissima.
                Lei:

3 Esempio: Fra la vita in campagna e quella in città non esito.
  Risposta: Preferisco vivere in campagna anziché in città.
                Fra il viaggio in treno e quello in macchina non esito.
                Fra una passeggiata nei campi e una a Milano non esito.
                Fra il lavoro nei campi e quello in fabbrica non esitiamo.
                Fra i pasti a casa e quelli alla mensa gli operai non esitano.
                Fra l'abitazione in una vecchia cascina e quella nel grattacielo il
                pendolare non esita.

Esercizio scritto   30

Mettete la preposizione adatta:

Vivo in campagna e lavoro .... città. Sa che cosa significa? Non posso andare al lavoro .... piedi. Ogni mattina mi alzo .... cinque. Vado .... bicicletta .... stazione. .... treno dormo un po'. Arrivato .... Lambrate, corro .... metropolitana. Venti minuti .... metropolitana, dieci minuti .... piedi, otto ore .... ufficio. .... mezzogiorno, un'ora .... mensa. .... cinque di sera, tutto il viaggio indietro. Arrivo .... casa verso le sette e mezzo, le otto. Andare .... cinema o .... un ristorante, la sera, ... la moglie? Lei sta scherzando: .... nove devo dormire, sennò, la mattina, non posso alzarmi. Perché abito lontano .... città? E' facile: con il mio salario non è possibile vivere .... città. Qui almeno abbiamo il giardino, i polli, un po' .... vino, ecco: si campa.

162

1 Autoblindo da turismo

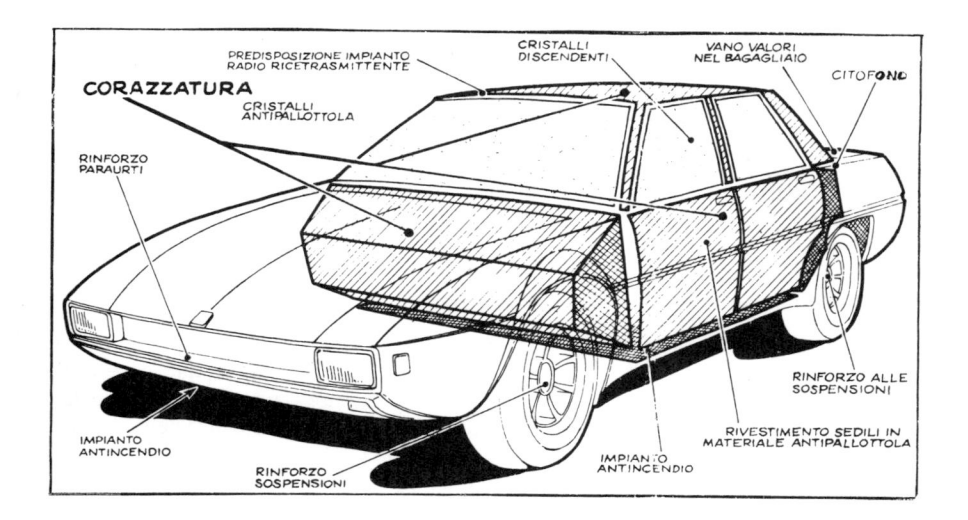

Forse è già nata la moda della paura: stanno tornando le auto corazzate tipo «Anni Trenta». Non sono cambiate molto rispetto a quelle di Al Capone e della polizia di Chicago. Di diverso c'è soltanto la linea della carrozzeria.
Le automobili blindate che hanno sostituito le fuoriserie con le vetture alla James Bond sono perfettamente uguali alle berline da famiglia.
La Ford antirapina, antisequestro, antiattentato, antitutto ha uno scudo di acciaio dietro il sedile posteriore e un altro scudo a tutte le porte, le serrature elettriche sono azionate centralmente, per comunicare con l'esterno c'è un sistema di microfoni, per spegnere il motore anche dai sedili posteriori nel caso che il guidatore venga «dirottato». In caso di aggressione c'è una sirena di allarme e vi sono delle barriere elettrificate per impedire che la vettura venga capovolta.
Una macchina inglese offre speciali pneumatici Dunlop «Denovo» antiscoppio che consentono di viaggiare a oltre 150 chilometri orari anche con proiettili nelle gomme.
Le macchine blindate italiane costano dagli otto ai dieci milioni. La trasformazione può essere fatta su una vettura nuova o anche su una automobile usata e il modello più piccolo è l'Autobianchi.
I tipi di blindatura sono due; antisequestro meno costoso e più leggero e antiattentato che costa di più ed è anche più pesante. I vetri hanno lo spessore che varia dai 22 ai 30 millimetri, i paraurti sono rinforzati, c'è un vano valori nel bagagliaio sicuro come una cassaforte, i sedili sono rivestiti in materiale antipallottole, è prevista la predisposizione per la radio ricetrasmittente e per il telefono. Cè anche un impianto antincendio.
La richiesta interna è, purtroppo, la più numerosa ma molti ordini vengono dalla Svizzera, dalla Francia e dagli Stati Uniti oltre che dalle repubbliche sudamericane.
A quanto pare la paura non ha passaporto.

Da *La Stampa*

Esercizi di vocabolario

1 Bisogna imparare un nuovo vocabolario a base del prefisso «anti».
   Come si chiama
   a) una macchina costruita contro il rischio di una rapina?
   b) una macchina costruita contro il rischio di attentati?
   c) una macchina costruita contro il rischio del sequestro?
   d) un impianto contro il fuoco?
   e) un parabrezza di sicurezza contro le mitragliatrici?
   f) una gomma che non scoppia?
      Varie parti della macchina sono denominate a base del prefisso «para» che significa, come «anti», «contro». Che cosa significano:
   g) il paraurti?
   h) il parabrezza?
   i) il parafango?

2 In quali parole il prefisso «auto» significa «automobile»?
   autoblindo – autobiografia – autocarro – autocontrollo – autodidattico – autòdromo – autògrafo – autòma – autonomìa – autoradio – autore – autorimessa – autorità – autosilo – autoscuola – autostop – autostrada – autosufficiente – autotreno – autogrill.

3 Pietro impara a guidare. Ordinate le manovre logicamente:
   a) cambiare velocità
   b) avviare il motore
   c) frenare
   d) spegnere il motore
   e) mettere la prima marcia
   f) accelerare
   g) ingranare
   h) rallentare

D2 Studiate l'avviso dell'Azienda di Trasporti Autonoma di Firenze.
Esercizio di comprensione scritta   Giusto o sbagliato?
1 Viaggiare con biglietti multipli costa meno.
2 Se più persone viaggiano insieme, per ogni persona timbrare una corsa del biglietto multiplo.
3 Si possono comprare i biglietti negli autobus.
4 Si può viaggiare due ore con lo stesso biglietto, senza timbrarlo più di una volta.
5 Il biglietto multiplo è valido per un mese.

A.T.A.F.
Azienda Consortile

economia, convenienza, praticità

BIGLIETTI MULTIPLI DA 11 CORSE L. 2000

- non hanno scadenza
- possono essere usati da più persone contemporaneamente
- validi 70 minuti per ogni convalida

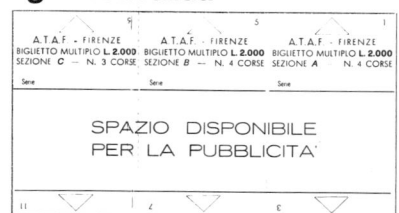

sono in vendita presso:

TABACCAI-BAR-PUBBLICI ESERCIZI

Esente da imposta D.P.R. 26/10/72 n. 639 art. 20   Tip. Nazionale - Firenze

3 Ridiamo insieme
Avvisi sull'autobus

In Italia:	«Vietato parlare al conducente.»
Nel Texas:	«Vietato sparare al conducente.»
In Inghilterra:	«Non è corretto parlare al conducente.»
Nell'U.R.S.S.:	«Chi parla col compagno conducente agisce contro le direttive del partito.»
In Scozia:	«Che cosa ci guadagnate a parlare al conducente?»
In Francia:	«Non rispondete al conducente.»
In Svizzera:	«E' inutile parlare al conducente. Non capisce nessuna delle quattro lingue nazionali.»

Trentunesima lezione
Ripetiamo

31

§ 36 Pronunzia

pronun-zia	orto-grafia	esempi	pronun-zia	orto-grafia	esempi	pronun-zia	orto-grafia	esempi
[k]	ca co cu che chi	Locarno Como Cuneo S. Michele Chiasso	[g]	ga go gu ghe ghi	Lugano Gorgonzola Gubbio Bordighera Inghilterra	[sk]	sca sco scu sche schi	Biasca Ascona lo scudo la scheda Poschiavo
[tʃ]	ce ci cia cio ciu	Monte Ceneri Ticino Francia il cioccolato la Manciuria	[dʒ]	ge gi gia gio giu	Genova Ginevra Perugia Giornico Giubiasco	[ʃ]	scia scio sciu sce sci	Brescia lascio sciupare l'ascensore la piscina

Esercizio 1
Leggete oppure
chiedete un biglietto di ferrovia per:
informazioni turistiche su:
la migliore strada per:

Perugia. Viareggio. Bordighera.
Chioggia. Lecco. Lecce. Reggio
Calabria. Cervia. Ischia.
Riccione. S. Margherita. Pescara.
Ascona. Brescia. Frascati.
Civitavecchia.

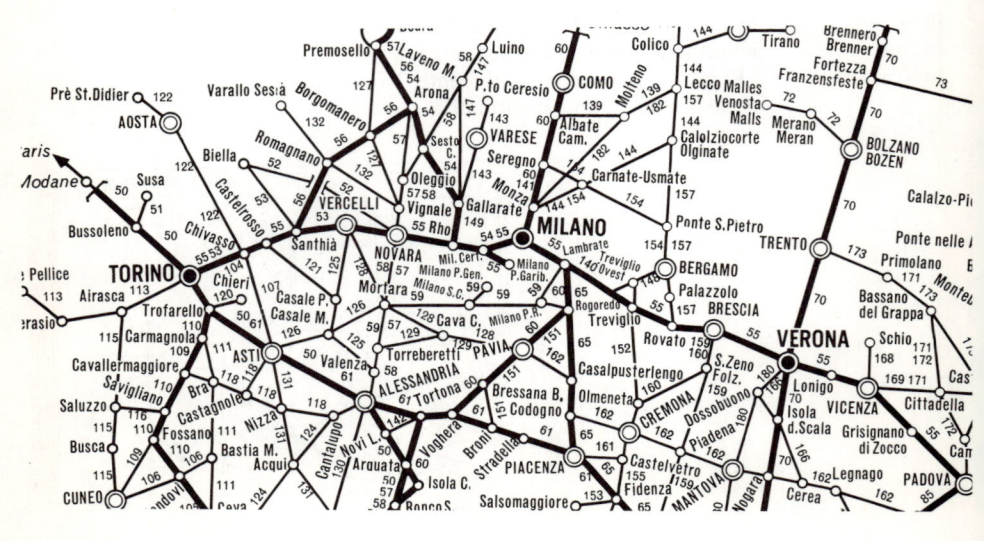

166

7 Articolo – sostantivo – aggettivo

inizio del sostantivo	articolo indefinito maschile	articolo definito singolare maschile	plurale maschile
una sola consonante	**un** negozio moderno	**il** negozio moderno	**i** negozi moderni
	un vecchio ponte	**il** vecchio ponte	**i** vecchi ponti
	un panorama meraviglioso	**il** panorama più meraviglioso	**i** panorami più meravigliosi
	un film italiano	**il** film italiano	**i** film italiani
z, s e una seconda consonante	**uno** spettacolo interessante	**lo** spettacolo	**gli** spettacoli
	uno studente straniero	**lo** studente straniero	**gli** studenti stranieri
		lo stesso problema	**gli** stessi problemi
	uno zabaione	**lo** zabaione	**gli** Zurighesi
vocale	**un** albergo elegante	**l'**albergo elegante	**gli** alberghi eleganti
	un elegante albergo	**l'**elegante albergo	**gli** eleganti alberghi

	femminile	singolare femminile	plurale femminile
consonante	**una** bella spiaggia	**la** bella spiaggia	**le** belle spiagge
	una vecchia pensione	**la** vecchia pensione	**le** vecchie pensioni
	una città tranquilla	**la** città tranquilla	**le** città tranquille
vocale	**un'** esposizione	**l'** esposizione	**le** esposizioni
	un' altra possibilità	**l'** altra possibilità	**le** altre possibilità

§ 38 La formazione del plurale: desinenze

maschile singolare	−o −e −a	plurale:	−i
un libro caro ma interessante un problema sociale moderno		libri cari ma interessanti i problemi sociali moderni	
femminile singolare	−a −e	plurale:	−e −i
una rivista cara ma interessante una lezione noiosa e inutile		riviste care ma interessanti lezioni noiose e inutili	
parole che terminano con **consonante**: un film italiano lo sport preferito		plurale: **invariabile** film italiani gli sport preferiti	
parole che terminano con **vocale accentuata**: qualche possibilità una grande città		plurale: **invariabile** alcune possibilità grandi città	
parole in **-co, -go, -io**: il disco, antico, tedesco l'amico, elettrico, tecnico l'albergo, il lago, lungo, largo il negozio, l'apparecchio		vedi lezione 20, § 10 i dischi, antichi, tedeschi gli amici, elettrici, tecnici gli alberghi, i laghi, lunghi, larghi i negozi, gli apparecchi	
parole maschili con **due forme di plurale**: v. lez. 24, § 22			
il braccio		i bracci del fiume a braccia aperte	
il dito		i diti della foglia le cinque dita della màno	
il frutto		i vari frutti compriamo le frutta al mercato (= la frutta)	
l'uovo un paio di scarpe un migliaio (centinaio)		uova fresche due paia di scarpe migliaia (centinaia) di visitatori	
parole con un **plurale irregolare**: l'uomo il bue il tempio Dio un'arma terribile l'ala sinistra		gli uomini moglie e buoi dai paesi tuoi i templi antichi gli dei greci armi terribili le due ali	

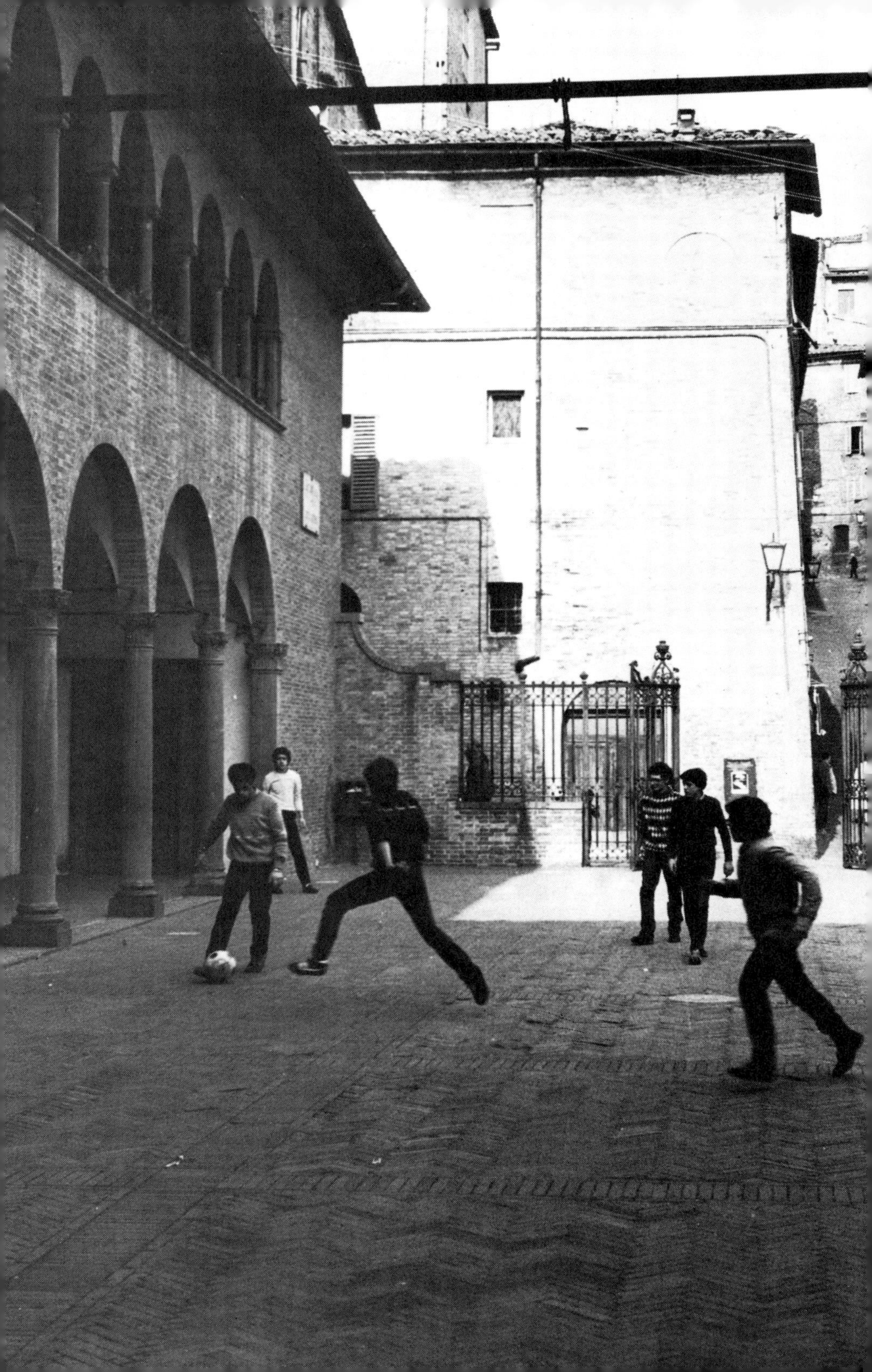

📼 2 Esempio: C'è qualche camera libera?
　　Risposta: Ci sono due camere molto belle.

　　　　　　　　C'è qualche film italiano?
　　　　　　　　C'è qualche guida illustrata?
　　　　　　　　C'è qualche albergo in questa località?
　　　　　　　　C'è qualche negozio di ricordi?
　　　　　　　　C'è qualche disco con Vico Torriani?
　　　　　　　　C'è qualche possibilità per fare sport?
　　　　　　　　C'è qualche ristorante elegante?

(Se l'esercizio si fa in classe, le risposte si possono completare liberamente, p.es.:
Ci sono due camere molto belle con bagno e vista sul mare, al secondo piano, ecc.)

📼 3 Esempio: Non conoscevo questo vecchio ponte.
　　Risposta: In Italia ci sono tanti vecchi ponti sconosciuti.

　　　　　　　　Non conoscevo questo giardino botanico.
　　　　　　　　Non conoscevo questo panorama. E' meraviglioso!
　　　　　　　　Non conoscevo questa città antica.
　　　　　　　　Non conoscevo questa strada. E' interessante.
　　　　　　　　Non conoscevo questa specialità gastronomica.
　　　　　　　　Non conoscevo questo problema sociale.
　　　　　　　　Non conoscevo questo museo così interessante.
　　　　　　　　Non conoscevo questa piazza medievale.

📼 4 Esempio: Mi interessano guide speciali sugli Etruschi.
　　Risposta: Ecco una guida speciale molto interessante.

　　　　　　　　Mi interessano collezioni speciali di cartoline.
　　　　　　　　Mi interessano vecchi modelli tecnici.
　　　　　　　　Mi piacciono le vecchie chiavi.
　　　　　　　　Mi piacciono le monete rinascimentali.
　　　　　　　　Cerco litografie romantiche.
　　　　　　　　Mi interessano le canzoni popolari.
　　　　　　　　Cerchiamo negozi di antichità.

📼 5 Esempio: E' interessante questa esposizione?
　　Risposta: E' interessantissima: gliela posso raccomandare davvero.

　　　　　　　　E' interessante questo palazzo?
　　　　　　　　E' elegante questo ristorante?
　　　　　　　　Sono eleganti questi occhiali?
　　　　　　　　E' semplice questo apparecchio?
　　　　　　　　E' mite il clima dell'isola?
　　　　　　　　E' puntuale la corriera?
　　　　　　　　E' dolce questo cocomero?
　　　　　　　　Sono dolci queste pere?

Esercizi scritti di ricapitolazione

6 **Programma: aggettivi irregolari**

   Buono

   a) Mettete l'articolo indefinito (un, uno, una, un') davanti al nome:

   .... libro, ... camera, ... francobollo da .... franco, ... caffè, ... chiave, ... studente, ... straniero, ... signore, ... bar.

   b) **Un o un'?**

   .... esercizio, ... amico, ... amica, ... operaio, ... operaia, ... ospedale, ... automobile, ... ascensore.

   c) **Mettete l'aggettivo «buono»:**

   Questo libro è .... La mia automobile è .... Gli spaghetti sono .... Le lasagne al forno sono ....

   d) **Osservate:**

un libro	un **buon** libro	una sarta	una **buona** sarta
un amico	un **buon** amico	un'amica	una **buon'** amica
uno studente	un **buono** studente		
	buoni libri		**buone** sarte
	buoni amici		**buone** amiche
	buoni studenti		

   Mettete «buono» davanti al nome:

   Ecco un .... vino, un .... stipendio, un .... amico, una .... macchina, una .... automobile, ... amici, ... amiche.

   e) **Bello**

«in», «su» + articolo:	«bello» davanti al nome:
nel giardino	un bel giardino
nell'armadio	un .... armadio
nell'ospedale	un bell'ospedale
sullo scaffale	un .... scaffale
nella camera	una .... camera
nell'automobile	una .... automobile

nei giardini   bei giardini
quegli ambienti   begli ambienti
degli stivali   .... stivali
delle camicie   .... camicie
delle arance   .... arance

f) Mettete «bello»:

Il Lago di Lugano è un .... lago con .... paesi e ....
montagne. Lugano è una .... città con .... case, ... alberghi,
un .... lago e .... giardini pubblici.

g) Nomi di alberghi: il B.........vedere, la B...............vista.
Nome di un formaggio: il B.........paese è un buon formaggio.

h) Mettete al plurale:

un bel lago	bei laghi	una bella camicia	....
un bello stipendio	....	una bell'automobile	....
un bell'affare	....	un bel paese	....

i) Mettete al singolare:

bei giardini	un bel giardino	buoni amici	....
begli ananassi	....	buone amiche	....
begli stivali	....	buoni studenti	....
belle arance	....	buoni ricordi	....
belle pesche	....	buone fotografie	....
bei pesci	....	buoni stipendi	....

k) Grande, santo

un grande lavoro o un gran lavoro	San Pietro
un grande amico o un grand'amico	Sant'Abbondio
un grande studioso di etruscologia	Santo Stefano (ma: San Zeno)
una grande camera	Santa Maria
una grande amica o una grand'amica	Sant'Anna
si dice: una gran bella cosa	ma: il Santo Padre, tutto il santo giorno

Mettete «santo»:

.... Ambrogio, ... Martino, ... Maria, ...
Agnese, ... Stefano, ... Pietro e Paolo, ... Abbondio
.... Zeno, il .... Padre, ... Spirito, ...
Anna, tutto il .... giorno.

l) **Altro, stesso**

   Attenzione all'articolo!

   Ecco un libro. Ecco un altro libro: non è lo stesso libro.

   Ecco uno scontrino. Ecco .... altro scontrino: non è ....

   Ecco una valigia. Ecco .... altra valigia: non è ....

   Ecco dei giornali. Ecco .... altri giornali: non sono ....

   Ecco delle chiavi. Ecco altre chiavi: non sono ....

   Ecco un apparecchio. Ecco .... altro apparecchio: non è ....

m) **Questo, quello**

   Dite il contrario:

   Questo libro è interessante, quel libro è noioso.

   Questo esercizio è facile, ... esercizio è diff............ .

   Questo studente è allegro, ... studente è troppo serio.

   Questi abiti sono vecchi, ...

   Questi vestiti sono belli, ... brutti.

   Queste signore arrivano, ...

   Questa camicia è cara, ... costa ....

173

§ 39 **«Di» e «da»** Cf. Vivendo s'impara I, lez. 9 § 3 e 4, lez. 15 § 2, e qui sopra, lezione 20 § 7

	Di		Da
Appartenenza	L'orologio di Cesare. Carlo è di Firenze.	Origine	Leonardo da Vinci. San Francesco d'Assisi.
Genitivo	La guida della città. Gli studenti dell'università.	Provenienza	Vengo dalla città. E' tornato dall'Italia.
		Lontananza	Abito lontano da Zurigo, a 15 chilometri dal centro.
star di casa	Stanno di casa in Italia.	a casa di:	Abito/Vado dai genitori.
Tempo	Alle due di mattina. Alle otto di sera. Ci vado d'estate.	Tempo	Dalle due alle sei. Aspetto da tre ore. A partire da sabato.
Materia	Modelli di legno. Una moneta d'oro. Un vestito di lana. Il libro d'italiano.	Scopo	La camera da letto. La sala da pranzo. Un vestito da festa. Una macchina da scrivere.
Quantità	Mezzo chilo di pane. Una tazza di latte.	Valore	Un biglietto da 1000 lire. Francobolli da 220 lire.
Articolo partitivo (= un po' di)	Vorrei dello zucchero, della mortadella, delle caramelle, degli spaghetti.	Da chi?	La lettera è scritta da Elena. Lo so da mio fratello. Salutatelo da parte mia.
Qualificativo + di:	Quell'imbecille di Paolo! La città di Berna. Il cantone di San Gallo.	Caratteristica	Il signore dalla pipa nera. La signorina dagli occhi azzurri.
Paragoni	Il Nord è più industrializzato del Sud. L'arte m'interessa più della storia.	Come	Ci tratta da amico. Da bambino non avevo mai paura.

	Di		Da
Preposizioni composte	A destra/sinistra del bar. Fuori della città. Nel mezzo dello spettacolo. Invece di spaghetti, c'è del riso. Prima della partenza.	Preposizioni composte	Lontano dalla città. Di qua/là dal fiume.
Con infinito	Ha cessato/smesso di piovere. E' tempo di partire. Cercherò di venire.	Con infinito	Ho da lavorare. Un lavoro da terminare entro due giorni. C'è roba da spedire.
Idiomatismi	Non mi ricordo del nome. Mi rallegro di farlo. Uscire di casa. Si lamenta del rumore. Darsi del Lei. Dire di sì. Credo di no.	Idiomatismi	Lo faccio da solo. Una cosa da niente.
Causa	Piangere di gioia. Moriamo di fame!	Causa	Sono stanco dalla lunga gita. Le strade sono umide dalla pioggia. Stiamo morendo dal freddo.
Aggettivi	E' contento dell'albergo? Sono esperto di assicurazioni, ma non pratico del diritto italiano. E' sicuro del suo amico?	Aggettivi	E' differente/diverso dagli altri. Il biglietto è libero da tasse.
		\multicolumn{2}{l	}{NB: «Da» non si apostrofa (al contrario della preposizione «di», che dinanzi a vocale preferisce l'elisione).}

NB: «Da» non si apostrofa (al contrario della preposizione «di», che dinanzi a vocale preferisce l'elisione).

7 Esempio: Accidenti! Hai lavorato in ufficio fino adesso?
  Risposta: Sì. Sto venendo dall'ufficio.
             Accidenti! Avete studiato in biblioteca così tardi?
             Perbacco! Hai ancora avuto lezione all'università?
             Come mai! Siete stati al club di tennis?
             Come mai! Anche Lei è stato in Italia?

8 Esempio: E' da molto che ci aspettate?
  Risposta: Vi stiamo aspettando da dieci minuti (un quarto d'ora, mezz' ora, ecc., oppure: fin dalle otto, fin dall'una).
             E' da molto che aspetti il treno?
             E' da molto che chiama questo numero?
             E' da molto che aspetta la comunicazione con l'Austria?
             E' da molto che guardate questo programma?
             E' da molto che fanno la fila, i visitatori?

9 «Da» o «di»?

Ecco la casa .... signor Bianchi (.................. zio, ... mio fratello, ... mio fratello maggiore): ecco la sala .... pranzo, la camera .... letto, la sala .... bagno, la camera .... bambini. La cucina è a sinistra .... bagno, i gabinetti sono a destra .... ingresso. La casa non è lontana .... centro. Signorina, mi dia un chilo .... quelle mele rosse! Signore, mi dia due francobolli .... duecento, un francobollo .... trecento; ecco un biglietto .... cinquemila. Stasera andremo .... nostri amici (.............. mio fratello, ... mia sorella minore). Quando partirai .... Roma (.................. Italia)?

10 **Mettete la preposizione!**

.... dove vieni? Vengo .... ufficio. Ho lavorato fino .... sette. .... dove vai? .... dieci minuti sto aspettando il bus. Vogliamo andare .... cinema? Io preferisco andare .... una mia amica per guardare la televisione. Possiamo andare insieme .... Elena. Domenica ti accompagno .... concerto. Si esegue un concerto .... violino e orchestra .... Beethoven.

Un po' di sintassi affettiva: il posto dei pronomi tonici (cf. lez. 25, § 23)

Si dice normalmente:	Ci penserò.
Con insistenza si dice:	Io ci penserò.
Ma è meglio dire allora:	Ci penserò io.

Il pronome tonico messo dietro il verbo ha più forza.

11 Esempio: Chi ci penserà? Tu?
   Risposta: Pazienza, ci penserò io!
              Chi lo farà? Renato?
              Chi lo dirà? Elena?
              Chi lo saprà? I tuoi colleghi?
              Chi ci penserà? Le tue amiche?
              Chi lo farà? Voi?
              Chi glielo dirà? Tu?

12 Esempio 1: Chi lo dice? Io?
   Risposta: Sì, dillo tu!
   Esempio 2: Chi ci va? Noi?
   Risposta: Sì, andateci voi!
              Chi glielo dà? Io?
              Chi glielo dice? Noi?
              Chi ci va? Io?
              Chi lo fa? Noi?
              Chi va a dirglielo? Noi?
              Chi paga questo conto? Io?
              Chi scrive a Silvana? Noi?

13 **Pronome atono o tonico?**

Ho sentito la Sua voce, ha chiamato ....? No, non ho chiamato ...., signor Antonio, ma il signor Ernesto.

Se avete bisogno di qualcosa chiamate .... e non quei ragazzi.

Signor Meier, ... piace viaggiare in aereo? .... no, ma a mia moglie, sì.

Lasci fare ...., mi occuperò di tutto!

Signor Pietro, venga con ...., ... invitiamo a fare una gita in barca. Ha visto Elena? No, non ho visto ...., ma la sua amica.

177

I paragoni
Ripetizione: lezione 27, § 30
               lezione 28, esecizi 4–6.

14 Esempio 1: Sua moglie parla l'italiano tanto bene quanto Lei?
   Risposta: Si figuri! Lo parla meglio di me.
   Esempio 2: I vostri amici fanno tanto sport quanto voi?
   Risposta: Si figuri! Ne fanno più di noi.
   Esempio 3: Il signor Neri è così sportivo come elegante?
   Risposta: Si figuri! E' più elegante che sportivo.
               La signorina Zambetti è così intelligente come bella?
               I vostri amici sanno l'inglese così bene come voi?
               I Suoi figli nuotano così bene come Lei?
               Suo marito conosce Roma così bene come Lei?
               Suo marito viaggia tanto come Lei?
               Questa guida è tanto informativa quanto costosa?
               Questa macchina è tanto solida quanto bella?

I verbi semiausiliari
Ripetizione:	Grammatica	Esercizi
potere / sapere	lez. 20 § 9	lez. 20 es. 5
		lez. 24 es. 11
far / lasciar fare	lez. 24 § 21	lez. 24 es. 1–4,11; lez. 25 es. 13
far fare qc. a. qu.	lez. 25 § 27	lez. 25 es. 12 e 16
dovere	–	lez. 20 es. 8
stare + gerundio	lez. 23 § 20	lez. 21 es. 6
		lez. 23 es. 9
stare per + infinito	lez. 23 § 20	lez. 23 es. 9
		lez. 26 es. 8

15 **Mettete «volere, potere, sapere, dovere» secondo il senso.**

Vedo che stai lavorando; non .... disturbarti.

Mi dispiace: non .... restare più di tre giorni.

Si .... fumare qui?

Se Carlo non .... venire significa che ce l'ha con noi.

Renato .... guidare anche i camion? Ma i ragazzi minori di 18 anni non .... mica guidare i camion!

Scusi, ... parlare al direttore?

Hai compiti? Che cosa .... fare per domani? Forse .... aiutarti un po'! Cosa? Un compito di algebra? Mi dispiace: purtroppo non .... risolvere questo problema.

16 **Mettete «stare» + gerundio o «stare per» + infinito.**

Dobbiamo fare presto: i negozi (chiudere) ....

Pronto! Vi disturbo? (mangiare) .... ?

Volevo salutarti, ma tu (discutere) .... con qualcuno.

C'era un bel libro di archeologia che (comprare, io) ....

.... quando ho visto il suo prezzo astronomico.

Senti, adesso non posso venire perché (fare) .... una riparazione difficile. Ti posso chiamare fra un'ora? – Purtroppo no: (uscire) .... con i miei amici.

17 **«Far fare» o «lasciar fare»?**

Lo fai tu?	No, lo .... fare.
Lo spedisce Lei?	No, ...
Pulite voi l'appartamento?	No, ...
Come mai? Peppino esce da solo?	Sì, lo .... quando vuole.
Non fate tagliare gli alberi?	No, ... crescere ancora.
	Li .... tagliare l'anno prossimo.
Ci sistema Lei la lavatrice?	No, ... fare (d)all'idraulico.
Decidete voi o gli operai?	.... gli operai.

§ 41 «Avere» o «essere»?

Si coniugano con «avere»: la maggior parte dei verbi italiani: Ho telefonato stamattina. Hai lavato le camicie?	**Si coniugano con «essere»:** tutti i verbi riflessivi: Mi sono alzato presto. Ti sei lavato le mani?
i verbi che esprimono un modo di muoversi: Abbiamo camminato / marciato / nuotato / girato nel centro / passeggiato / viaggiato / corso.	i verbi che esprimono la direzione di un movimento: Sono partiti presto e tornati tardi. Carlo è andato / uscito / salito / entrato / caduto / scappato / arrivato / venuto.
	i verbi che esprimono uno stato: Siamo stati / restati / rimasti in Italia. Bernini è nato nel 1598 ed è morto nel 1680. E' vissuto a Roma dove è diventato celebre.
	i verbi impersonali: è nevicato / piovuto è accaduto / successo / bastato mi è sembrato / parso triste.
Abbiamo dormito bene → Abbiamo mangiato fuori →	i verbi usati impersonalmente: si è dormito bene. si è mangiato fuori. Attenzione al participio: siamo usciti = si è usciti, ci siamo divertiti = ci si è divertiti (verbi coniugati con «essere» nelle forme personali fanno accordare il participio della forma impersonale con un soggetto idealmente al «plurale»).

Ho cominciato il lavoro. Il meccanico ha cambiato la gomma.	Casi speciali: Lo spettacolo è cominciato / terminato / mi è piaciuto. I tempi sono cambiati. Il viaggio è costato molto.

18 **«Avere» o «essere»? Mettete il verbo che manca:**

A che ora .... terminato il film? Ti .... parso interessante? Ti .... piaciuto molto? Ti .... divertito? Sabato scorso .... fatto una gita: .... andati in montagna, ... camminato tre ore, poi .... giunti a un piccolo lago e .... nuotato un po'. Ci .... rinfrescati bene, poi .... un po' girato nei dintorni e .... preso qualche fiore. Non .... piovuto una sola volta! La sera .... tornati nella valle e ci .... fermati all'albergo Belvedere. Si .... dormito e mangiato bene.

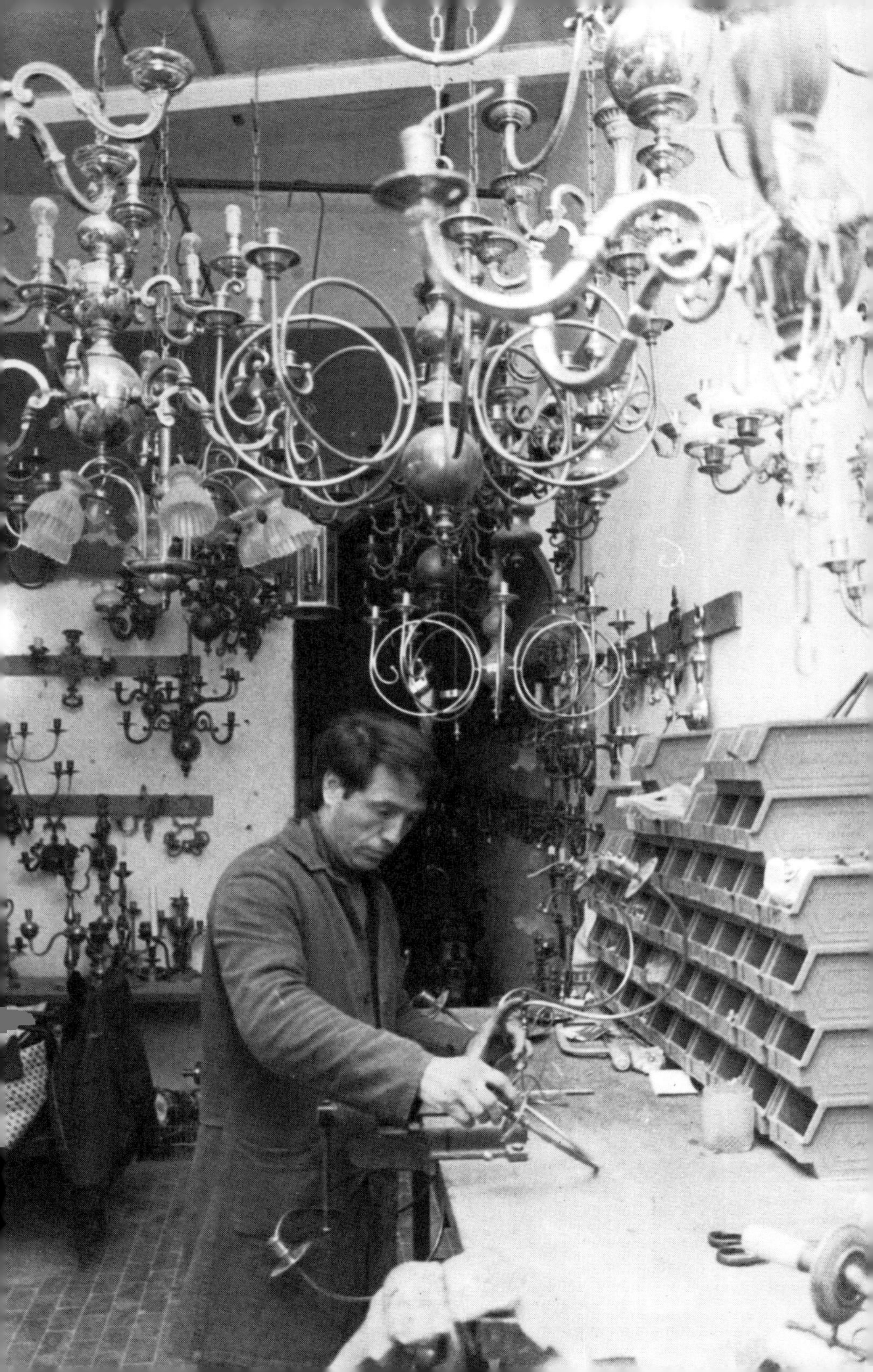

Trentaduesima lezione
Chiedere e scegliere   32

In un negozio d'artigianato (dialogo da sviluppare)
Commessa: Buongiorno, signorina! Desidera?
Karin: Vorrei una borsetta.
Commessa: Che tipo? Abbiamo borsette a mano e altre da portare a tracolla.
Karin: Mi faccia vedere quella che si trova in vetrina. E' un modello che si può combinare, mi pare.
Commessa: Quale? Quella di pelle o quella di plastica?
Karin: Mi piacerebbe una borsetta tipica dell'artigianato locale.
Commessa: Allora Le faccio vedere le borsette di pelle. Eccone una con la chiusura a bottone, eccone un'altra con la chiusura lampo. E' molto pratica, questa. Vede?
Karin: Sono belle tutt'e due. Quale costa di più, questa o quella?
Commessa: Questa è lavorata meglio e le decorazioni sono fatte a mano. Costa 60 000 lire. Questa invece è più semplice, costa 45 000 lire, ma è molto elegante.
Karin: Prendo quella da 60 000 lire. Non può farmi un po' di sconto?
Commessa: Mi dispiace, signorina: abbiamo prezzi fissi.

Esercizio: Ripetete questo dialogo parlando di:
a) un braccialetto d'argento e un altro d'oro
b) guanti di pelle e guanti di lana
c) una colla fantasia e un'altra d'argento
d) scarpe da signora di cuoio e scarpe di stoffa
e) una maglia di lana e un'altra di cotone
f) una camicetta di cotone e un'altra di seta, con ricami

Espressioni utili:
Che taglia ha? Ho il quarantadue.
Un tessuto di pura lana.
Una pelle molto morbida.
Posso provare questo modello? Si accomodi in cabina.
Questo non mi va bene, mi stringe troppo / è troppo grande.
Quanto viene (costa)?

◀ Il lampadaio

183

Compriamo dei ricordi tipici nei negozi e nelle botteghe dell'artigianato locale:
Nei negozi di pelletteria troviamo:
- le borsette a mano e le borsette da portare a tracolla, con la chiusura a bottone o la chiusura lampo, con le decorazioni fatte a mano;
- gli astucci per chiavi o per matite, con incisioni in oro;
- i portamonete (sg. il portamonete) e i portafogli (sg. il portafoglio);
- le cartelle per documenti;
- i guanti di pelle.

Nei negozi di biancheria ci sono:
- le camicette di cotone o di seta, con ricami;
- i fazzoletti e le tovaglie.

Nelle gioiellerie si vendono:
- i braccialetti e gli anelli d'argento e d'oro;
- le collane fantasia;
- i pendagli d'argento;
- le posate (cucchiai, forchette, coltelli) d'argento.

Nella bottega di ceramica troviamo:
- i piatti, le tazze e tazzine, i vasi e le brocche.

Nel laboratorio del vetro si fanno:
- bicchieri, piatti, brocche;
- i portacenere, i vasi, degli animali di vetro;
- le collane di vetro.

Nella vetrina del calzolaio si vedono:
- le scarpe da signora,
- le scarpe da signore,
- gli scarponi da montagna;
- i sandali di cuoio e di plastica;
- gli zoccoli di legno;
- gli stivali di gomma.

Per il negozio d'abbigliamento, si veda Vivendo s'impara I, lezione 11.

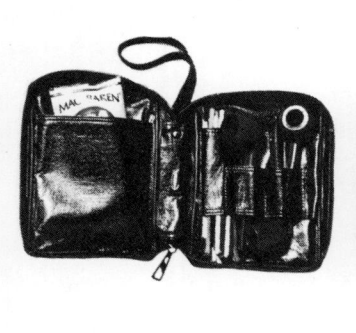

L'artigianato (Comprensione scritta)
Storicamente l'artigianato in Italia ha sempre avuto un ruolo importante. Prosperava l'artigianato tipico e artistico che si basava sulla bottega artigiana dove i mestieri si trasmettevano dal padre al figlio, dal maestro all'apprendista. Si conservano così nelle botteghe le tradizioni di lavorazioni antiche.
Accanto a questo tipo di artigianato qualificatissimo è nato in tempi più recenti l'artigianato tuttofare, il quale assumeva un po' qualisiasi lavoro, dall'ombrellaio all'idraulico. Oggi la figura dell'artigiano tradizionale è quasi scomparsa. Le nuove generazioni non possiedono un'adeguata preparazione professionale per creare prodotti i quali si distinguano per qualità e fantasia da quelli industriali.
La bottega artigiana non può sussistere come alternativa all' industria, ma bensì come complemento a questa. Ma è ancora oggi possibile che un certo tipo di artigianato, non solo artistico, trovi un suo spazio ben preciso nell'ambito del settore turistico: non certo a livello delle paccotiglie e delle chincaglierie che si trovano sulle bancarelle e nei bazar di certi luoghi di villeggiatura o di turismo religioso, bensì un artigianato qualificato che sia per se stesso un'attrazione turistica.
Così certe forme d'artigianato dell'arte sussistono malgrado il rapido progresso della tecnica. L'attività artigiana può costituire anche oggi in Italia una fonte di ricchezza.
Tre i punti della legge che distingue l'artigianato dall'impresa industriale:
1 che il fine dell'impresa artigiana sia la produzione di beni o prestazione di servizi artistici o usuali;
2 che l'organizzazione operi con il titolare o familiare;
3 che il titolare abbia la piena responsabilità dell'azienda e ne assuma tutti i rischi e oneri.
Il numero dei dipendenti non deve superare il numero di 5 per i lavori in serie e il numero di 10 per i lavori non di serie.

«Questa è l'Italia». Presidenza del Consiglio dei Ministri, Roma 1979

Esercizio di comprensione scritta Giusto / sbagliato?
a) L'artigianato artistico italiano era basato sulla bottega di famiglia.
b) L'artigianato tuttofare è molto vecchio.
c) Oggi i prodotti dell'artigianato non si distinguono sempre per qualità è fantasia da quelli industriali.
d) La bottega artigiana può completare l'industria.
e) L'artigianato qualificato si trova soprattutto nei luoghi del turismo di massa.
f) Nella bottega artigiana lavora sempre anche il padrone della bottega.
g) Nelle botteghe artigiane lavorano spesso più di 20 operai.

Grammatica

§ 42 Aggettivi e pronomi dimostrativi

Aggettivi	(rinforzo)	Pronomi
Questo Quest' Questo	braccialetto **(qui, qua)**. astuccio. scarpone da sci.	Questo **(qui, qua)**.
Questi Questi Questi	guanti. astucci. zoccoli.	Questi.
Questa Quest'	borsetta. incisione.	Questa.
Queste Queste	scarpe. incisioni.	Queste.
Quel Quell' Quello	braccialetto **(lì, là)**. astuccio. scarpone da montagna.	Quello **(lì, là)**.
Quei Quegli Quegli	guanti. astucci. zoccoli.	Quelli.
Quella Quell'	borsetta. incisione.	Quella.
Quelle Quelle	scarpe. incisioni.	Quelle.
Notate:	Questa (qui) è meglio lavorata di quella (lì). I prodotti artigianali si distinguono da quelli industriali. Non ricordo **ciò** che **(quello** che) ha detto il signore.	

186

3 Aggettivi e pronomi interrogativi

Aggettivi	Pronomi
	Chi è? **A chi** telefoni? **Con chi** parla Silvana? **Chi** hai visto?
Che tempo fa? **Che** tipo di scarpe desidera? **Di che** tipo è la sua valigia? **A che** ora arrivate?	**Che cosa** c'è? **Che** c'è? **Cosa** c'è? **Di che cosa** parlate? **A che cosa** pensi? **Che cosa** fai?
Quale albergo è? **Quale** cabina è? **Quali** posti prendiamo? **Quali** camere sono libere? **Di quale** film parlate?	**Qual** è il tuo professore? **Quale** delle due valigie è tua? **Quali** costano meno? **Quali** danno sul mare? **Quali** avete scelti?
Quanto denaro hai? **Quante** lire sono?	**Quanto** costa? **Quanti** vengono?

4 I pronomi relativi

Pronomi invariabili	Pronomi variabili (analitici)
Ecco un modello **che** mi piace. E' un film **di cui** tutti parlano. La signora **a cui** mi sono rivolto non lo sapeva. Non conosco il signore **che** hai salutato. Chi è? Andremo in un ristorante **dove** (= **in cui**) si fa il pollo alla diavola.	L'artigianato artistico in Italia, **il quale** si basava sulla bottega tradizionale, sussiste ancora in certi luoghi. In alcune città abbiamo visitato i mercati, **nei quali** non si trovava altro che chincaglieria.
Notate l'uso seguente: Siamo stati in una bottega **il cui** padrone (= **di cui il** padrone) conosceva tutte le tradizioni dell'artigianato locale.	Lista delle forme: **il quale, la quale, i quali, le quali,** **del quale** ecc. **al quale** ecc. **nel quale** ecc.

Il congiuntivo nella frase relativa esprime:

a) una qualità richiesta:
   Può sussistere un artigianato qualificato che **sia** per se stesso un'attrazione turistica.
b) una qualità che non c'è:
   Non sanno più creare prodotti i quali si **distinguano** da quelli industriali.
c) una valutazione personale (soggettiva):
   Ecco la più bella incisione che io **abbia** mai visto su pelle.

Esercizi strutturali

1 Esempio: Che bel palazzo!
  Risposta: Le piace quel palazzo lì?
             Che bella villa!
             Che begli alberi!
             Che bei fiori!
             Che belle rose!
             Che bell'affresco!
             Che begli affreschi!
             Che bei quadri!

2 Esempio 1: Ecco due camicie.
  Risposta: Quale camicia costa di più, questa o quella?
             Ecco due cravatte.
             Ecco due vestiti.
             Ecco due cappelli.

  Esempio 2: Ecco due qualità di mele.
  Risposta: Quali mele costano di più, queste o quelle?
             Ecco due qualità di arance.
             Ecco due tipi di sandali.
             Ecco due pellicole.
             Ecco due ombrelli.

3   Lei è commesso (commessa) in un negozio d'abbigliamento. Ha il raffreddore e non capisce sempre bene i clienti.
  Esempio 1: Desidero una camicia per la spiaggia.
  Risposta: Che camicia desidera?
  Esempio 2: Desidero la camicia rossa.
  Risposta: Quale camicia desidera?
             Desidero il cappello bianco.
             Desidero un cappello da sole.
             Desidero i pantaloni neri.
             Desidero pantaloni da sci.
             Desidero scarponi da montagna.
             Desidero queste scarpe.

4 Esempio 1: In Italia ci sono ancora molti artigianati locali.
  Risposta: E che artigianati ci sono?
  Esempio 2: Possiamo visitare una bottega di ceramica o una di mosaici.
  Risposta: E quale bottega visitiamo?
             Nel centro si trovano negozi elegantissimi.
             In quel negozio vendono soltanto articoli artigianali.
             Non so se prendere la borsetta di pelle o quella di stoffa.
             Il ristorante è fra la terza e la quarta fermata.
             Ho letto che l'impresa R. assume vari artigiani.
             Con questo menu possiamo prendere Chianti rosso o bianco.

5 Esempio: E' bello, questo modello, non è vero?
　Risposta: E' il modello più bello che io abbia mai visto.

　　　　　　E' fine, questa incisione, non è vero?
　　　　　　E' elegante, quest'abito, non è vero?
　　　　　　E' bello, questo scialle, vero?
　　　　　　Sono pratiche, queste giacche, vero?
　　　　　　Sono fini, questi braccialetti, vero?
　　　　　　E' leggera, questa camicia, vero?

6 Esempio: In quale strada abita?
　Risposta: Ecco la strada dove abito.

　　　　　　In quale negozio ha comprato questa collana?
　　　　　　In quale ristorante avete pranzato?
　　　　　　In quale albergo vi siete sistemati?

7 Esempio: A chi occorre rivolgersi?
　Risposta: Ecco la signorina a cui deve rivolgersi.

　　　　　　A chi occorre consegnare lo scontrino?
　　　　　　In quale ufficio è possibile informarsi?
　　　　　　Da chi bisogna iscriversi?
　　　　　　Quale autobus bisogna prendere?
　　　　　　Con quale chiave si può aprirlo?
　　　　　　A quale sportello si consegnano i pacchi?
　　　　　　Chi bisogna chiamare?

8 Esempio: Il professore sta parlando di un romanzo moderno.
　Risposta: Lei conosce il romanzo di cui parla?

　　　　　　Credo che si tratti di una storia reale.
　　　　　　L'autore si occupa anche di un processo politico.
　　　　　　Nel libro si parla poi di politici ancora viventi.

9 Esempio: Quest'estate eravamo in un bellissimo albergo.
　Risposta: Scusate, come si chiama l'albergo in cui eravate?

　　　　　　Mangiavamo sempre nella stessa trattoria.
　　　　　　Giocavamo spesso alle bocce con una coppia di Vienna.
　　　　　　Un giorno siamo saliti su una bella montagna.
　　　　　　Un signore tedesco ci ha spiegato il panorama.
　　　　　　Purtroppo non ce l'ha detto, ma doveva essere un professore di storia.

10 Esempio: Desidera una borsetta a mano o da portare a tracolla?
　Risposta: Vorrei una borsetta che si possa portare nei due modi.

　　　　　　Desidera una giacca contro il freddo o contro la pioggia?
　　　　　　Desidera una camicia per la spiaggia o per il viaggio?
　　　　　　Desidera una macchina per la città o per i lunghi viaggi?
　　　　　　Preferisce una rivista per informarsi o per divertirsi?

Esercizi scritti

11 **Completate le seguenti frasi con i pronomi relativi «che, di cui, a cui, dove»:**

a) Dov'è il signore .... desidera parlare al direttore?

b) E' questo il negozio .... mi hai tanto parlato?

c) Come si chiama la trattoria .... abbiamo mangiato ieri?

d) Qual è il film .... ti interessi?

e) Qual è il modello .... ti piace tanto?

f) La camicetta .... Lei ha visto in vetrina è di seta, non di nailon.

g) Le cose .... si interessa di più sono la storia e le arti.

h) Non conosco il film .... stanno parlando.

12 **Completate le frasi seguenti con i pronomi relativi «il quale, del quale» ecc.**

a) Ho sentito delle conferenze .... vorrei il libro.

b) Ho sentito un concerto .... vorrei il disco.

c) Ho letto un libro .... devo pensare molto.

d) Ho visto un film .... non mi piace parlare.

e) Ho incontrato degli amici di vacanze .... mi hanno invitato a cena.

f) Ho incontrato un'amica di scuola .... mi aiutava sempre nei lavori scritti.

g) Ecco due ragazze della mia classe .... andavo qualche volta a ballare.

13 **Combinate le frasi seguenti secondo il modello:**

Conosco quel signore.   Conosco quel signore il cui fratello
Suo fratello lavora con me.   lavora con me.

Conosco l'autore.   ....

Il suo libro mi ha divertito.   ....

Conosco l'autore.   ....

I suoi libri sono sulla tavola.   ....

Vedo spesso quel signore.   ....

La sua macchina è tanto vistosa.   ....

Incontro spesso quella signora.   ....

Il suo cane abbaia sempre.   ....

14 **Il gioco della lettera che cambia**
Completate le frasi seguenti con una parola a tre lettere.
Attenzione: da una parola a quella seguente cambia una sola lettera, ma può cambiare l'ordine delle lettere.

a) Vieni ....!

b) .... non c'è nessuno.

c) La ragazza con .... ho ballato è svizzera.

d) Con .... sei uscito ieri?

e) Diteci .... che non vi piace!

f) Ditelo a ...., non agli altri!

g) Prima facciamo la spesa, ... andremo alla spiaggia. D'accordo?

h) Si .... comprare questo quadro?

i) Non ci sono .... le vecchie botteghe artigianali.

k) Andiamo .... al mare o su in collina?

l) Volete .... tornare? E' troppo presto!

m) Dove ....? in città?

n) E che cosa ci ....?

o) .... un programma?

p) .... ha telefonato?

r) .... cosa ha detto?

Santa Croce (comprensione auditiva)
Signore e signori, ci troviamo davanti alla chiesa di Santa Croce, una delle più importanti di Firenze. E' molto famosa perché vi sono le tombe di molti grandi uomini italiani del passato. Andremo a vedere gli affreschi di Giotto, sculture di Desiderio da Settignano e bassorilievi della bottega Della Robbia. Le signore potranno poi visitare il laboratorio di artigianato con bellissimi lavori in pelle.
(Nel laboratorio)
I monaci di Santa Croce hanno fondato questo laboratorio di artigianato che è forse il più famoso nel mondo per la lavorazione della pelle. Anche oggi, malgrado l'industria, l'artigianato della pelle è rimasto importante perché crea oggetti originali e li lavora a mano, sempre con un diverso disegno. I disegni si incidono su pelle con un procedimento conosciuto solo da pochi artigiani fiorentini. Le incisioni sono in oro puro. Per queste incisioni si usano lamine d'oro molto sottili per cui con un grammo si possono fare molte incisioni. Tutti gli articoli esposti nelle vetrine si possono acquistare: borsette, astucci per le chiavi, portamonete e portamatite. I prezzi sono gli stessi come nei negozi della città. Signore e signori, la visita si termina qui. Vi preghiamo di trovarvi davanti alla chiesa alle quattro e mezzo per continuare la gita.

Esercizio di comprensione auditiva Giusto / Sbagliato?
S. Croce è una chiesa importante.
Giotto vi ha fatto degli affreschi.
Il laboratorio dei monaci di S. Croce produce articoli in serie.
Per le incisioni si usa poco oro.
E' più vantaggioso far la spesa nei negozi della città.

Giovani di tutto il mondo al lavoro nell'Istituto di Restauro a Firenze

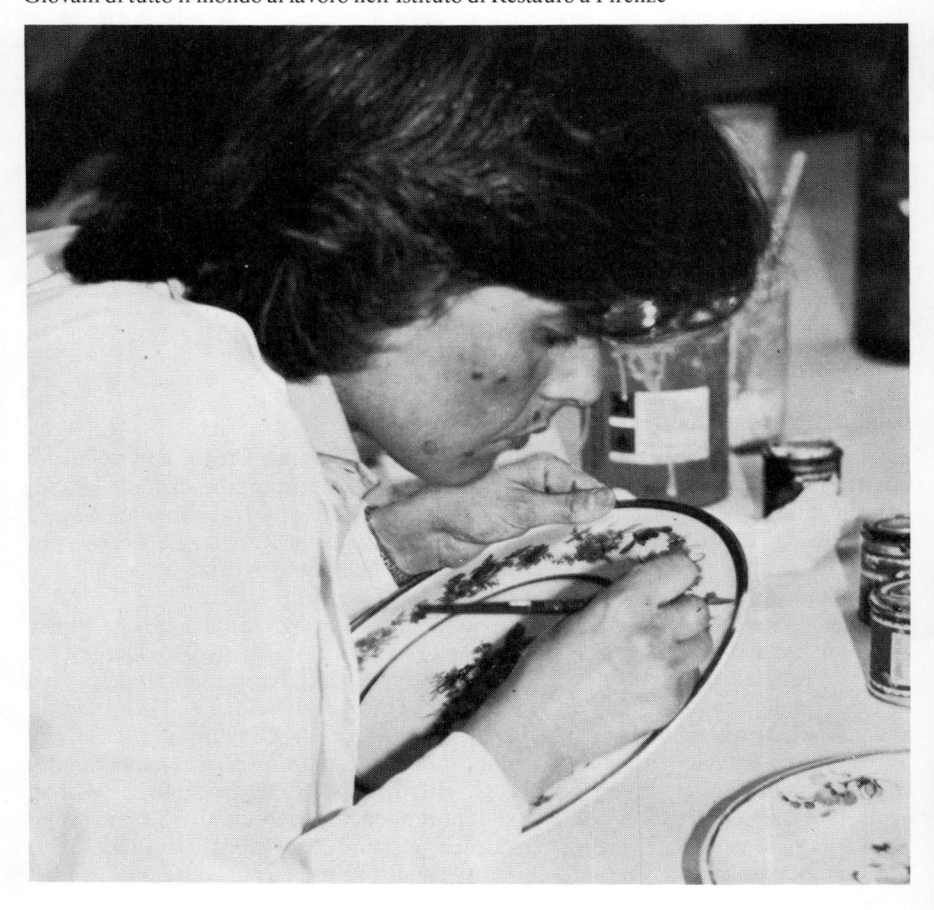

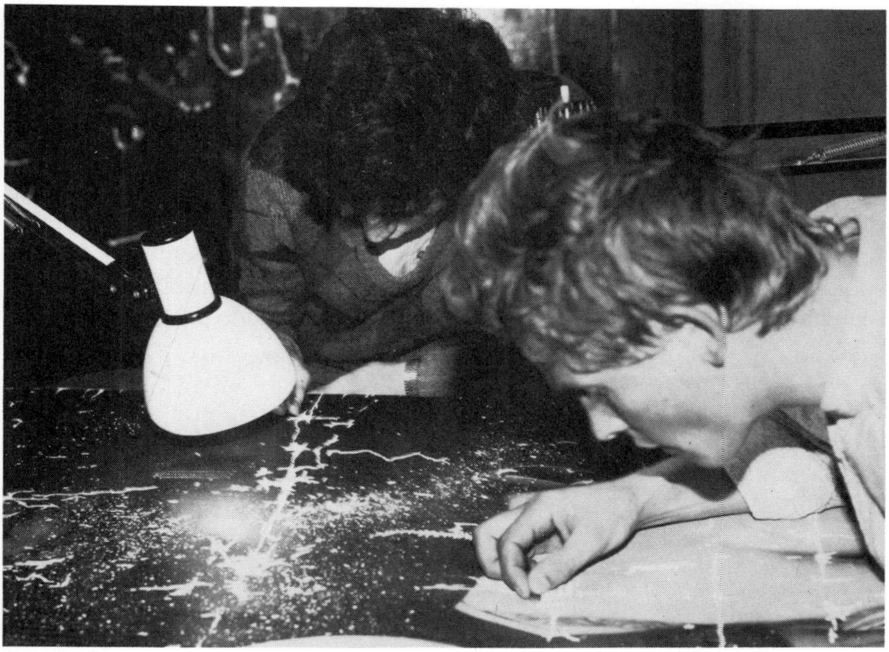

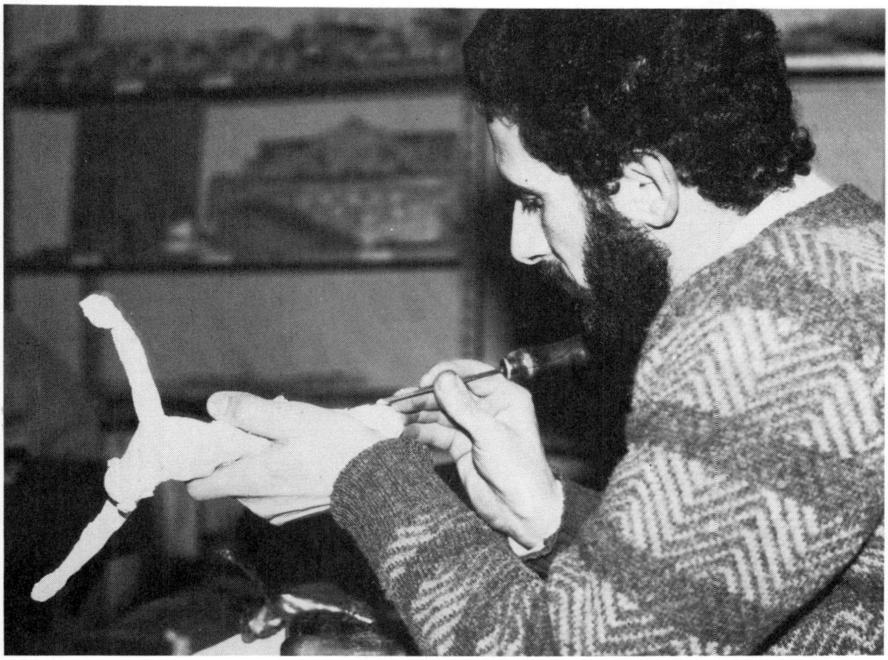

Trentatreesima lezione
Come? 33

A **I giovani e l'educazione permanente**
Oggi si parla molto di educazione permanente; si pensa, cioè, che dopo la scuola sia ancora necessario imparare, sia per arricchirsi culturalmente, sia per rimanere aggiornati nella professione.
Il Dipartimento della pubblica educazione del Canton Ticino ha fatto rispondere le reclute ticinesi negli esami pedagogico – militari del 1980 al seguente questionario, che abbiamo ridotto alle domande più significative.

1 Come passa il suo tempo libero?   Dia sempre **una** risposta per **ogni** possibilità:

	regolar-mente	spesso	rara-mente	mai
sport attivo	☐	☐	☐	☐
sport come spettatore	☐	☐	☐	☐
pesca, caccia	☐	☐	☐	☐
escursioni, gite	☐	☐	☐	☐
lettura	☐	☐	☐	☐
musica	☐	☐	☐	☐
radio, televisione, cinema	☐	☐	☐	☐
dolce far niente	☐	☐	☐	☐
hobby (francobolli, giardinaggio, fotografia, ceramica, lavoro a maglia, …).	☐	☐	☐	☐
scacchi o carte	☐	☐	☐	☐
curiosare nei negozi	☐	☐	☐	☐
esposizioni, mostre	☐	☐	☐	☐
attività politica	☐	☐	☐	☐
attività umanitarie	☐	☐	☐	☐
feste, discoteca	☐	☐	☐	☐
bar, ristorante	☐	☐	☐	☐

2 Con chi passa il suo tempo libero?

	regolar-mente	spesso	rara-mente	mai
da solo	☐	☐	☐	☐
con la famiglia	☐	☐	☐	☐
con un amico, un'amica	☐	☐	☐	☐
con un piccolo gruppo	☐	☐	☐	☐
con un gruppo numeroso	☐	☐	☐	☐

3 Quando può dedicarsi ad attività del tempo libero?

	regolar-mente	spesso	rara-mente	mai
durante la giornata	☐	☐	☐	☐
la sera, prima di cena	☐	☐	☐	☐
la sera, dopo cena	☐	☐	☐	☐
il sabato mattino	☐	☐	☐	☐
il sabato pomeriggio	☐	☐	☐	☐
la domenica	☐	☐	☐	☐

4 Come ha scelto le sue attività del tempo libero?

	quasi sempre	molte volte	rara-mente	mai
su consiglio o esempio dei genitori	☐	☐	☐	☐
su consiglio o esempio di amici	☐	☐	☐	☐
su consiglio della scuola	☐	☐	☐	☐
per conto mio	☐	☐	☐	☐
mediante lettura di libri o giornali	☐	☐	☐	☐
mediante l'ascolto della radio o della televisione	☐	☐	☐	☐

5 In che proporzione il tempo libero dovrebbe servire

	esclusi-vamente	prevalen-temente	un poco	mai
al riposo?	☐	☐	☐	☐
al divertimento?	☐	☐	☐	☐
ai propri interessi?	☐	☐	☐	☐
al perfezionamento professionale?	☐	☐	☐	☐
per dedicarsi agli altri?	☐	☐	☐	☐

6 Ecco alcune opinioni sulla funzione della scuola. Che cosa ne pensa?

	sono completa-mente d'accordo	sono abbastanza d'accordo	sono piuttosto contrario	sono completa-mente contrario
La scuola deve sopprattutto insegnare che imparare è bello perché arricchisce la personalità.	☐	☐	☐	☐
La scuola deve limitarsi a preparare a una professione e non perdere tempo con altre cose.	☐	☐	☐	☐
Ciò che si impara a scuola deve servire per tutta la vita; è inutile preoccuparsi, dopo, di imparare ancora.	☐	☐	☐	☐
La scuola dà solo una base; dopo la scuola, è indispensabile continuare a imparare.	☐	☐	☐	☐
La scuola dà tutto quello che serve per la vita; dopo la scuola è talvolta necessario imparare per restare aggiornati nel lavoro.	☐	☐	☐	☐

7 Ecco alcune opinioni sull'educazione permanente. Che cosa ne pensa?

una volta finita la scuola, non vale più la pena di mettersi a studiare	☐	☐	☐	☐
bisogna cercare di migliorare la propria posizione professionale	☐	☐	☐	☐
bisogna essere disposti a frequentare corsi di perfezionamento professionale	☐	☐	☐	☐

è necessario che il datore di lavoro favorisca chi si perfeziona professionalmente	☐	☐	☐	☐
di fronte al problema della disoccupazione, bisogna essere disposti a perfezionarsi professionalmente	☐	☐	☐	☐
non basta pensare al perfezionamento professionale, bisogna anche allargare le proprie conoscenze generali	☐	☐	☐	☐

8 Lei pensa che in futuro cambierà

	molto probabile	probabile	poco probabile	non probabile
il suo luogo di domicilio per ragioni professionali	☐	☐	☐	☐
il suo luogo di domicilio per ragioni non professionali	☐	☐	☐	☐
il suo datore di lavoro	☐	☐	☐	☐
il suo tipo di lavoro	☐	☐	☐	☐
la sua professione	☐	☐	☐	☐

Nomadelfia: la domenica

9 Secondo Lei, chi deve organizzare il perfezionamento professionale?

	esclusi-vamente	prevalen-temente	rara-mente	in nessun modo
il datore di lavoro o le organizzazioni padronali	☐	☐	☐	☐
il sindacato	☐	☐	☐	☐
il datore di lavoro e il sindacato assieme	☐	☐	☐	☐
nessuno, perché basta l'iniziativa personale	☐	☐	☐	☐
la scuola pubblica o lo Stato	☐	☐	☐	☐
scuole private o organizzazioni private	☐	☐	☐	☐
la radio, la televisione	☐	☐	☐	☐

10 Le interesserebbe passare **una parte del suo tempo libero settimanale** con un gruppo di persone guidate da un insegnante competente per occuparsi di

	molto	abbas-tanza	poco	no
canto o danza o musica	☐	☐	☐	☐
disegno o pittura	☐	☐	☐	☐
lettura e discussione di un'opera letteraria	☐	☐	☐	☐
attività artigianale	☐	☐	☐	☐
studio di una lingua straniera	☐	☐	☐	☐
yoga o meditazione	☐	☐	☐	☐
sport	☐	☐	☐	☐
gite a piedi	☐	☐	☐	☐
osservazione della natura	☐	☐	☐	☐
cucina o sartoria	☐	☐	☐	☐
pronto soccorso	☐	☐	☐	☐
fotografare, filmare	☐	☐	☐	☐
cure del bambino o dell'ammalato	☐	☐	☐	☐

Esercizi orali sulla base delle risposte all'inchiesta
Domanda 1.
Fate delle frasi aggiungendo il verbo, per esempio:
Nel mio tempo libero faccio spesso dello sport attivo.
Verbi da aggiungere: interessarsi di, andare a, fare, dedicarsi a, ascoltare, guardare, giocare a, partecipare a, visitare, frequentare.
2 Fate la serie delle risposte sull'esempio:
Passo regolarmente il mio tempo libero da solo, spesso con la famiglia, ...
3 Fate la serie delle risposte sull'esempio:
Posso raramente dedicarmi ad attività del tempo libero durante la giornata, mai prima di cena, spesso invece ...
4 Fate la serie delle risposte:
Ho scelto le mie attività del tempo libero molte volte sull'esempio dei genitori, non le ho mai scelte su consiglio di ...
5 Ordinate le risposte secondo il giudizio comune:
Penso che il tempo libero dovrebbe servire prevalentemente a ..., mai a ...
6 Ordinate le risposte secondo il giudizio comune:
Sono completamente d'accordo che la scuola deve ...
7 Ordinate le risposte secondo il giudizio comune:
Sono completamente contrario all'opinione che, una volta finita la scuola, non vale più la pena di mettersi a studiare, e che ...
8 Serie:
E' molto probabile che cambierò il mio luogo di domicilio ...
9 Secondo me dovrebbero organizzare esclusivamente il perfezionamento professionale: il datore di lavoro, il sindacato o i due insieme, in nessun modo ...
10 Ordinate le risposte secondo il giudizio comune:
In gruppo mi piacerebbe poco occuparmi di ..., dedicarmi a ...

Bùttero (guardiano di bufali nella maremma) fuori servizio

B Identikit del lavoratore dipendente veneto
È giovane, sui 34 anni, ha un grado di istruzione abbastanza elevato, un livello di professionalità sufficientemente preciso, guadagna fra le 520 e le 635 000 lire al mese, ma le entrate della famiglia superano il milione.

Abita in una casa di sua proprietà, piuttosto ampia e l'alloggio, preferibilmente singolo, una villetta, è confortevole: riscaldamento, telefono, televisore, lavabiancheria e l'automobile. Mangia con sobrietà ma senza privarsi di nulla e riesce anche a mettere da parte qualche cosa perché ha il gusto del risparmio.

Raggiunge l'ufficio in un quarto d'ora. E' abbastanza soddisfatto del lavoro: gli dà fastidio l'idea del pensionamento e pensa a qualche cosa da fare anche per il «dopo». L'orario di lavoro non gli pesa: il 50% vorrebbe mantenerlo nelle misure attuali, il 10% lo vorrebbe addirittura ampliare e solo un quinto degli intervistati è favorevole alla riduzione. La maggior parte sarebbe d'accordo con l'introduzione del lavoro a tempo parziale, mentre un quinto rifiuta il part-time come «una forma di sfruttamento».

Risposte sorprendenti sulla sindacalizzazione, il cui grado è superiore nel Veneto rispetto alle altre regioni italiane: il 52% dei lavoratori veneti è iscritto al sindacato. Lo sciopero, per il 67% degli iscritti, dovrebbe essere deciso direttamente dai lavoratori o in assemblea o a scrutinio segreto e motivatamente preannunciato.

Questa fotografia del lavoratore veneto risulta da un'indagine fatta in settantasette comuni del Veneto. Questo tipo di lavoratore veneto sembra vivere in un sistema di certezze e trovare il sistema economico italiano passabile, se non migliore di molti altri sistemi europei, ad eccezione di quello tedesco. Ma l'indagine precisa: due terzi dei lavoratori intervistati si collocano al di sotto del reddito medio. La buona qualità della vita che troviamo nel ritratto del lavoratore statistico manca quasi del tutto in questi due terzi.

Dal *Corriere della sera* (6–7–81)

Esercizio di comprensione scritta　　　　　　　　　　　Giusto? / Sbagliato?

1. Il lavoratore dipendente veneto ha un'instruzione scolastica piuttosto buona.
2. Nella sua famiglia ci sono generalmente ancora altre persone che fanno un lavoro pagato.
3. Abita normalmente in appartamenti affittati.
4. Nella sua casa non manca il lavastoviglie.
5. Il 20% degli intervistati vorrebbe meno ore di lavoro.
6. Pochi preferirebbero il lavoro a tempo parziale.
7. Due terzi preferirebbero decidere loro stessi gli scioperi.
8. Il lavoratore veneto trova soltanto il sistema economico tedesco migliore del suo.
9. Il 67% guadagna più di 635 000 lire al mese.

Completate col complemento di modo:

10 Un grado di istruzione .... elevato.
11 Un livello di professionalità .... preciso.
12 Una casa .... ampia.
13 Un alloggio .... singolo.
14 Mangia .... ma ....
15 Il 10% vorrebbe .... ampliare l'orario di lavoro.
16 Lo sciopero dovrebbe essere deciso .... dai lavoratori o ir .... o a scrutinio.
17 Lo scrutinio dovrebbe essere segreto e .... preannunciato.

Il dopolavoro: la passione per il calcio

Grammatica

§ 45 Come? Il complemento di modo o maniera

a) preposizione con sostantivo

Quel giovane lavora **con** passione. Il vecchio cammina **a** stento. Non ti sei comportato **in** modo corretto. Fatte **secondo** le vostre abitudini.	con, senza, da a, in secondo

b) avverbio   Formazione dell'avverbio:

Egli lavora **bene** e **diligentemente**.	**Aggettivo femminile** **+ mente:** raro, -a raramente diretto, -a direttamente **Aggettivi in -e:** sufficiente sufficientemente prevalente prevalentemente **Aggettivi in -le, -re:** facile facilmente preferibile preferibilmente regolare regolarmente e: leggero, -a leggermente
È **abbastanza bene** informato. Lui parla **meglio** di lei. Parla **piano,** per carità!	**Eccezioni:** buono, migliore bene, meglio brutto, peggiore male, peggio rapido presto piano, forte piano, forte
	Altri avverbi: abbastanza, assai, addirittura, spesso, sempre, volentieri, troppo, molto, ecc.

c) aggettivo (attributo del soggetto)   Attributo e avverbio di maniera

Vivevano **felici** e **tranquilli**.	**Attributi:** I bambini sono liberi. ▲	**avverbi:** Parlano liberamente. ▲
	I bambini tornano sporchi, ma ridendo allegramente. ▲ ▲	

202

d) gerundio   Formazione del gerundio:

Lavorando fuma decine di sigarette. **Alzandomi** ho visto che faceva brutto tempo.	andare: andando alzarsi: alzandosi mettere: mettendo partire: partendo capire: capendo	formazione con la radicale dell'imperfetto: fare: (fac-evo) fac-endo dire: (dic-evo) dic-endo porre: (pon-evo) pon-endo bere: (bev-evo) bev-endo

e) proposizione modale   congiunzioni:

Fate **come** volete. Mangia **con** sobrietà, **senza privarsi** di nulla.	come + indicativo senza + infinito (senza che + congiuntivo)

Esercizi strutturali   33

1 Esempio 1:   Voglio telefonare alla fabbrica.
  Risposta: E' meglio andare direttamente alla fabbrica.
  Esempio 2:   Voglio telefonare al direttore.
  Risposta: E' meglio andare direttamente dal direttore.

  Voglio telefonare al medico.
  Voglio telefonare al negozio.
  Voglio telefonare all'ufficio.
  Voglio telefonare agli amici.
  Voglio telefonare alla professoressa.

2 Esempio: Pietro, guarda quel cappello! E' bello, vero?
  Risposta: Sì, ti starebbe veramente bene.
  Esempio 2: Pietro, non prendo quell'impermeabile.
  Risposta: Hai ragione, ti starebbe veramente male.

  Pietro, guarda quei pantaloni di terital! Mi piacciono assai.
  Pietro, non posso decidermi per quella camicetta rossa.
  Per carità, non comprarmi quegli occhiali da sole!
  Che ne diresti di quei sandali? Sono comodi, vero?

3   Cercate di rispondere coll'avverbio o coll'aggettivo attributo:
  Esempio 1: Si sa che era generoso quando pagava il lavoro.
  Risposta: E' vero, pagava sempre generosamente.
  Esempio 2: Si sa che era felice, nella sua vita.
  Risposta: E' vero, viveva sempre felice.

  Si sa che aveva difficoltà parlando con gli altri.

A mio figlio sembrava strano, soprattutto quando salutava la gente.
Secondo i giornali era nato in una famiglia povera.
E' stata sua fortuna di trovare una moglie comprensiva.
Si sa che il loro amore era profondo.
Questo è certo: la sua morte ha colpito molto la povera donna.

4 Esempio: Ha fatto un discorso molto buono, vero?
   Risposta: Meglio di così non si può parlare.

Ha fatto un lavoro molto esatto.
La decisione è stata molto pronta.
Il viaggio è stato molto comodo.
La cena è stata cattiva.
Il pranzo è stato molto leggero.
La risposta è stata ottima.

Esercizi scritti 33

5 **Trasformate il complemento in avverbio:**

Egli lavora con molta esattezza.   Lavora molto esattamente.

Quell'autista guida con troppa prudenza. ....

Il meccanico ha fatto tutte le riparazioni con prontezza. ....

Ce lo ha spiegato con molta pazienza. ....

Ti decidi proprio con lentezza! ....

Occorre ripeterlo con più regolarità. ....

6 **Aggettivo o avverbio?**

buono: Lui ha un .... carattere. Questo studente lavora
.... ottiene sempre (superlativo assoluto)
.... risultati.

rapido: Questo treno è molto .... Ho letto troppo
.... questo libro e adesso non me lo ricordo più.

facile: Questo esercizio non è ....; si può ....
.... fare un errore.

inutile: Ho aspettato .... il mio bus:
            quando è arrivato, era così pieno che non potevo salire.

preciso: Tu dici .... lo stesso come lui.
            Il pullman parte alle cinque ....

migliore: Quale vino è .... : il bianco o il rosso?
            Vuoi scherzare? Tu lo sai .... di me!

7 Combinate logicamente:

1 So tutto: gli ho parlato
2 Ho cercato di convincerlo
3 Tu non segui nessuna logica: perché salti continuamente
4 L'ho salutato
5 La storia è troppo lunga, ve la raccontiamo
6 Facciamo la spesa
7 Entrate pure
8 Facciamo la cucina
9 Era molto debole; mi rispondeva
10 Abbiamo visitato tutta l'Italia

a) all'ingrosso
b) a quattr'occhi
c) con le buone
d) in fretta e in furia
e) in quattro e quattr'otto
f) grosso modo
g) senza complimenti
h) alla casalinga
i) a stento
k) di palo in frasca

8 Trasformate in gerundio:

Guidava e bestemmiava continuamente.   Guidava bestemmiando continuamente.

Tu mangi e critichi sempre tutto.   ....

Mio fratello ascoltava la radio e leggeva il giornale.   ....

Guardava la TV e si è addormentata.   ....

Perché dici questo se sai che non è vero?   ....

Se parti subito, fai ancora in tempo.   ....

Quando si parla, s'impara molto.   ....

Si è ferito mentre puliva un'arma.   ....

Si è fatto male mentre correva.   ....

C **Notti giovani in largo Cairoli con discoteca a cielo aperto**
La notte c'è vita in largo Cairoli, vita di giovani che si dividono tra il gran posto dei frullati di Viel, la bancarella delle musicassette, il palcone stracarico della riffa, due chioschi di gelato e davanti al vecchio night William's.
Vita di giovani, dallo studente di scuola, al giocatore, al drogato, al banditello, allo sportivo dei pattini a rotelle.
Si muove, questa massa, dalla prima ora di buio dopo le nove, fino all'una e passa di notte. Gli innocenti con il solo tempo da far passare restano intorno al negozio di Viel, per gelati e frullati. Non bastano le sedie e i tavolini per chi ha la gola secca: si sta seduti su moto e motorini, sulla ringhiera della metropolitana, sul marciapiedi e le coppie nelle macchine. Maglietta, scarpe da ginnastica e pantaloni lunghi o corti sono la divisa; per le ragazze, le poche ragazze mescolate a questo notturno maschile, piccole gonne sopra il ginocchio.
I meno innocenti e schiavi di siringhe si spingono più verso la piazza del Castello e sui prati bui che lo circondano.
La riffa per i giocatori ricrea l'atmosfera di tombola da paese. Seduti intorno al bancone i malati di gioco comprano ad ogni turno il loro biglietto da mille lire. Si può sempre vincere un televisore, ma vince quasi sempre il più vecchio giocatore tra tutti, il padrone della riffa.
Il gran banco pieno di radio, bottiglie di vago champagne, tostapani, registratori, biciclette e televisori, attira come mosche i piccoli professionisti della riffa. Corre con mille lire perfino la vecchia cuoca del vicino chiosco, e da vera donna salda non raddoppia la posta nella speranza del televisore, ma se ne va contenta con un dubbio champagne.
Su tutto il largo, regna la musica, musica che esce dalle radio delle macchine e dalla lunga bancarella di cassette esposte davanti a Viel, coperta a volte solo dall'altoparlante del padrone della riffa. Di sagra di paese è l'atmosfera, c'è chi ha la sdraio di plastica per guardarsi lo spettacolo, c'è chi gira col gelato tra la gente e chi fa salotto in piccoli gruppi.
«Vengo qui perché in discoteca si muore di caldo e bastano settecento lire per un cono di buon gelato.» «Vengo qui per non star solo, qui c'è sempre gente.» «Vengo qui perché non so dove altro andare.» Vengono qui – l'accento li segnala – molti ragazzi del Meridione.   *Corriere della sera* (16–7–81)

Trentaquattresima lezione
La pubblicità   34

Spese pubblicitarie in Italia

	1973	1976	1978
	in miliardi di lire		
Stampa	185,0	281,3	388,0
Rai-Tv	74,1	95,0	131,0
Rai-Tv estere e private	–	15,0	45,0
Cinema	17,0	18,0	24,0
Pubblicità esterna	24,0	46,0	60,0
Totale	300,1	455,3	648,0

Da: L'Editore (settembre 1978)

Esercizio
Commentate l'importanza delle varie mass-media per la pubblicità, facendo dei paragoni, p.es:
– Nel 1978 la stampa era tre volte più importante per la pubblicità che la radio e la televisione nazionale.
– Dal 1973 al 1978 le spese per la pubblicità sono aumentate più nella stampa che nel cinema.

Ecco degli slogans di pubblicità letti in Italia
Esercizi:
a) Per che tipo di merce si fa pubblicità?
b) A chi si rivolge? A che sensibilità fa appello?
c) Cercate i migliori giochi di parole!
d) Analizzate i modi di esprimere qualità al superlativo.
e) Rilevate le parole non italiane. Da quali lingue provengono e perché?

- Le Lancia Beta e Trevi ti danno una ricchezza di contenuti superiore a tutti i concorrenti. Fino al ... aprile i Concessionari Lancia ... ti offrono ancora di più. Una proposta da sentire subito.
- Due ottime ragioni per acquistare subito un ciclomotore G.: 1.) Assicurato gratis! 2.) Tuo subito! Puoi pagarlo in 12, 18, 24 rate mensili.
- Andare in giro con le bottigliette a fare analisi? C'è PREDICTOR, che dopo solo nove giorni di ritardo, senza bisogno di analisi, dà la risposta – mamma o non mamma?
- Con Viks Vaporub respira meglio e ti sente mamma.
- Pannolini Polin-notte con tre strati assorbenti: si comprano, si adoprano e mamma e bambino possono dormire tranquilli.
- Il tuo bambino merita Reguitti – lettino con il fondo a liste di legno flessibili perché il tuo bambino cresca più sano anche quando dorme!

- Sapevi che fare una casetta di pochi centimetri gli costa più energia di 200 metri sul suo triciclo? Ovomaltina dà forza.
- Budino Ribbon – più leggero perché al cacao amaro.
- Sete d'estate? Sete d'Esta-thé.
- Yoga, non è buono perché è famoso, è famoso perché è buono!
- Chi ha rubato il Ciocorì? Brillante investigatore scopre il colpevole e regala Ciocorì a tutta la scuola.
- Carrarmato Perugina: sì, col nuovo concorso carrarmato Perugina puoi vincere tanti magnifici premi, acquistando una sola barretta.
- Per vestire i bambini non basta essere esperti di moda, bisogna essere esperti di bambini: Chicco-Baby Play.
- Sportswear – Les cambusiers – lo stile che piace soprattutto ai ragazzi.
- Pista elettrica per competizione formula-I; il sorriso di un bambino è la ricompensa che ogni grande vuol meritarsi ogni sera, ogni giorno, ogni momento. Polistil-giocattoli.
- Ti diamo un buon motivo per comprare Doremino, il primo bambolotto musicale.

OCCASIONISSIMA
IN LAVAGNA
zona residenziale, centralissimo salone 2 camere letto, doppi servizi, cucina e balconi
PRIVATO VENDE
Tel. (011) 597626 ore ufficio
sabato (0185) 302412

- Noi della Valtur teniamo in grande considerazione le vostre vacanze.
- Petrus, l'amarissimo che fa benissimo, rende forti come un pugno di ferro.
- Virile, raffinato, allegro, con un pizzico di arroganza: profondamente masculin.
- Collants che ti modellano e che non ti senti addosso.
- Sottovesti piene di fantasia .... con Imec sei bella e sicura allo stesso tempo.
- Angelica piange perché le hanno rubato il suo Kit-Kat.
- Camminare, saltare, giocare, correre ...
  Form-Sport, scarpe per il tempo libero e per gli sports.

Grammatica 34

§ 46 I gradi dell'aggettivo (ricapitolazione)
a) **Gradazione**

Questa frutta è	**molto**	fresca		
	assai	fresca	=	freschissima (superlativo assoluto)
	troppo	cara.		
	poco	matura.		
	tanto	dolce!		
	così	bella!		

208

b) Comparativo (vedi lezione 27, § 30)

> O. rende forti **come** un pugno di ferro.
> Budino Ribbon – **più** leggero perché al cacao amaro.
> Le Lancia Beta ti danno una ricchezza di contenuti **superiore** a tutti i concorrenti!

c) Superlativo relativo

> Le **maggiori** differenze di temperature si trovano in montagna.

d) Superlativo assoluto

> Due **ottime** ragioni per acquistare subito un ciclomotore G. P., l'amar**issimo** che fa **benissimo** (= tanto bene!).

e) Forme irregolari

positivo	comparativo	superlativo relativo	superlativo assoluto	
buono	migliore	il migliore	buonissimo ottimo	l'ottimista
(avverbio:				
bene	meglio			
male	peggio)			
cattivo, brutto	peggiore	il peggiore	bruttissimo pessimo	il pessimista
grande	più grande maggiore	il più grande il maggiore	grandissimo massimo	Lago Maggiore ut maggiore
piccolo	più piccolo minore	il più piccolo il minore	piccolissimo minimo	Asia Minore ut minore
alto	più alto superiore	il più alto il supremo/ sommo	altissimo	
basso	più basso inferiore	il più basso	bassissimo	

Esercizi strutturali 34

1 Esempio: Questa giacca è molto bella, non è vero?
  Risposta: Sì, è veramente bellissima, ma costa troppo.
  Queste scarpe sono molto belle.
  Questi pantaloni sono molto belli.
  Questo cappello è molto elegante.
  Questo abito ti sta molto bene.
  Questa collana è molto graziosa.
  Questi braccialetti sono molto fini.

2 Esempio: Signora, questa borsetta è bellissima!
  Risposta: Mah, io non la trovo poi così bella.
  Signorina, questi fazzoletti sono finissimi!
  Signore, questa cartella è solidissima!
  Signora, questa giacca è elegantissima!
  Signora, queste scarpe sono morbidissime!
  Signore, questo apparecchio è vantagiosissimo!
  Signore, queste diapositive sono interessantissime!

3 Esempio: Signori, ecco la più bella Madonna di Raffaello.
  Risposta: Per me, questa non è la Madonna più bella di Raffaello.
  Signori, ecco la maggiore opera di Michelangelo.
  Signori, ecco il più alto grattacielo del mondo.
  Signori, ecco i più antichi templi d'Italia.
  Signori, ecco il più bel palazzo di Firenze.
  Signori, guardino questa statua: ecco il peggiore imperatore dei Romani.

4 Esempio: San Miniato è forse la più bella chiesa di Firenze.
  Risposta: Certo, è una bellissima chiesa, se non una delle più belle d'Italia.
  Il piazzale Michelangelo è il più bel posto di Firenze.
  Il David è la più tipica statua del Rinascimento.
  I Promessi Sposi è il più riuscito libro del Manzoni.
  San Pietro a Roma è la più grande chiesa del mondo.

5 Venditore: Ecco un frigorifero molto elegante ed economico.
  Signora R.: Ma non si sa dove mettere le bottiglie.
  Signor R.: Già, questo frigorifero è più elegante che pratico.
  Venditore: La macchina Beta è molto spaziosa.
  Signor R.: Nella macchina Gamma ci stanno bene anche 6 persone.
  Signora R.: Già, la macchina Gamma è più spaziosa della macchina Beta.
  Venditore: Ecco un televisore molto elegante.
  Signor R.: Ma lo schermo è troppo piccolo. Non è utile per una grande famiglia.
  Lei: ………

Venditore: Questa lavastoviglie è forse un po' costosa, ma ha una potenza di 3000 Watt.
Signora R.: Ma non si sa dove mettere i piatti grandi. Non è utile.
Lei: ………
Venditore: La lavastoviglie Alfa costa un milione.
Signor R.: La lavastoviglie Omega costa 800 000 lire.
Lei: ………
Venditore: Questa cucina lussuosa offre tutto: grill a raggi infrarossi, girarrosto, scaldavivande, tutto.
Signor R.: Consuma troppa energia, ha soltanto tre piastre, non è pratica.
Lei: ………
Venditore: La macchina Mega fa 160 chilometri all'ora.
Signor R.: Ma quanto consuma? 15 litri? Non è molto economica.
Lei: ………

Esercizi scritti 34

6 **Comparativi e superlativi regolari; comparate:**
La nostra macchina fa 80 km all'ora,
la vostra 100 km all'ora, la loro 140 km
all'ora. (veloce) ………………………………………

La torre di Pisa, la torre del Mangia
a Siena, la torre Eiffel. (alto) ………………………………………

Firenze, Milano, Roma. (grande) ………………………………………
L'anfiteatro di Arles, quello di Verona,
il Colosseo a Roma. (intatto) ………………………………………

La macchina, il treno, l'aereo. (veloce) ………………………………………

………………………………………

Comparativi e superlativi irregolari:
Io ho 15 anni. Tu ne hai 14. Io sono maggiore di te.

Io ha 19 anni. Lui ne ha 20. ………………………………………

Nel lavoro di Guido ci sono 3 sbagli; ………………………………………

nel lavoro di Paolo ce ne sono 5. ………………………………………

7 **Mettete «di» o «che»:**

Michelangelo era più scultore …………… pittore. Il clima italiano è più mite …………… clima francese. Milano è una città più industriale …………… bella. Il vino dei Castelli romani è forse migliore …………… vino toscano, ma il Chianti mi piace più …………… Frascati. Gli Italiani sono forse più vivaci …………… Francesi, ma hanno meno pazienza …………… Inglesi.

8 **Più (meno) di – tanto quanto**

Michelangelo è .... celebre .... Leonardo. La musica di Puccini è .... bella .... quella di Verdi. «I Promessi Sposi» è un libro .... conosciuto .... tragedie di Manzoni. Milano è .... grande .... Roma. L'Italia settentrionale è .... industrializzata .... Italia meridionale. In Italia il vino costa .... la birra in Germania. Il vino mi piace .... birra.

9 **Che cosa significano le espressioni seguenti:**

Un personaggio arcinoto.   ....
Uno dei libri meglio noti.   ....
Un film supergiallo.   ....
Un uomo straricco.   ....
L'occasionissima.   ....
La canzonissima.   ....
Se n'è andato piano piano.   ....

Mozart per le casalinghe

C1

E' giusto che il consumo culturale non si fermi a librerie, teatri, cinema, sale da concerto. E' logico che la pubblicità sottolinei la natura e la qualità dei prodotti che si offrono. E' consolante che il grande ritorno a Mozart si accompagni nei negozi con la sensazione di pulizia.
La casa Panigal, produttrice del detersivo Supertrim, ha combinato la sua campagna di vendita a Mozart. Il consumatore di due confezioni di Supertrim avrà diritto a un disco o a una musicassetta che contiene «le più belle musiche di Mozart». Naturalmente ci sarà «un solo regalo per famiglia», per evitare che qualcuno abbia il bagno pulito e la discoteca piena. La combinazione pubblicità/Mozart segna l'instabilità della condizione della massaia. Mentre una canzonetta poteva far pensare la massaia al suo ruolo ingrato, la musica di Mozart tirerà su il suo animo, la farà allegra, cosciente di sé. Ci servirà anche la parola: ascoltare il «Don Giovanni» durante le pulizie di casa potrà far capire i problemi della condizione di casalinga. Una donna in casa ha voglia di fuggire («Vorrei e non vorrei») o di ribellarsi contro certi obblighi in camera da letto, in cucina e in bagno («Là ci darem la mano...»). La casalinga capirà con Mozart che un suo cahier de doléances sarebbe lungo come l'elenco degli amori di Don Giovanni («Il catalogo è questo...»).
Sì, è una buona idea offrire Mozart col detersivo: anche lui, il musicista, è un addetto alle pulizie, alle grandi pulizie.

La Stampa (1981)

Conversazione
Dove si consuma la cultura, di solito?
Quali sono i mezzi tradizionali della pubblicità?
A che cosa serve Supertrim?
Che cosa riceve quello che compra Supertrim?
Perché si regala alla massaia musica di Mozart invece di canzonette?
La casa Panigal pensa che la casalinga ascolti anche le parole della musica cantata?

Domanda
Che cosa è un «cahier de doléances» (termine francese della rivoluzione del 1789)?
a) un catalogo degli amori di una persona
b) un elenco di certi indirizzi
c) una lista di critiche
d) una partitura di musica

Discussioni di transfer
Bisogna essere «femminista» per protestare contro il ruolo tradizionale della massaia?
Qual è il ruolo della donna nella pubblicità? Siete d'accordo?

C2 La lingua della piccola pubblicità

Esempi:

PER costruendo campeggio Sardegna, pratiche avanzate, cercasi socio finanziatore apporto 250 milioni garantita massima serietà e reddito elevato proporzionale quota sociale. Telefonare ore serali al n. 02 / 52 72 931.
ABBISOGNANDOVI artigiani, commercianti, stipendiati, casalinghe, prestiti fiduciari, acquisto immobili, mutui ipotecari sconto 9% – 312 484.
ABBISOGNANDOVI qualunque somma telefonate 27.11.573 – 206.023 siamo riservati veloci convenienti.
ACCORDANSI artigiani commercianti operai impiegati prestiti ipotecari fiduciari. – Pace, via Agnello 2, telefoni 808.230 – 899.519.
GRANDE industria metalmeccanica cerca elemento anni 28 max 38 conoscenza perfetta francese, tedesco parlata e scritta per ufficio commerciale, richiedesi esperienza nel settore referenze libero subito militesente, pretese. Indicare recapito e telefono. Scrivere: «Publikompass 5128 – 10100 Torino».
PRIVATO vende alloggio centrale casa signorile 5 vani doppi servizi libero entro l'anno. Telefonare 710 308.
A giovani militesenti spigliati ambiziosi Marotta S.p.A. offre sistemazioni rapida carriera. Presentarsi mattinata via Monte di Pietà 1-A, 3-P – Milano.
AD ambosessi offriamo possibilità guadagno oltre 50 000 settimanali per facile lavoro. Presentarsi Corso Buenos Ayres 1.

AD ambosessi offronsi 200 000 mensili più percentuali lavoro pubblicità – 28.400.35.
AMBOSESSI cultura media potrete sicuramente essere assunti e altamente retribuiti qualificandovi nella perforazione verifica schede meccanografiche, operatori programmatori analisti per centri Ibm –Tel. 688.20.78, 680.874, Centro Elettronico Italiano.
AMBOSESSI ambiziosi desiderosi inserirsi previo addestramento in settore in forte espansione – Tel. 202.768.
ASSUMIAMO ambosessi per facile lavoro ottima retribuzione incentivi – Presentarsi Corso 22 Marzo, 8.
ASSUMIAMO previo addestramento giovani ambosessi per inserimento incentivi elettronici. Tel. 870. 913.
CORSO Vittorio, signorile completamente rimodernato piano alto, salone 5 camere cucina biservizi mq 280 posto auto. Fisim, 585.902, 581.759.
SIGNORA 22enne stenodattilografia conoscenza inglese offresi libera subito tel. 381.109.
ARMA di Taggia 300 mt dal centro casetta bifamiliare nuova costruzione con giardino complessivi 9 vani più servizi L. 55 milioni, possibilità mutuo finanziario. Gabetti Sanremo 0184 880.111.
AFFITTASI monocamera arredata corso Regina piano terreno L. 40 000 più spese. Telefonare 547.030.

Interpretazione:

La lingua della piccola pubblicità – che è poi anche quella dei telegrammi – presenta le caratteristiche seguenti:
1 omissione (Weglassung) degli articoli, delle preposizioni e dell'interpunzione;
2 la posizione enclitica dei pronomi: abbisognandovi, offronsi;
3 l'uso del gerundio «alla latina»: per costruendo campeggio = per campeggio da costruirsi, abbisognandovi qualunque somma = se vi abbisogna ...
4 l'uso di parole create apposta per questo stile: ambosessi – persone dei due sessi, militesente – esente (libero) dall'obbligo del servizio militare,
biservizi = con doppi servizi (bagno e toletta).

Esercizi

1 Che cosa significano le espressioni seguenti: camera biletto, monocamera, casa bifamiliare, condominio, box, autoferrotranviario, elettrauto, elemento anni 28 max 38, ventiduenne, trilingue, previo addestramento.
2 Traducete le inserzioni di sopra!
3 Compilate inserzioni sui dati seguenti:
  a) Si affitta un appartamento con 3 camere, cucina, bagno e toletta separati, in una casa per 2 famiglie, con grande giardino e rimessa per l'auto.
  b) Si assumono conducenti per i trasporti urbani e elettricisti per auto. Giovani che non devono fare il servizio militare possono essere inseriti solo dopo un corso d'addestramento.
  c) Si offre un posto con possibilità di fare carriera a giovane segretario o segretaria con perfetta conoscenza del tedesco e dell'italiano scritto e parlato.

Trentacinquesima lezione
Si dice che... 35

Notizie della radio (comprensione auditiva)

1 A Bruxelles è prevista per oggi una riunione del gruppo consultivo della NATO incaricato di esaminare le prospettive dei negoziati sovietico-americani sulla riduzione delle armi strategiche in Europa. Ricordiamo che fra poco più di dieci giorni il segretario di stato americano Alessandro Haig e il ministro sovietico degli esteri Andrei Gromyko s'incontreranno a New York in margine dei lavori dell'assemblea generale dell'ONU per stabilire l'inizio dei negoziati fra le due super-potenze sui cosiddetti euromissili, negoziati che dovrebbero essere iniziati entro la fine di quest'anno.

2 Sia che aderisca alla NATO sia che non ne faccia parte la Spagna potrebbe dotarsi in futuro di armi nucleari. Lo ha affermato il ministro spagnolo della difesa Alberto Suarez durante un incontro con la stampa estera. Il ministro che successivamente ha partecipato a un dibattito parlamentare sul progetto di adesione del suo paese all'alleanza atlantica ha detto che Madrid non rinuncia a tale possibilità.

3 Cinquanta soldati turchi sarebbero morti, altri cento sarebbero rimasti feriti mentre erano in corso le manovre militari al confine con la Grecia. La tragedia è stata causata da un aereo dell'aviazione militare battutosi su una compagnia di soldati che stavano riposandosi su un prato.

4 In Italia è iniziata oggi una settimana cruciale per il governo Spadolini chiamato a definire tecnicamente i tagli sulla spesa pubblica decisi nei giorni scorsi per limitare il pesante deficit dello stato. Il risparmio dovrebbe raggiungere i 9700 miliardi di lire, ciò che consentirebbe di limitare il deficit del 1982 entro i 50 000 miliardi.

5 L'Unione Sovietica ha accusato il governo italiano di voler deliberatamente deteriorare i rapporti tra i due paesi.
L'agenzia Tass, commentando le insistenze italiane secondo cui il 24 febbraio scorso sarebbe stato un sottomarino sovietico a violare le acque territoriali italiane avvicinandosi alla base navale di Taranto, scrive che nonostante una smentita formale da parte dell'ambasciatore sovietico a Roma la propaganda antisovietica in Italia continua.
Ieri il ministro della difesa Lelio Lagorio aveva confermato davanti al parlamento che si era trattato di un sottomarino sovietico a propulsione nucleare del tipo Vicor, probabilmente in missione di spionaggio.

Radio Svizzera Internazionale

Esercizio di comprensione auditiva
Ascoltate le notizie una prima volta. Poi dite se si è parlato
1 degli euromissili?   sì   no
2 delle manovre della NATO?
3 della crisi del governo italiano?
4 della morte di soldati turchi?
5 di un sottomarino italiano?
Ascoltate le notizie una seconda volta. Le frasi seguenti
sono giuste o sbagliate?   G   S
6 Haig e Gromyko parleranno sugli euromissili entro la fine di quest'anno.
7 La Spagna avrà eventualmente delle armi nucleari.
8 Madrid rinuncia a far parte della NATO.
9 50 Soldati turchi hanno abbattuto un aereo greco.
10 In Italia il governo deve limitare il deficit di 9700 miliardi di lire.
11 Un sottomarino sovietico è stato visto presso Taranto.
Chi ha detto
12 che i negoziati sovietico-americani sulla riduzione delle armi strategiche in Europa saranno iniziati entro la fine di quest'anno?
   a) il governo americano
   b) il governo sovietico
   c) Bruxelles
   d) non si sa
13 che la Spagna potrà avere delle armi nucleari?
   a) il ministro della difesa
   b) la NATO
   c) Madrid
   d) la stampa estera
14 che si risparmieranno 9700 miliardi di lire?
   a) il governo italiano
   b) il parlamento
   c) il pubblico
   d) il settimanale «Scudo crociato»
15 che il sottomarino visto presso Taranto è stato un sottomarino sovietico?
   a) l'agenzia Tass
   b) Vicor
   c) l'ambasciatore sovietico
   d) Lelio Lagorio

Esercizio di analisi grammaticale
Notate i verbi che sono al condizionale:
1 ....   2 ....
3 ....
4 ....
5 ....

1 Con la miseria che c'è in giro una proposta sensata: denunciare chi distrugge frutta o verdura

La distruzione di pesche, albicocche, pomodori, pere ha sempre destato nella gente comune un senso di fastidio, se non di rabbia. Eppure, si parla di «eliminare dal mercato» sei o sette milioni di quintali di pomodori, sui 33 milioni circa prodotti.

Per evitare questo spreco, c'è chi propone il «sequestro conservativo penale» dei pomodori che dovrebbero essere distrutti e la loro conservazione nei magazzini frigoriferi. Lo hanno chiesto i professori Walter Ciusa dell'Università di Bologna e Antonio Grassani dell'Università di Padova.

L'iniziativa di Grassani e Ciusa è polemica, «ma è necessario esserlo – mi dice Grassani – se si vuole smuovere qualcosa».

Gli domando perché in Italia si ricorre ogni estate alle distruzioni.

R – Per inefficienza amministrativa si distruggono prodotti che potremmo essere costretti a importare l'anno prossimo.

D – Una volta sequestrati i pomodori, che cosa se ne dovrebbe fare?

R – La surgelazione dei prodotti alimentari è una tecnica ormai collaudata in tutto il mondo industriale, con ottimi risultati.

D – Ma noi abbiamo l'attrezzatura necessaria per far ciò?

R – In Italia esiste un'ottima rete di magazzini frigoriferi in grado di accogliere notevoli quantità di pomodori da salvare dalla distruzione.

D – Dopo averli salvati e surgelati, che cosa si potrà fare di tutti quei pomodori?

R – Potrebbero essere lavorati dalle industrie conserviere e distribuiti in inverno nei Paesi della Cee, oppure ceduti ai Paesi del Terzo mondo, come aiuti finanziari.
Nazione

Esercizio di comprensione scritta
Che cosa si dovrebbe fare con i pomodori sequestrati, secondo l'articolo?
                                          Sì?   No?

– Surgelarli.
– Distruggerli.
– Trasformarli in conserva.
– Darli ai Paesi del Terzo mondo.
– Venderli ai Paesi del Terzo mondo.
– Buttarli in testa ai politici incapaci.

B2 **Per integrare i figli dei lavoratori stranieri**
Per i figli dei lavoratori stranieri in Svizzera e in Germania c'è la possibilità di frequentare dei corsi di lingua e cultura del paese di origine. Le lezioni previste sono quattro per settimana, quasi sempre in un unico pomeriggio, spesso fuori dell'orario scolastico, per esempio il sabato e il mercoledì pomeriggio. Ciò comporta un gran numero di problemi sia per i bambini che per gli insegnanti. Una commissione mista di genitori e insegnanti italiani e svizzeri a Berna ha proposto varie soluzioni:
1 Le lezioni di lingua e cultura italiane dovrebbero essere integrate nell'orario svizzero. Non dovrebbero essere fatte solo nelle ore in cui il ragazzo potrebbe integrarsi meglio nella classe, cioè durante le lezioni di canto, di ginnastica, ecc.
2 I voti di lingua e cultura dovrebbero far parte della pagella svizzera e avere lo stesso valore del tedesco.
3 Gli insegnanti dei corsi di lingua e cultura dovrebbero partecipare alle riunioni degli insegnanti svizzeri.
4 I genitori stranieri dovrebbero far parte della direzione scolastica. Si dovrebbero creare delle commissioni miste per risolvere i problemi pedagogici.
Noi con voi (Berna, 1981)

Conversazione:
Secondo Lei, i figli dei lavoratori stranieri dovrebbero frequentare i corsi di cultura e lingua del loro paese di origine o no? Perché?

L'uomo tutto programmato

3 Ci manca il personale – facciamo inorridire gli studiosi stranieri

Esiste una domanda culturale nuova che fa cambiare il ruolo del museo nella formazione culturale del cittadino. Che cosa bisognerebbe cambiare? Risponde Giorgio Bonsanti che dirige a Firenze la Galleria dell'Accademia, il museo di San Marco, le Cappelle Medicee.

D – Che cosa si dovrebbe fare?
R – Presentare il museo in modo nuovo. Facendolo vedere, con le sue collezioni, come un qualcosa che è legato alla storia della propria città, alla nostra civiltà, alla vita di ciascuno.
Ogni città dovrebbe avere il suo piccolo museo in cui la gente riconosce gli oggetti che fanno parte della sua storia.

D – Quali provvedimenti potrebbero favorire questo processo?
R – Occorre che le opere siano bene restaurate e bene esposte. Poi: che i depositi siano ordinati e visibili al pubblico. Che il personale sia sufficiente, per numero e qualificazione. Che siano colmate alcune lacune che fanno inorridire i nostri colleghi stranieri: nei tre musei che dirigo, ad esempio, non esiste personale intermedio fra direzione e custodi, non c'è un dattilografo, non un impiegato, non un operatore culturale.
Infine: che si modifichi il burocratismo con cui è stata approvata e applicata la legge dell'estate scorsa, che ha aumentato il prezzo dei biglietti d'ingresso nei musei e ha tolto a tutti l'accesso gratuito. In tal modo si punisce lo studente, lo studioso, l'appassionato, il ricercatore.   *Stampa – Tuttolibri*

Conversazione:
Secondo Lei, basterebbero questi provvedimenti? Bisognerebbe fare alto?

Grammatica: vedi lezione 26, § 28 (Il condizionale).

Musei italiani
– Si può visitare la Cena?
– No, stanno ancora mangiando

Esercizi strutturali 35

1 Esempio: Non so che cosa sia più fastidioso: vivere in città o fare il pendolare.
  Risposta: Io starei per dire che fare il pendolare è molto più fastidioso.

   Non so che cosa sia più rapido: la macchina o il treno.
   Non so che cosa sia più comodo: mangiare a casa o alla mensa.
   Non so quale città sia più bella: Firenze o Venezia.
   Non so dove faccia più caldo: a Firenze o in Sicilia.

2 Esempio: Mi dispiace, ho dimenticato i tuoi libri.
  Risposta: Potresti portarmeli domani?

   Mi dispiace, ho dimenticato la tua guida.
   Mi dispiace, ho dimenticato il tuo apparecchio.
   Ci dispiace, abbiamo dimenticato i vostri dischi.
   Ci dispiace, abbiamo dimenticato il vostro registratore.
   Mi dispiace, ho dimenticato i Suoi appunti.
   Mi dispiace, ho dimenticato la Sua documentazione.

3 Esempio: Vieni anche tu al mare?
  Risposta: Ci verrei volentieri, ma non ho tempo.

   Vai anche tu al concerto?
   Andate anche voi alla spiaggia?
   Venite anche voi a fare una passeggiata?
   Restate anche voi per la conferenza del presidente?
   Resti anche tu per il ricevimento?

4 Esempio: Perché non sei venuto?
  Risposta: Sarei venuto, ma non ero informato.

   Perché non siete venuti?
   Perché non sono venuti i tuoi amici?
   Perché non è venuto il signor Ferrari?
   Perché non è venuta la signorina Rizzoli?
   Perché non sei venuto, Carlo?
   Perché non è venuta, signorina?

5 Esempio: Perché non hai scritto?
  Risposta: Avrei scritto, ma non avevo più tempo.

   Perché non hai telefonato?
   Perché non avete telefonato?
   Perché non avete scritto?
   Perché non l'ha mandato, signore?
   Perché non l'avete mandato, signori?
   Perché non l'ha riparato il meccanico?

Perché non l'hanno riparato subito, alla rimessa?
Perché non avete fatto il bagno?

6 Esempio: Dunque, i banditi lo rilasceranno?
  Risposta: Lo rilascerebbero domani, ma non ci credo.

Dunque, il papa convocherà il concilio?
Pensi che il Messico farà partire Gelli?
Allora faranno il processo?
Credi che ridurranno il prezzo della benzina?
Quando lo si deciderà?
Quando lo si farà?

Esercizi scritti 35

Fate voi il notiziario della radio!

7 In una località nelle vicinanze di Berna si è iniziata ieri, in assoluta segretezza, una conferenza dei ministri dell'Interno di cinque paesi europei. L'Italia è rappresentata dal ministro Rognoni. I colloqui, che devono concludersi stamane, vertono sui diversi aspetti del terrorismo e della criminalità organizzata. All'ordine del giorno figura anche il recente attentato contro il Papa. Per ragioni di sicurezza, le autorità non rivelano il nome della località.

Adesso aggiungete: da fonte bene informata si è appreso che i colloqui... e mettete i verbi al condizionale.

8 A Roma, tre banditi hanno sequestrato il cardinale Giglio quando questo si recava a una riunione del Sacro Collegio nella Città del Vaticano. Il Fronte di Liberazione dei Preti non chiede denaro, invece sollecita un nuovo Concilio sul celibato dei preti e sul ministero delle donne come preti. Rilasceranno il cardinale Giglio quando il Papa prometterà di convocare il Concilio. Il Papa non decide nulla senza il cardinale Giglio.

Aggiungete: secondo un comunicato-stampa... Negli ambienti vaticani si dice però che...

Trentaseiesima lezione
La donna che lavora   36

A1 La donna nei proverbi e detti popolari italiani
1. La donna perfetta è quella che «a piasa, a tasa, a stia in casa» (che piaccia, che taccia, che stia in casa).   (veneto)
2. Le buone donne non hanno né occhi né orecchi.
3. Nel marito prudenza, nella moglie pazienza.
4. Da donna in calzoni Dio ti scampi.
5. I fatti son maschi e le parole son femmine.
6. Tre donne e un pollo fanno un mercato, e quattro una fiera.
7. Le donne hanno i capelli lunghi e il cervello corto.   (bolognese)
8. Moglie e buoi dei paesi tuoi.
   Ed ecco ancora due citazioni letterarie:
9. Donna ..., non ti conviene che tu stia altro che col capo basso e chinato ed essere sotto la custodia dell'uomo.   (S. Bernardino, 1400)
10. Dice che non era la moglie e la madre ideale. Che teneva la casa sporca, che non vuotava i portacenere, che non puliva il bagno, che non apprezzava il fatto di aver trovato un marito e una casa. (Maurizio Arena a proposito della moglie, in: **Gente,** Milano, dicembre 1972)

Esercizio di conversazione
Scegliete uno tra i detti o proverbi e commentatelo.

A2

Da *Il Mago,* n. 19, 1973, Mondadori, Milano

Esercizio di conversazione
L'autore del fumetto ha riportato due risposte alla domanda di Mafalda (così si chiama la bambina protagonista). Quali aspetti della donna vorrebbe illustrare? Sono aspetti caratteristici della donna italiana soltanto o sono universali?

1 **La donna che lavora**
E se un bimbo si ammala?
Io lavoro in un reparto dove siamo tutte donne, ma mai che siamo riuscite a raggiungere la produttività giusta, a causa delle assenze dal lavoro che sono in media del 30%. Io a volte ho vergogna e pur essendo donna dico: – Ma 'ste benedette donne che fanno? Stanno sempre a casa?!
Poi le vai a sentire: «Io ho avuto il bambino con la febbre a 39!».
«Il mio ha preso la pertosse».
Del resto se un bimbo s'ammala chi lo cura?
Oggi hanno approvato che può restare a casa anche il babbo, ma questo servirà forse per la prossima generazione, noi siamo venute su con altre idee, gli uomini non saprebbero da che parte iniziare e perciò ... con la legge o senza legge, se un bimbo s'ammala chi deve restargli vicino è la mamma.

Operaia Pirelli

Da un'indagine condotta su 54 aziende di Milano e provincia:
A chi affidano i figli durante le ore di lavoro? Soltanto l'11 per cento può disporre di un asilo nido (il 9 per cento delle operaie e il 14 per cento delle impiegate), mentre il 55 per cento ricorre alla assistenza di qualche familiare, e il 34 per cento a un'assistenza a pagamento. Ma spesso anche la persona di famiglia deve essere retribuita, perché anche lei ha bisogno di guadagnare e magari abbandona un'altra attività per permettere alla parente di andare a lavorare.
Dice la signora Angela P., impiegata: «Su 380 000 lire che guadagno, devo darne 150 000 a mia madre che ha lasciato il suo lavoro per occuparsi dei miei due figli».
Se un figlio si ammala chi lo assiste? Il 55 per cento delle lavoratrici deve farlo personalmente, il 31 per cento ricorre all'assistenza di un familiare, l'8 per cento a quella a pagamento, mentre il 6 per cento può contare su quella del marito.
C'è poi un 15 per cento che deve occuparsi anche degli anziani, e nella maggioranza dei casi lo fa direttamente. Infine il 70 per cento ha sulle spalle tutto il lavoro da fare in casa, mentre il restante 30 per cento può avere l'aiuto del marito o di qualche familiare o di una domestica a ore.
Ora nelle coppie giovani si comincia anche da noi a poter contare sul-

l'uomo per avere una mano in casa, ma siamo ancora lontani da quella interscambiabilità dei ruoli – per cui ognuno può fare il lavoro dell'altro – che si prevede per il futuro.

Gabriella Parca, *Il Giorno,* 1977

Conversazione: Fra industriali si parla dell'assenteismo femminile. Lei difende gli aspetti sociali della donna-madre e della donna-lavoratrice.

B2 **Cosa spinge la donna ad avere un lavoro fuori di casa?**
L.F. – operaia: Oggi se non si lavora non si riesce a vivere. Ci rinuncerei volentieri se potessi, mi logoro, arrivo a casa a sera e devo riprendere a lavorare da capo e i figli se li godono gli altri. È la signora che ha in cura il piccoletto che mi viene a dire: sa oggi ha provato a dire acqua, oggi ha cercato di alzarsi in piedi ... Queste cose non sono io a gustarle per prima.

A.G. – commessa: In casa oggi il lavoro è ridotto, grazie agli elettrodomestici; con un po' di organizzazione soprattutto responsabilizzando tutti in famiglia, dal piccolo al grande, di tempo ne rimane abbastanza. E io questo tempo lo dedico volentieri al lavoro perché mi sento più contenta rispetto a quando sono chiusa nelle quattro pareti di casa.

G.P. – insegnante: Io penso che in ogni caso, anche quando la donna svolge un lavoro, il più semplice e il meno qualificato, c'è in lei il desiderio e la coscienza di sentirsi *protagonista,* di vivere cioè in prima persona i problemi della società e non sempre tramite la mediazione del marito o padre che sia.

La donna oggi è presente nella società oltre che con il lavoro anche in altri modi. Quali?
P.B. – sociologa: Oggi i problemi sociali più urgenti sono quelli sanitari, scolastici, sindacali, dello sport e essi sono conosciuti dalle donne e anche dibattuti, ma da qui a decidere di entrare nelle strutture, es. comitati di quartiere, organi collegiali di scuola, consigli di fabbrica, consulte femminili il passo non è breve come si può pensare. Legate come sono ancora oggi alla casa e ai figli, le donne incontrano troppi problemi a inserirsi in questi organismi che spesso hanno la caratteristica del volontariato.

B.P. – operaia – membro del consiglio di fabbrica a Villafranca: Da noi le donne non si fanno avanti perché si sentono incapaci a svolgere attività che per tanto tempo sono state svolte solo dagli uomini. La donna finisce con l'autoescludersi.

Qual è la situazione della donna come impegno scolastico?
P.B. – La donna ha accresciuto il suo grado di scolarità. Si pensi che prima dell'obbligatorietà della scuola media, rappresentava appena ⅓ della popolazione scolastica: ora invece è pari a quella maschile.
Tuttavia le donne preferiscono scegliere indirizzi scolastici che poi consentono l'insegnamento. Molte si laureano in fisica, chimica, ma il più delle volte anziché lavorare in istituti di ricerca, finiscono nell'insegnamento. Ciò per una ragione molto semplice: la scuola consente alle donne di mantenere il doppio ruolo di lavoratrice e casalinga con il minore disagio.

da *Grazia,* Mondadori, Milano, settembre 1974.

Esercizio di conversazione
Per la signora:
In Italia Le domandano che attività svolge e se è facile, per una donna, trovare lavoro in Germania/Svizzera/Austria.
Che cosa risponde
a) se svolge effettivamente un'attività professionale fuori casa?
b) se non vuole o non può svolgere un'attività professionale fuori casa?

Per il signore:
A che condizioni e in che situazioni sarebbe Lei d'accordo che la donna sposata svolgesse un'attività professionale fuori casa?

Commentate questi grafici:
Oggi in Italia:
- a **10 anni** studiano
  il 99% dei bambini
  il 98% delle bambine
- a **13 anni** studiano
  l'81% dei ragazzi
  il 66% delle ragazze
- a **14 anni** studiano
  il 62% dei ragazzi
  il 48% delle ragazze
- a **17 anni** studiano
  il 32% dei ragazzi
  il 21% delle ragazze
- a **19 anni** studiano
  il 20% dei giovani
  il 11% delle giovani
- a **20 anni** studiano
  il 16% dei giovani
  il 8% delle giovani

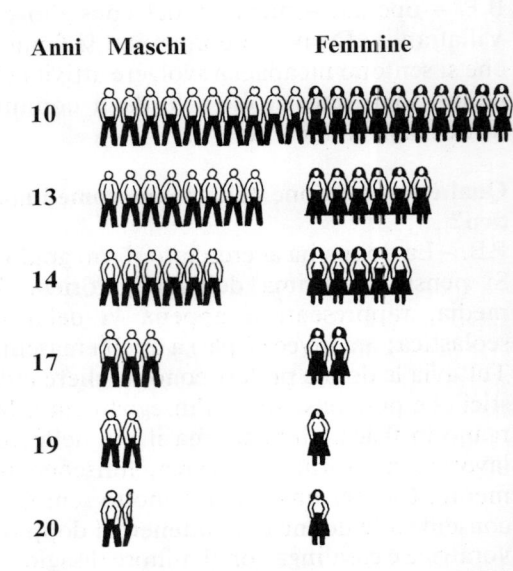

Da: P. Gagliardi, *Donna perché?* Minerva Italica, 1976.

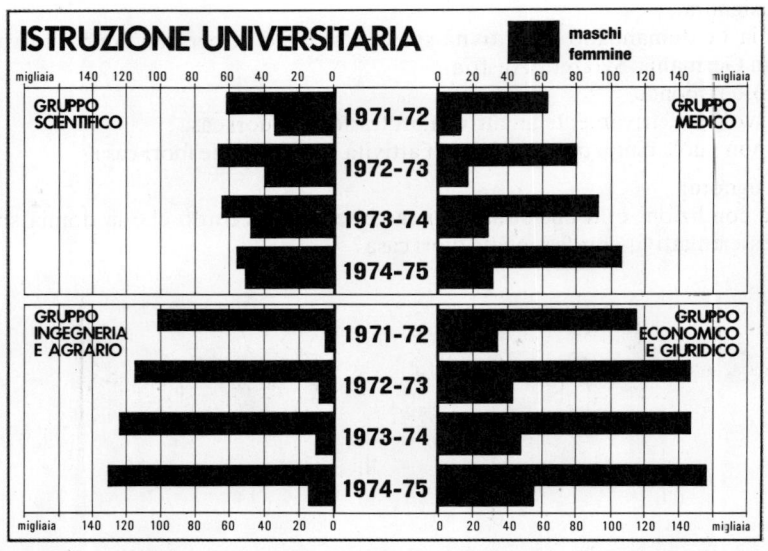

Da: Giulia Ciriaci, *La donna che lavora nella società d'oggi,* Editrice La Scuola, 1978.

3 Se ci fosse stato un uomo!

Mi chiamo Chiara A. Sono una donna ingegnere. Per conseguire questo titolo di studio ho dovuto condurre una vera battaglia con i miei che mi preferivano insegnante perché sostenevano che è un'attività che meglio si adatta alla donna. Invece l'ho spuntata io e dimostrando di valere sono arrivata ad un incarico direttivo.
Ciò vuol dire che stabilisco contatti con i clienti, prendo iniziative, coordino il lavoro di altri tecnici; ingegneri (maschi), disegnatori (maschi).
Se tutto ciò da una parte ha soddisfatto il mio naturale orgoglio, dall'altra mi sta creando una serie di complicazioni.
Ora la cordialità nell'ambiente di lavoro è solo apparente. Tutti mi stanno con gli occhi puntati sopra; devo stare attenta a non commettere errori, a essere sempre informata. Mi accorgo che certi errori che ad un uomo si perdonerebbero con facilità, a me, in quanto donna, non sono consentiti. Non mancano colleghi desiderosi di mettermi in difficoltà, di cogliermi in fallo per dire: se ci fosse stato un uomo al suo posto!

Esercizio di conversazione
Il signor Tagliacorto è antifemminista. Che cosa direbbe nelle situazioni seguenti?
1 Al semaforo. Un'automobilista – donna – passa col semaforo giallo, mentre il signor Tagliacorto sta per ripartire.
2 Allo sportello della biglietteria delle FS. L'impiegata si fa ripetere il luogo dove vuol andare il sig. Tagliacorto.
3 All'ufficio postale. L'impiegata non ha sentito che il sig. Tagliacorto vuole spedire una busta come «stampa» e sta per dargli il francobollo per una lettera.

Grammatica

§ 47 Il periodo ipotetico

La proposizione con «se»: l'ipotesi	La proposizione principale: la conseguenza	
Indicativo Se un bimbo s'ammala	**Indicativo** è la mamma che deve restargli vicino.	a) Riferendosi al presente, si vuole esprimere una realtà, una certezza, una probabilità
Se si faranno le nuove linee ferroviarie regionali	i pendolari perderanno meno tempo nei viaggi.	
Se avete lavorato bene	potete uscire stasera.	Per i tempi del verbo, cf. lez. 30, § 33
Congiuntivo imperfetto Se potessi Se fossi uomo	**Condizionale semplice** ci rinuncerei volentieri. certi errori mi si perdonerebbero.	b) Riferendosi al presente, si vuole esprimere un'ipotesi irreale o poco probabile
Forme: vedi § 48	Forme: vedi lez. 22, § 14	
Altre combinazioni: Se corri	potresti raggiungerlo.	
Congiuntivo trapassato Se ci fosse stato un uomo	**Condizionale composto** non avrebbe commesso questi errori.	c) Riferendosi al passato, si vuole esprimere un'ipotesi irreale senza la minima probabilità di realizzarla ancora
Se avessero scritto Forma popolare:	mi sarei rallegrato.	
Indicativo imperfetto Se me lo dicevi Se mi scrivevano	**Indicativo imperfetto** ti aiutavo. li andavo a prendere alla stazione.	d) Tipo di periodo popolare che esprime lo stesso come c)

8 Il congiuntivo imperfetto e trapassato

Infinito:	andare	fare	dire	venire	essere	stare/dare
imperfetto indicativo:	andavo	facevo	dicevo	venivo	(ero)	(stavo)
imperfetto congiuntivo						
io	andassi	facessi		venissi		stessi
tu	andassi		dicessi		fossi	dessi
egli	andasse	facesse		venisse		stesse
noi	andassimo		dicessimo		fossimo	dessimo
voi	andaste	faceste		veniste		steste
essi	andassero		dicessero		fossero	dessero

piuccheperfetto:			
ero	stato	avevo	fatto
trapassato congiuntivo:			
fossi	stato	avessi	fatto
fossi	stato	avessi	fatto
fosse	stato/a	avesse	fatto
fossimo	stati/e	avessimo	fatto
foste	stati/e	aveste	fatto
fossero	stati/e	avessero	fatto

Esercizi strutturali 36

1 Esempio: Comprerei questa macchina, ma non ho soldi.
  Risposta: Se avessi soldi, comprerei questa macchina.
  Leggerei questo romanzo, ma non ho tempo.
  Andrebbe a quel concerto, ma non ottiene più un biglietto.
  Faremmo una bella passeggiata, ma piove.
  Potreste venire con noi, ma non vi piace il calcio.
  Potresti venire con me, ma non ti piace il tennis.
  Farebbero il bagno, ma l'acqua non è calda.
  Vinceresti, ma giochi proprio male.
  Ti aiuterei, ma tu devi telefonarmi prima.

2 Esempio: Non posso venire. Ho molto lavoro.
  Risposta: Capisco bene. Se avessi tanto lavoro, non verrei neanch'io.
  Non posso comprarlo. Ho già molto bagaglio.
  Non desidero imparare lo spagnolo. Parlo già sei lingue.
  Non voglio venire. Sono molto stanco.
  Non voglio restare qui. Ho già fatto tante esperienze negative.
  Non faccio la passeggiata. Ho molti impegni.
  Non salgo sulla montagna. Ho mal di testa.

3 Esempio: Non mi sono presentanto all'esame.
  Risposta: Al tuo posto mi ci sarei presentato.
               Non ho scritto a Maria.
               Non ho prenotato la camera.
               Non sono andato all'esposizione.
               Non sono salito sulla Torre di Pisa.
               Non mi sono rivolto al segretario.
               Non mi sono iscritto al corso di storia.
               Non ho fatto controllare la macchina.

4   Aggiungete voi una conseguenza!

               Se prendete il treno delle otto, ...

               Se lavorassi di più, tu ....

               Se l'avessi saputo, ...

               Se fossi stato al tuo posto, ...

               Se fossi uomo / donna, ...

               Se cambiassi mestiere, ...

               Se avessi vent'anni, ...

5   Aggiungete voi una condizione!

               ...., riusciresti certamente.

                                       ...., sarebbe venuto.

                                       ...., l'avrebbero fatto.

                                       ...., andrei a fare una passeggiata.

                                       ...., verrò con te.

                                       ...., arrivo un'ora prima.

                                       ...., ce la farei in un'ora.

                                       ...., l'avremmo comprato.

6   **I proverbi dei mesi. Interpretate i proverbi:**
  Esempio: Anno di neve, anno di bene.
  Risposta: Se c'è molta neve, l'anno sarà buono.
               Gennaio asciutto, contadino ricco.
               Sotto la neve pane, sotto l'acqua fame.
               Febbraio nevoso, estate gioiosa.
               Marzo nuvoloso, aprile piovoso.
               Tardi la Pasqua, tardi la frasca.
               Verde Natale, bianca Pasqua.
               Aprile piovoso, maggio ventoso, anno fruttuoso.
               La pioggia di settembre è veleno per l'uva.

Se Leonardo fosse stato una casalinga
Il genio ha i calzoni
Parma, giugno. Vorrei sapere cosa rispondere a mio marito quando, discutendo di parità tra uomo e donna, lui finisce col chiudere il discorso dicendo: «Se le donne valessero qualcosa ci sarebbe stato almeno un Leonardo da Vinci donna. Poiché invece nessuna donna è stata davvero grande vuol dire che siete inferiori».
Se ripenso a quel poco che ho letto a scuola di storia, di filosofia, di costume, di scienze mi sembra di capire che se non c'è stato un Leonardo da Vinci donna, non dipende dal fatto che noi siamo inferiori o preparate a una funzione creativa diversa, cioè la maternità al posto dell'arte, per esempio. Ma alle donne non è mai stato concesso fino a poco tempo fa di studiare, di avere delle esperienze, di vivere delle avventure vitali, di uscire di casa, di essere indipendenti, di liberarsi dalla costrizione del matrimonio, dal passaggio dalla delega paterna a quella maritale. Me lo sono chiesto spesso; se Leonardo da Vinci avesse avuto una sorella (e magari l'ha avuta), intelligente come lui o più di lui, costei come sarebbe potuta diventare simile a Leonardo da Vinci se le avessero insegnato solo a suonare il liuto, se a 14 anni l'avessero maritata a uno sconosciuto che l'avesse chiusa in casa a fare figli, senza parlare, senza leggere?

Lettera firmata a *Il Giorno,* Milano 24 giugno 1973.

Programma: **Il periodo ipotetico:**
1 Da Firenze a Roma il treno ci mette attualmente tre ore. E' un viaggio un po' lungo.
  Se faranno la nuova linea Firenze–Roma, il viaggio sarà più comodo.
  Ecco la condizione: Devono costruire la nuova linea:
  Questa **condizione** è **reale:** sta al futuro **indicativo.**

  Ecco la conseguenza: Poi il viaggio sarà più comodo.
  Questa **conseguenza** è **reale:** sta pure al **futuro indicativo.**

  Facciamo altri esempi.
  Condizione: Conseguenza:
  Devo riuscire all'esame.   Andrò in Italia.
  Periodo ipotetico:

  Se ....

  Condizione: Conseguenza:
  Deve fare bel tempo.   Partiremo.
  Periodo ipotetico:

  Se ....

Condizione: Conseguenza:
Dobbiamo partire presto.   Ci arriveremo in tempo.
Periodo ipotetico:

Se ....

Condizione: Conseguenza:
Dovete venire da noi.   Lo vedrete.
Periodo ipotetico:

Se ....

2 Guardiamo la frase seguente:
Ci rinuncerei volentieri se potessi.
Ecco la condizione: se potessi.
Questa **condizione** è **possibile**: sta al **congiuntivo imperfetto**.
Ecco la conseguenza: ci rinuncerei volentieri.
Questa conseguenza è **dubbiosa**: sta nel condizionale presente.

Facciamo altri esempi:
Condizione: Conseguenza:
Mi piacerebbe **avere** quella villa.   **Sarei** contento.
Periodo ipotetico:
Se avessi quella villa   sarei contento.

Condizione: Conseguenza:
Mi occorrerebbe **andare** in Italia.   Imparerei l'italiano.
Periodo ipotetico:

Se ....

Condizione: Conseguenza:
Dovresti **uscire**?   Potresti riposarti un po'.
Periodo ipotetico:

Se ....

3 **Studiamo le forme del condizionale:**

infinito	radicale del futuro	desinenze del condizionale	forma
comprare	comprer(-ò)	-ei	comprerei
leggere	legger(-ai)	-esti	leggeresti
finire	finir(-à)	-ebbe	finirebbe
scrivere	scriver(-emo)	-emmo	scriveremmo
arrivare	arriver(-ete)	-este	arrivereste
partire	partir(-anno)	-ebbero	partirebbero

Esercizio: mettete al condizionale!

leggerò   leggerei   leggeremo   leggeremmo

scriverò   ....scriveremo   ....

scriverà   ....scriveranno   ....

chiuderai ....chiuderete   ....
potrai   ....potrete   ....
vorrò   ....vorrete   ....
verrò   ....verremo   ....

4 Il condizionale irregolare si forma come il futuro irregolare:
   a) cade la vocale caratteristica dell'infinito:
       andare   futuro: andrò   condizionale: ....
       sapere   ....
       potere   ....
       vedere   ....
       avere   ....
   b) assimilazione:
       venire   verrò   ....
       tenere   terrò   ....
       volere   vorrò   ....
       rimanere rimarrò   ....
   c) essere   sarò   ....
       dare   darai   daresti
       stare   starà   ....
       fare   faranno   ....

5 **Esercizio**

Non posso venire perché non ho tempo.   Verrei, ma non ho tempo.

Non possiamo farlo perché non abbiamo   ....
tempo.

Non potete venire, perché non avete   ....
tempo.

Non possono venire perché devono   ....
lavorare.

Non puoi saperlo perché non sei   ....
informato.

Non può comprarlo perché non è ricco.   ....

233

6 **Ecco la formazione del congiuntivo imperfetto**

Imperfetto indicativo	desinenze del congiuntivo io	tu	egli	noi	voi	essi	forma	essere	stare/dare
face-vo	-ssi						facessi	fossi	stessi
dice-vo		-ssi					dicessi	fossi	dessi
veni-vo			-sse				venisse	fosse	stesse
anda-vo				-ssimo			andassimo	fossimo	dessimo
pone-vo					-ste		poneste	foste	steste
fini-vo						-ssero	finissero	fossero	dessero

Esercizio

Lo farei ma non ho tempo. Lo farei se avessi tempo.

Lo farei ma non posso. ....

Lo direbbe ma non può. ....

Lo diremmo ma non lo sappiamo. ....

Le risponderei ma non so dove abita. ....

Rimarrei ma non c'è posto. ....

Rimarremmo ma non ci sono delle camere. ....

Ci andreste ma non lo conoscete. ....

7 Guardiamo la frase seguente:
Se avessi avuto tempo sarei venuto.

Ecco la condizione: se avessi avuto tempo.
Questa **condizione** è **irreale**: sta al **congiuntivo trapassato**.

Ecco la conseguenza: sarei venuto.
Questa **conseguenza non** si **è realizzata**: sta al **condizionale passato**.

Facciamo altri esempi:
Dovevo avere tempo. L'avrei fatto.
Se avessi avuto tempo l'avrei fatto.
Dovevo essere ricco. L'avrei comprato.

Se ....

Dovevo prenotare la camera. Avrei avuto meno difficoltà.
Periodo ipotetico:

Se ....

Dovevo informarmi meglio. L'avrei saputo.
Periodo ipotetico:

Se mi ....

234

8 **Mettete al condizionale passato:**

Lo farei, ma non ho tempo.   L'avrei fatto, ma non avevo tempo.

Lo faremmo, ma non abbiamo tempo. ....

Verreste, ma non avete tempo.   ....

Verrebbero, ma devono lavorare.   ....

Lo sapresti, ma non sei informato.   ....

Lo comprerebbe, ma non è ricco.   ....

condizionale passato
con «avere»:   con «essere»:
avrei comprato   sarei venuto   (-a)
avresti letto   saresti venuto   (-a)
avrebbe finito   sarebbe venuto   (-a)
avremmo scritto   saremmo andati   (-e)
avreste saputo   sareste arrivati (-e)
avrebbero fatto   sarebbero partiti (-e)

9 **Il congiuntivo trapassato**
Formazione con «avere»:   con «essere»:
io   avessi fatto   fossi stato (-a)
tu   avessi fatto   fossi stato (-a)
lui   avesse fatto   fosse stato
lei   avesse fatto   fosse stata
noi   avessimo fatto   fossimo stati (-e)
voi   aveste fatto   foste stati (-e)
loro   avessero fatto   fossero stati (-e)

L'avrei fatto, ma non avevo tempo.   L'avrei fatto se avessi avuto tempo.

L'avremmo fatto, ma non avevamo tempo.   ....

Sareste venuti, ma non avevate tempo.   ....

Sarebbero venuti, ma dovevano lavorare.   ....

L'avresti saputo, ma non eri informato.   ....

L'avrebbe comprato, ma non era ricco.   ....

10 Lo farei se avessi tempo.   L'avrei fatto se avessi avuto tempo.

Lo farei se potessi.   ....

Lo direbbe se potesse.   ....

Lo diremmo se lo sapessimo.   ....

Le risponderei se sapessi dove abita. ....
Rimarrei se ci fosse posto. ....
Rimarremmo se ci fossero delle camere. ....
Ci andreste se lo conosceste. ....

11 Lo farò, ma devo avere tempo. Lo farò se avrò tempo.
    Lo farei, ma devo avere tempo. Lo farei se avessi tempo.
    L'avrei fatto, ma dovevo avere tempo. L'avrei fatto se avessi avuto tempo.
    Verrò, ma devi accompagnarmi. ....
    Verrei, ma sono troppo stanco. ....
    Sarei venuto, ma ero troppo stanco. ....
    Rimarrò, ma devo trovare una camera più tranquilla.
    Rimarrà, ma devi dargli un po' di denaro. ....
    Rimarrebbe, ma non ha soldi. ....
    Saremmo rimasti, ma non avevamo soldi.
    Lo comprerei, ma non sono ricco. ....
    L'avremmo comprato, ma non siamo milionari. ....

12 Non vengo perché devo lavorare. Verrei se non dovessi lavorare.
    Non vieni perché sei troppo stanco? ....
    Non viene perché è troppo stanca. ....
    Non andiamo perché dobbiamo restare a casa.
    ....
    Non vanno in Italia perché ci sono troppi scioperi.
    ....
    Non partite perché temete il temporale. ....
    Non parto perché la mia macchina ha un guasto. ....

Trentasettesima lezione
Passivo o attivo? 37

Il notiziario della radio (comprensione auditiva)
Signore e signori, ben tornati all'appuntamento con «Panorama del giorno», il quotidiano d'informazione di Radio Svizzera Internazionale che vi è presentato in questa sua prima edizione settimanale da Fabio Mariani al microfono e da Bernardo Walter in regia tecnica.
Il sommario prevede oggi sei servizi tutti dall'estero. Per cominciare un bilancio finale della conferenza Nord-Sud di Cancun che è stata giudicata positivamente da quasi tutti i partecipanti. Poi una nota da Bruxelles sulla marcia per la pace che vi si è svolta ieri. Manifestazioni analoghe si erano avute anche a Roma e a Londra sabato e a Parigi pure ieri.
Italia. Si è concluso con una serie di pesanti condanne il processo di Viterbo contro quattro esponenti di Prima Linea accusati dell'omicidio di due carabinieri. Maurice Sevignani, Roberto Vitelli e il latitante Sergio Segio sono stati condannati all'ergàstolo. 13 anni di reclusione sono stati inflitti a Roberto Viscardi che con le sue confessioni ha aiutato gli inquirenti a smantellare l'organizzazione terroristica.
Si è iniziata verso le 16 a Roma la grande manifestazione per la pace organizzata dal Partito Comunista e dagli altri partiti di sinistra. I manifestanti – circa 100 000 – hanno deciso di percorrere le vie della capitale fermandosi davanti alle ambasciate degli Stati Uniti e dell'Unione Sovietica e davanti al Ministero Italiano della Difesa.
Berna. Il consiglio federale ha pubblicato le norme che disciplineranno nel 1982 l'immigrazione di manodopera estera in Svizzera. La popolazione straniera residente in Svizzera è in leggero aumento. Nel corso dei primi otto mesi dell'anno si è registrato un incremento di 8600 unità. Nello stesso periodo è salito anche il numero degli stagionali che a fine agosto erano 10 000 in più. Nel 1982 l'immigrazione sarà controllata e limitata esattamente come finora. I cantoni potranno rilasciare al massimo 7000 nuovi permessi annuali. Rimane invariata la chiave di ripartizione che assegna al Ticino 331 autorizzazioni.

Esercizio di comprensione auditiva
Ascoltate le notizie una prima volta. Poi dite di che cosa si è parlato.
Si è parlato: sì   no
 1 Della conferenza con Fabio Mariani.
 2 Del servizio militare all'estero.
 3 Della conferenza Nord-Sud di Cancun.
 4 Di una gara di calcio Bruxelles contro Parigi.
 5 Di un processo contro terroristi.
 6 Del Partito Socialista italiano.
 7 Di una corsa ciclistica a Roma.
 8 Dell'immigrazione di manodopera estera in Svizzera.
Ascoltate le notizie una seconda volta. Le frasi seguenti
sono giuste o sbagliate?   G   S
 9 Il «Panorama del giorno» è una trasmissione d'informazione
    della Radio Svizzera Internazionale.
10 La conferenza di Cancun è stata un successo.
11 Ci sono state marce per la pace a Bruxelles, Roma, Londra,
    ma non a Parigi.
12 Tre terroristi sono stati condannati all'ergastolo, ma uno di
    essi non è in Italia.
13 Roberto Viscardi è un terrorista che ha aiutato la polizia.
14 I manifestanti si sono fermati davanti alle ambasciate americana e russa e davanti al Ministero Italiano della Difesa.
15 L'aumento della popolazione straniera residente in Svizzera
    non è stato grande nel 1981.
16 Nel 1982 i cantoni potranno permettere a 7000 stranieri in
    tutto di lavorare in Svizzera.

Chi ha
17 giudicato positivamente la conferenza Nord-Sud di Cancun?
    a) i partecipanti.
    b) i giornali.
    c) l'estero.
    d) una nota di Bruxelles.

18 organizzato la manifestazione per la pace a Roma?
    a) il PCI.
    b) il PCI e gli altri partiti di sinistra.
    c) l'ambasciata sovietica.
    d) i manifestanti.

Che cosa significa
19 giudicare:
    a) criticare.
    b) trovare qualcosa o qualcuno buono o cattivo.
    c) dire la sua opinione a proposito di qualcosa.
    d) pesare il pro e il contra.

20 l'omicidio:
   a) l'azione di rubare.
   b) l'azione di uccidere qualcuno.
   c) l'azione di offendere qualcuno.
   d) l'azione di battersi con qualcuno.

21 latitante:
   a) assente.
   b) non presente.
   c) presente.
   d) ammalato.

22 l'ergastolo:
   a) la pena a vita.
   b) la morte.
   c) la reclusione a vita.
   d) un'ergoterapia.

23 l'incremento:
   a) la diminuzione.
   b) l'aumento.
   c) la perdita.
   d) il cambio.

Esercizio di analisi grammaticali
Nel testo che avete sentito ci sono delle forme verbali passive. Le sapete distinguere dalle forme attive?

		la frase è attiva	passiva
1	il quotidiano vi è presentato	....	....
2	la conferenza è stata giudicata	....	....
3	la marcia si è svolta	....	....
4	manifestazioni analoghe si erano avute	....	....
5	si è concluso	....	....
6	quattro esponenti accusati dell'omicidio	....	....
7	S.,V.,S. sono stati condannati	....	....
8	13 anni di reclusione sono stati inflitti	....	....
9	Viscardi ha aiutato gli inquirenti	....	....
10	si è iniziata la manifestazione	....	....
11	una manifestazione organizzata dal P.C.I.	....	....
12	i manifestanti hanno deciso di percorrere	....	....
13	fermandosi davanti alle ambasciate	....	....
14	si è registrato un incremento	....	....
15	il numero è salito	....	....
16	l'immigrazione sarà controllata e limitata	....	....
17	rimane invariata la chiave di ripartizione	....	....

Grammatica

§ 49 La forma passiva

Forma passiva	Forma attiva
Il quotidiano d'informazione di Radio Svizzera Internazionale vi è presentato da Fabio Mariani al microfono e da Bernardo Walter in regia tecnica.	Fabio Mariani al microfono e Bernardo Walter in regia tecnica vi presentano il quotidiano d'informazione di Radio Svizzera Internazionale.
I terroristi sono stati condannati all'ergastolo.	(Loro = i tribunali) hanno condannato i terroristi all'ergastolo.
L'immigrazione sarà controllata e limitata esattamente come finora.	Controlleranno e limiteranno l'immigrazione esattamente come finora. (Loro = le autorità.)

Forme

ausiliare: **essere**	ausiliare: **venire**	costrutto riflessivo:
al presente:		
8sono chiamato	vengo chiamato	
sei chiamato	vieni chiamato	
Carlo è chiamato	viene chiamato	Si chiede un agente.
Maria è chiamata	viene chiamata	
(impersonale) –	–	Oggi non si lavora.
siamo chiamati	veniamo chiamati	
siete chiamati	venite chiamati	
I due sono chiamati	vengono chiamati	Si chiedono due agenti.
Esse sono chiamate	vengono chiamate	
all'imperfetto		
era rifiutato	veniva rifiutato	Si rifiutava l'handicappato.
erano rifiutati	venivano rifiutati	Si rifiutavano gli invalidi.
al passato remoto:		
fu fondato	venne fondato	si fondò
al futuro:		
sarà controllato	verrà controllato	si controllerà
al passato prossimo:		
è stato registrato	–	si è registrato
al piuccheperfetto:		
era stato deciso	–	si era deciso

Un uso passivo particolare: «andare» + participio passato	
La casa va ricostruita.	= La casa deve essere ricostruita.
Il responsabile andrà punito.	= Il responsabile dovrà essere punito.

I participi passati e presenti
a) Il participio passato:

Occorre adattare gli edifici già **costruiti**.	= che sono già stati costruiti.
Partito, mi sono accorto di non avere il mio passaporto.	= quando (dopoché) ero partito.

b) Il participio presente:

Forme:
oper-are   ved-ere   conven-ire
oper-ante   ved-ente   conven-iente

Il participio presente è raro e non si forma di tutti i verbi; ha generalmente la funzione d'aggettivo.

Usi verbali:
simile a quello già **operante** sui diritti del malato.	= simile a quello che opera (= funziona) sui diritti del malato.
sono pericolosi per non **vedenti**.	= per quelli che non vedono.

Esercizi strutturali 37

1 Esempio 1:   Hanno arrestato Gelli.
   Risposta: Chi è stato arrestato?
   Esempio 2:   Hanno annunciato una conferenza Nord-Sud.
   Risposta: Che cosa è stato annunciato?
                Hanno iniziato una manifestazione anti-nucleare.
                Hanno accusato dell'omicidio quel brigatista.
                Hanno registrato un aumento di scioperi.
                Hanno controllato tutti i passeggeri dell'aereo.
                Hanno limitato i permessi di lavoro.
                Hanno cercato un noto mafioso.

2 Esempio 1:   Che cosa è stato deciso?
   Risposta: Non si è deciso niente.
   Esempio 2:   Chi è stato rifiutato?
   Risposta: Non si è rifiutato nessuno.
                Che cosa è stato fatto?
                Chi è stato arrestato?
                Chi è stato accusato?
                Che cosa è stato detto?
                Che cosa è stato annunciato?

[📼] Esempio 3:   Sarà deciso qualcosa?
    Risposta: No, non si deciderà niente.
    Esempio 4:   Sarà condannato qualcuno?
    Risposta: No, non si condannerà nessuno.
                  Sarà fatto qualcosa?
                  Sarà mandato qualcuno?
                  Sarà concluso qualcosa?
                  Sarà presentato qualche candidato?
                  Sarà presentato qualche programma?

[📼] 3 Esempio: Quel passeggero non è stato controllato.
    Risposta: Eppure quasi tutti i passeggeri vengono controllati.
                  Quella macchina non è stata controllata.
                  Quel ritardo non è stato annunciato.
                  Quella manifestazione non è stata permessa.
                  Quella decisione non è stata pubblicata.
                  Quell'iniziativa non è stata promossa da privati.

B L'handicappato: soggetto passivo o attivo?
Il fatto
B1 Secondo le più recenti statistiche, la popolazione degli impediti – per malattie congenite, per gravi infortuni sul lavoro, d'auto o d'altri incidenti – cresce, nel mondo, di sette milioni ogni anno. In altri termini: quasi il 10 per cento della popolazione di ogni paese è portatore di handicap.

Vita Nostra (OAMI), no. 3 (1979)

B2 Handicappati: fratelli nostri
Che cosa chiedono gli handicappati?
Lo riassume *Italia Caritas,* no. 3 (1981):
L'handicappato dovrebbe godere gli stessi diritti di ogni altra persona, e cioè
– il diritto allo studio e alla formazione professionale
– il diritto al lavoro
– il diritto ai servizi socio-sanitari preventivi, riabilitivi, curativi...
– il diritto alla famiglia
– il diritto ad abitare
– il diritto a muoversi, circolare liberamente, comunicare con gli altri, trasferirsi da un luogo all'altro
– il diritto a godere di servizi culturali, ricreativi
Il Ponte, no. 12 (1981) aggiunge:
Si potrebbe anche pensare al servizio civile degli obiettori di coscienza a favore degli handicappati.
Si potrebbe costituire una specie di tribunale per i diritti dell'handicappato, in parte simile a quello già operante sui diritti del malato.

3 Handicappati: speranze

Che cosa è stato realizzato, in Italia?

a) **Integrazione scolastica:** la legge 517 ha permesso di inserire oltre 41 000 bambini handicappati nel solo anno scolastico 1977/78, nella scuola dell'obbligo. Ma ecco il rischio: «La scuola non deve diventare un'area di parcheggio per nessuno, tanto meno per gli handicappati».

Il Ponte, no. 12 (1981)

Al Centro di Formazione Professionale ENAIP di Via Ventura (Milano) 16 ragazzi con handicaps psichici seguono corsi organizzati su quattro attività: fotografia, attività espressive e falegnameria, inserimento parttime nei corsi normali, attività didattica in genere. Il problema: il portatore di handicap psichico deve essere parcheggiato a vita in strutture assistenziali oppure può essere integrato alla vita sociale e alla produzione?

Il giornale dei lavoratori, no. 718 (1981)

b) **Lavoro:** citiamo due esempi per molti. La cooperativa «Molinetto» a Parma riunisce lavoratori handicappati che fanno lavori di rilegatura di libri, di falegnameria, di agricoltura.

Italia Caritas, no. 4 (1981)

Nel Centro agricolo «Le Prata» di Calenzano, un gruppo di genitori di ragazzi handicappati cercano di inserire nella vita attiva persone che presentano difficoltà di adattamento alla vita sociale. La cooperativa produce su sei ettari prodotti per la sua mensa, ma anche conserve e marmellate, ceste in legno per la raccolta dei prodotti. Gli handicappati vi lavorano a tempo pieno.

Laboratori protetti per handicappati esistono anche a Bellinzona e a Piotta (Ticino).

c) **Abitazione:** citiamo, come esempio, un'iniziativa privata, L'Opera Assistenza Malati Impediti (OAMI), fondata da Don Enrico Nardi, sacerdote di Fiesole:

«Le direttive dell'OAMI sono due: 1º assistenza a domicilio diurna e notturna agli impediti e agli anziani attraverso i Gruppi oamisti del volontariato; 2º la creazione di case-famiglia per impediti fisici gravi, irrecuperabili, soli e privi di assistenza e di affetti familiari.

Siamo partiti con niente. All'apertura della prima casa-famiglia nel 1964, la Casa Serena di Piandiscò (Arezzo), avevamo, per spese di tutte le attrezzature interne, 12 mila lire in contanti e 4 milioni di cambiali. Ora si marcia verso le 11 case-famiglia.

In ogni casa-famiglia c'è un gruppo di collaboratori, formato dalla responsabile interna, da un consiglio di famiglia, dai membri impediti della casa, da numerosi volontari. Tutti fanno capo a un consiglio generale. Ci sono, inoltre, in molte città e in molti paesi d'Italia i Gruppi oamisti. Essi collaborano con tutti gli altri gruppi del volontariato, promossi e animati dalla Caritas Italiana».

Vita nostra, no. 3 (1979)

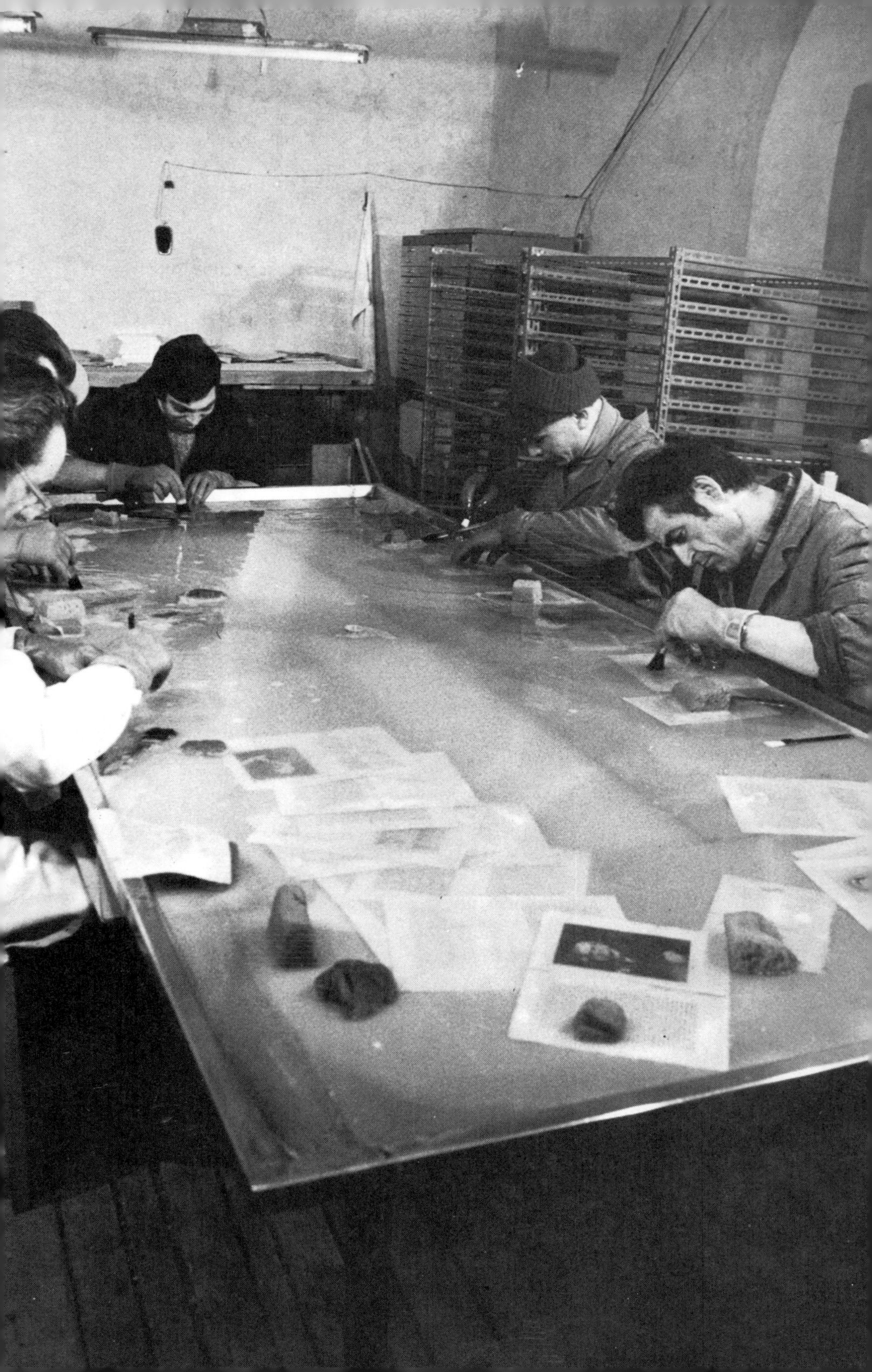

d) **Circolare liberamente:** La legge 30 marzo 1971 prescrive nell'articolo 27 l'eliminazione delle barriere architettoniche negli edifici di nuova costruzione, nei servizi di trasporto, e precisa che gli alloggi nei piani terreni dovranno essere assegnati per precedenza a invalidi.
L'articolo 20 prevede che i mezzi di trasporto siano adeguati alle esigenze degli handicappati: non sono quindi gli handicappati che devono essere adattati al mezzo pubblico di trasporto, ma quest'ultimo all'handicappato. Così è stata creata una vettura il cui piano vagone è a livello del marciapiede della stazione. Dice *Distrofia muscolare,* no. 64 (1981): «Se tutte le vetture passeggeri delle Ferrovie Statali fossero costruite con tali caratteristiche non vi sarebbero più ostacoli per nessuno!».
Secondo *Ambiente* (novembre 1981), il Comune di Milano dà agli invalidi la possibilità di utilizzare i taxi alle tariffe dei normali mezzi di trasporto pubblico per raggiungere il proprio posto di lavoro.

e) **Le cure:** La legge 180 stabilisce l'eliminazione degli ospedali psichiatrici e l'inserimento degli handicappati mentali negli ospedali ordinari o nelle famiglie. Non mancano le critiche secondo le quali i malati verrebbero abbandonati alla società senza le necessarie cure. Mario Tobino: «Non c'è bisogno di ricordare i dolori dei familiari costretti a tenersi uno schizofrenico in casa. La legge ha colpito i più umili, i poveri, che lavorano, che la mattina devono alzarsi per andare a guadagnarsi il pane, e gli rimane in casa il figlio, che è un pericolo per sé e per gli altri».

La Stampa, 9 gennaio 1982

Nel «Cottolengo» di Torino, in cui risiedono handicappati gravi, non autosufficienti, circa 80 obiettori di coscienza al servizio militare lavorano come aiuto-infermieri.

4 Handicappati: delusioni
Sono stati raggiunti gli obiettivi?
In realtà, a causa dell'handicap fisico o psichico, spesso questi diritti rimangono una utopia:
- □ non può frequentare la scuola perché rifiutato dalle famiglie o dalle insegnanti o perché l'edificio è inaccessibile;
- □ non ci sono corsi di qualificazione che tengano conto delle sue difficoltà motorie o psichiche o sensoriali;
- □ nel lavoro si escludono persone «meno efficienti»;
- □ vengono ostacolati i matrimoni che hanno come protagonisti uno o più handicappati perché la famiglia è vista in termini efficientistici;
- □ le case non tengono conto delle persone handicappate;
- □ le strade non prevedono spazi privilegiati per gli handicappati fisici, né posteggi particolari per autoveicoli speciali; gli attraversamenti pedonali sono pericolosi per non vedenti o persone in carrozzella.

Italia Caritas, no. 3 (1981)

◄ Restauro di libri in un laboratorio protetto per handicappati a Galluzzo (Firenze)

Esercizio di analisi grammaticale
Trasformate i participi passati e presenti nei testi citati in proposizioni con un verbo coniugato, per esempio:
Significato:
corsi **organizzati** su quattro attività
corsi che vengono/sono organizzati su quattro attività

un tribunale per i diritti dell'handicappato, in parte simile a quello già **operante** sui diritti del malato
....
....

in ogni casa-famiglia c'è un gruppo **formato** dalla responsabile interna, da un consiglio di famiglia e dai membri impediti
....
....

con tutti gli altri gruppi del volontariato, **promossi e animati** dalla Caritas italiana
....
....

i familiari **costretti** a tenersi uno schizofrenico in casa
....
....

gli attraversamenti pedonali sono pericolosi per non **vedenti** o persone in carrozzella.
....
....

Rileggete i testi B 1–4 e rilevate le forme passive!

Esercizio di conversazione
– Quali diritti richiesti per gli handicappati sono stati realizzati?
– Con quali misure l'handicappato può diventare, da «soggetto passivo», «soggetto attivo»? A che tipo di iniziative date la preferenza?

Esercizi scritti

4 **Completate le frasi seguenti con la forma conveniente:**

a) I corsi .... su quattro attività fondamentali.

   a) sono organizzati, b) vengono organizzati, c) si organizzano, d) organizzano.

b) Il nodo centrale del problema sta nel destino sociale del portatore di handicap psichico: se cioè deve .... a vita in strutture assistenziali oppure se ci si deve proporre il suo inserimento nella vita sociale.

   a) parcheggiarsi, b) parcheggiare, c) essere parcheggiato, d) essersi parcheggiato.

c) Qua e là esistono cooperative di lavoratori handicappati, dove .... lavori di rilegatura di libri, di falegnameria, di agricoltura.

   a) sono fatti, b) vengono fatti, c) si fanno, d) fanno.

d) Non sono gli handicappati che debbono .... al mezzo pubblico di trasporto, ma quest'ultimo all'handicappato.

   a) adattarsi, b) adattare, c) essere adattati, d) essersi adattati.

e) L'articolo 20 prevede che i mezzi di trasporto .... alle esigenze degli handicappati.

   a) sono adeguati, b) siano adeguati, c) siano stati adeguati, d) essere adeguati.

f) Così .... la vettura tipo nABz, il cui piano vagone è a livello del marciapiede della stazione.

   a) è stata creata, b) è creata, c) è stato creato, d) va creata.

g) Se tutte le vetture passeggeri delle FF.SS. .... con tali caratteristiche non vi sarebbero più ostacoli per nessuno!

   a) sarebbero costruite, b) fossero costruite, c) sono costruite, d) vengono costruite.

h) A causa dell'handicap fisico o psichico, nel lavoro .... persone «meno efficienti»,

   a) sono escluse, b) vengono escluse, c) si escludono, d) escludono.

247

i) .... i matrimoni che hanno come protagonisti uno o più handicappati,

   a) sono ostacolati, b) vengono ostacolati, c) si ostacolano, d) si ostacola.

k) perché la famiglia .... in termini efficientistici.

   a) viene vista, b) si vede, c) è stata vista, d) è vista.

l) Tutto sarebbe più semplice se la società che circonda il subnormale .... a riceverlo.

   a) fosse preparata, b) sarebbe preparata, c) fu preparata, d) è preparata.

Esercizio per germanòfoni
5 Fate attenzione traducendo il verbo tedesco «werden»:
   a) Secondo le statistiche, la popolazione degli impediti ....
      (wird grösser) di 7 milioni ogni anno.

   b) La legge 517 ha consentito l'inserimento di bambini handicappati nella scuola dell'obbligo. Non dobbiamo nasconderci, però, che la situazione .... (im Begriffe ist, zu werden) preoccupante, per non dire drammatica.

   c) La modificazione di edifici ....
      (die gebaut werden oder schon gebaut worden sind).

   d) L'articolo 27 precisa che gli alloggi nei piani terreni .... (zugewiesen werden müssen) per precedenza a invalidi.

   e) Nel lavoro .... (werden ausgeschlossen) persone «meno efficienti».

   f) Giovedì sette agosto sulla riviera romagnola una bambina .... (wird abgewiesen) in tre alberghi perché handicappata.

   g) La famiglia Benesperi è rientrata a Prato e .... (wird gehen) in colonia con l'Associazione famiglie fanciulli subnormali.

   h) Le autorità .... (werden kontrollieren) l'immigrazione come finora.

i) L'immigrazione .... (wird begrenzt werden) esattamente come finora.

6 Hanno scoperto una città etrusca.　　　E' stata scoperta una città etrusca.

   Hanno trovato preziosi documenti medievali. ....

   Avevano pubblicato la scoperta dieci anni fa. ....

   Non hanno ancora trovato il nome dell'autore. ....

   Quando pubblicano questi risultati? ....

   Quando stampano questo articolo? ....

   Perché non continuano i lavori? ....

7 Si sono scoperti antichissimi vasi.　　　Sono stati scoperti antichissimi vasi.

   Si è pubblicato un catalogo di tutte le scoperte. ....

   Si è rifatta la facciata del duomo. ....

   Si sono ricostruiti due templi di Selinunte. ....

8 Questo articolo deve essere stampato nel prossimo numero.　　　Questo articolo va stampato nel prossimo numero.

   Questi restauri devono essere fatti presto. ....

   Quei lavori devono essere ripresi. ....

   Quest'articolo deve essere pubblicato quanto prima. ....

9 Occorre segnalare la scoperta alla Sovrintendenza.　　　Questa scoperta va segnalata alla Sovrintendenza.

   Occorre restaurare gli affreschi. ....

   Bisogna salvare Venezia con soldi internazionali. ....

   E' necessario ricostruire il centro storico. ....

   Si devono ricostruire i ponti distrutti. ....

10 Certi documenti lo accusano.   (Lui) viene accusato da certi documenti.

   Questo documento la accusa.   ....

   Questi scritti li accusano.   ....

   Tutti i carabinieri cercano la macchina dei banditi.   ....

Smettiamo d'avere paura di chi sembra diverso.

Prendiamo esempio dai bambini.

Molto spesso, i grandi non vedono di buon occhio l'amicizia che può nascere a scuola tra un bambino sano ed uno handicappato.
Perché, molto spesso, i grandi hanno paura di chi credono diverso.
Ma i bambini handicappati non sono diversi dagli altri bambini. Sono solo più sfortunati.
E hanno diritto, come tutti i bambini, ad andare a scuola.
Stato, Regioni, Province e Comuni dovrebbero decidersi ad affrontare il problema una volta per tutte
Le autorità scolastiche dovrebbero impegnarsi a superare la mancanza di mezzi e di strutture.
I genitori dei bambini sani dovrebbero mettere da parte i loro egoismi.
Tutti, insomma, dovremmo sentire l'importanza di fare personalmente un piccolo sforzo
per aiutare i bambini handicappati a fare il loro ingresso nella scuola e nella società.

Aiutiamo i bambini handicappati a inserirsi nella scuola.

PUBBLICITÀ PROGRESSO

Campagne di utilità sociale
Realizzate
e pubblicate gratuitamente

1 Vacanze separate per gli handicappati?

Giovedì sette agosto sulla riviera romagnola una bambina viene rifiutata in tre alberghi perché handicappata. Si chiama Silvia Benesperi, dodici anni, vive a Prato, il padre è operaio. Le hanno chiuso la porta in faccia, solo perché Silvia è «diversa»: «Cose come quella capitata a me e a mio marito in questi giorni – ha scritto la madre ad un giornale – non dovrebbero succedere a nessuno».

Quando la storia di Silvia è diventata un caso amaro, sulla riviera romagnola si sono levati gli scudi: una serie di «non è vero», «le cose non sono proprio andate in quel modo», «figuriamoci se noi». E invece è accaduto. Rina Merendi che gestisce l'hotel Doge racconta: «Abbiamo fatto vedere una camera al padre: due lettini, un po' piccola per tre persone. Lui dice che va bene. Cinque minuti dopo, eccoli tutti nella sala, le valigie in mano. La bambina, quando vede i clienti mangiare, grida così forte che i clienti si girano a guardare. Chiediamo al padre: fa sempre così? Perché non ci eravamo ancora accorti che era una handicappata. Lui tergiversa, poi conferma: sì, mia figlia ha dei problemi. Allora, gli facciamo presente che la stanza non è sufficiente, insomma non un vero e proprio rifiuto, solo qualche perplessità. La madre, a questo punto, prende in braccio la bambina ed esce».

La storia di Silvia ha fatto piangere di rabbia la signora Angelina Erculei, che gestisce la pensione Euromar, accusata del secondo rifiuto: «Non è vero – ci ha detto la donna – io quella bambina non l'ho mai vista. Non escludo che siano venuti il padre e la madre, ma c'è il tutto esaurito, non avrei potuto comunque ospitarli. Di handicappati ne ho avuti tanti. Sono discriminazioni che non accetto. Sono pronta ad ospitarli, a mie spese». La famiglia Benesperi, intanto, è rientrata a Prato e andrà in colonia a Calambrone, con l'Associazione famiglie fanciulli subnormali. «Lì i villeggianti sono pochi e nessuno è disturbato se vede un diverso», aggiunge la mamma di Silvia. Dunque vacanze separate: da una parte gli handicappati, dall'altra i «normali».

Corriere della sera, 10 agosto 1980

2 Emarginazione: responsabilità di tutti

L'emarginazione si manifesta crudelmente quando il tuo mongolino sta tranquillamente giocando ai giardini con un altro bambino, e la sua mamma, con una scusa qualunque, et te la dice sorridendo, allontana suo figlio dal tuo; o quando vai alla spiaggia con il tuo bambino spastico e la signora dell'ombrellone accanto, prega il bagnino di spostarle l'ombrellone, perché lei è troppo sensibile e non godrebbe più tranquillamente le sue vacanze, avendo sempre sott'occhio un bambino così!
Questa è l'emarginazione che dura poi tutta la vita!

Tutto sarebbe più semplice se la società che circonda il subnormale fosse preparata a riceverlo, con tutti i suoi diritti di persona e di cittadino: e invece, purtroppo, non è così.

La società deve rendersi conto che il subnormale ha diritto di farne parte:
- non come oggetto di passiva assistenza, ma come soggetto di attiva partecipazione;
- con dignità di persona che ha diritto ad un'assistenza legislativa adeguata, per vivere la realtà sociale in funzione delle sue recuperate possibilità;
- protetto da tutti i pericoli cui il suo handicap lo può esporre;
- messo nelle condizioni di dare il meglio di sé, perché compreso nella sua dignità di persona umana e non confinato ai margini;
- capito, accettato, amato.

Da: Ginia Peroni, *Il bambino «diverso» e la sua famiglia*. Editrice La Scuola, Brescia.

Annotazione dell'autore:
Questa documentazione è stata resa possibile dal Segretariato generale di Pro Infirmis, CH 8032 Zurigo,
e dal Centro Studi e Consulenza Invalidi, Via Gozzadini, 7, 20148 Milano.
Ringrazio vivamente i due enti che hanno collaborato generosamente alla ricerca di testi e documenti.

Il carnevale dei bambini a Firenze

Trentottesima lezione
Fatti e situazioni   38

A Salza Irpina i giovani riscoprono l'arte dei calzolai (comprensione auditiva)

Giornalista: Signore e signori, oggi sto parlando con Bernardo, il giovane presidente della cooperativa «San Crispino» di Salza Irpina nell'Avellino. Ci troviamo nella zona terremotata. Salza Irpina è un paese a poco più di 10 chilometri da Avellino, con circa 1200 abitanti che vivono il dramma di un paese di cui il 70 per cento di case sono distrutte. Di che cosa vive questo paese, Bernardo?

Bernardo: Un tempo Salza veniva chiamato[1] dai vicini il «paese degli scarpari» perché la produzione di scarpe era[2] la sua risorsa economica più importante. Oggi vive soprattutto di rimesse degli emigrati e delle pensioni, salvo qualche calzolaio ultimo rimasto e molti giovani, disoccupati per lo più. I contadini praticamente non esistono perché il territorio è piccolissimo.

Giornalista: Tu dirigi una cooperativa di giovani che hanno ripreso[3] la tradizione artigianale locale, cioè la produzione di scarpe. Come hai fatto[4] per trovare tanti calzolai giovani?

Bernardo: Nessuno di noi, tranne uno, è calzolaio di mestiere. Siamo tutti diplomati in istituti tecnici, anche se siamo quasi tutti figli di calzolai. Ognuno di noi però poteva[5] guadagnare bene, qualcuno aveva[6] qua un lavoro avviato, ma non abbiamo voluto[7] perché così un rapporto sociale con la gente non esiste più.

Giornalista: Allora la vostra è un' iniziativa ideologica?

Bernardo: No. Il nostro tentativo è motivato dal bisogno di rompere con un passato politico spesso fatto di pura ideologia e di lanciarci su cose concrete.

Giornalista: Ma tu, come sei giunto[8] proprio a questo mestiere?

Bernardo: Fin da piccolo aiutavo[9] mio padre in questo lavoro, ma poi ho studiato[10], mi sono diplomato[11], sono andato[12] all'università che ho abbandonato[13], quindi sono partito[14] per Reggio Emilia per trovare un lavoro, ma non l'ho trovato[15] e sono ritornato [16] al paese. Intanto pensavo[17] di riprendere questo mestiere che mi piaceva[18], ma che mio padre mi aveva sempre impedito di fare. Il rapporto, da bambino, vicino alla bancarella con la gente... E' a tutte queste cose che ho pensato prima che maturasse in me, e in altri giovani, l'idea della cooperativa. E' stato come lanciare un

253

	ponte tra passato e futuro. Ma non pensare solo a una scelta sentimentale, perché il mercato delle scarpe è, secondo noi, aperto, e può farci guadagnare anche bene.
Giornalista:	Com'è nata[19] la cooperativa?
Bernardo:	Della cooperativa si cominciò[20] a parlare cinque anni fa. Salza era[21] allora governata da una giunta di sinistra. Ma questa giunta non rispose[22] e non prese[23] nessuna iniziativa. Così la cosa morì[24] lì. Ma dopo il terremoto la questione è stata riaperta[25] con l'aiuto dei volontari del consiglio di fabbrica della Montedison di Castellanza che hanno messo[26] a disposizione la baracca e quattro milioni e mezzo di lire, con l'autotassazione di 300 mila lire di ciascun membro e con un altro contributo della Caritas italiana, la cooperativa è partita[27].
	All'inizio eravamo[28] una trentina. Avevamo[29] un sacco di difficoltà, e molti sono partiti[30] che prima ci credevano[31].
Giornalista:	Difficoltà di mestiere?
Bernardo:	Anche. Per fortuna c'era Silvio che ce l'ha insegnato. Vero, Silvio?
Silvio:	Già! lo stato mi dovrebbe pagare solo per questo.
Giornalista:	Lei è sempre vissuto a Salza?
Silvio:	Sono nato a Salza, e ho 60 anni. Una volta c'erano[32] almeno 80 calzolai in paese. Ciascuno lavorava[33] in casa, non c'erano laboratori, e poi si vendeva[34] ai commercianti di Salza che portavano[35] le scarpe nei mercati dei paesi. Tutto è stato interrotto[36] dai cambiamenti di vita e dall'emigrazione. Ora c'è questa cooperativa, ma incontra difficoltà e io sono molto arrabbiato con quelli della mia generazione che si sono tirati indietro. Però sono convinto che col tempo andrà bene.
Giornalista:	Adesso guadagna bene?
Silvio:	Adesso lavoro nove ore piene al giorno per 15 000 lire. Prima lavoravo[37] da solo per tre o quattro ore al giorno e guadagnavo[38] molto di più. Ma non sono venuto[39] in cooperativa per arricchirmi. L'ho fatto[40] per loro che sono giovani. Non puoi pretendere di guadagnare molto all'inizio. Bisogna che tutto avvenga gradualmente e oggi occorrono anche dei sacrifici.
Giornalista:	Che tipo di scarpe producete?
Bernardo:	Per ora compriamo all'ingrosso scarpe militari usate, le ripariamo e le rivendiamo ai commercianti.
Giornalista:	Non volete fabbricare scarpe nuove?
Bernardo:	C'è il progetto di costruire in proprio scarpe nuove. Lo sbaglio che fa qualcuno è quello di volersi mettere imme-

diatamente in concorrenza con le grosse fabbriche e di assumerne la logica. A quel punto non ha più senso formare la cooperativa. Bisognerebbe allora creare una supercooperativa per avere peso sul mercato. Invece vogliamo costruire il consorzio delle piccole cooperative per agire come una forza unica, pur rispettando l'autonomia di ciascuna. Vedi: la cooperativa deve nascere direttamente dal rapporto politico-sociale con la gente. Se non è così, che senso ha?

Manifesto, settembre 1981

Cooperativa di donne nell'Avellino (Napoli, zona terremotata)

Esercizi di comprensione auditiva

Sbagliato a giusto?

1 Salza Irpina si trova nella zona terremotata dell'Avellino.
2 Tutti i giovani di Salza sono emigrati.
3 Il terremoto ha distrutto 70 case.
4 Oggi vive del denaro che gli emigrati mandano in patria.
5 I giovani della cooperativa San Crispino sono calzolai di mestiere.
6 La loro iniziativa è nata da un'intenzione politico-ideologica.
7 Il mercato delle scarpe non è molto aperto.
8 La cooperativa è stata fondata dalla Montedison di Castellanza.
9 Silvio era l'unico calzolaio di mestiere rimasto a Salza.
10 Adesso Silvio guadagna molto meglio di prima.
11 Bernardo non vuole creare una supercooperativa unica.

Quale risposta è giusta?

12 Perché Salza veniva chiamato il «paese degli scarpari»?
 a) Perché la gente portava brutte scarpe.
 b) Perché c'erano molti calzolai disoccupati.
 c) Perché ci si producevano molte scarpe.
 d) Perché c'era una grande fabbrica di scarpe.

13 Perché Bernardo e i suoi amici hanno ripreso a fare i calzolai?
 a) Perché non guadagnavano abbastanza.
 b) Perché non erano contenti del loro rapporto sociale con la gente.
 c) Perché volevano fare qualcosa di concreto.
 d) Perché erano motivati dalla politica.

14 Chi ha contribuito a finanziare la cooperativa dei calzolai?
 a) La Montedison di Castellanza.
 b) La Caritas italiana.
 c) I membri stessi della cooperativa.
 d) Il consiglio di Salza.
 e) Il governo.

15 Dove lavoravano i calzolai prima?
 a) In casa.
 b) Nei laboratori.
 c) Alle bancarelle del mercato.

16 Perché non ci vuole una grande cooperativa unica, secondo Bernardo?
 a) Perché entrerebbe in concorrenza con le grosse fabbriche.
 b) Perché avrebbe troppo peso sul mercato.
 c) Perché distruggerebbe il rapporto politico-sociale con la gente.
 d) Perché distruggerebbe l'autonomia delle cooperative locali.

Esercizio di analisi lessicale
Che cosa significa?
1 la risorsa economica:
   a) la base d'esistenza.
   b) la fonte di guadagno.
   c) il modo di vivere.
   d) la politica economica.

2 le rimesse degli emigrati:
   a) quello che gli emigranti, alla loro partenza, lasciano dietro.
   b) il denaro che gli emigrati versano a casa.
   c) il denaro che gli emigrati portano a casa al loro ritorno.
   d) le tasse pagate dagli emigrati.

3 una giunta di sinistra:
   a) un governo formato con vari partiti di sinistra.
   b) un governo esclusivamente comunista.
   c) un governo prevalentemente di sinistra, con qualche deputato di destra.

4 l'autotassazione:
   a) le tasse per l'auto.
   b) il modo di fissare le tasse per gli automobilisti.
   c) l'autonomia fiscale di un ente.
   d) ogni membro di un ente fissa per sé stesso le sue contribuzioni.

5 il consorzio delle cooperative:
   a) il controllo delle cooperative.
   b) l'unione di più cooperative per agire insieme.
   c) l'amministrazione centrale delle cooperative.

Grammatica

§ 51 L'uso dei tempi passati

L'imperfetto
esprime lo stato (a):
All'inizio eravamo una trentina. Avevamo un sacco di difficoltà.

o descrive (b):
Ciascuno lavorava in casa.

esprime la ripetizione e l'abitudine (c):
I commercianti portavano le scarpe nei mercati dei paesi.

indica azioni secondarie, senza rapporto con la cronologia dei fatti (d):
Intanto pensavo di riprendere questo mestiere che mi piaceva.

Il passato prossimo
indica fatti passati con effetto continuato fino al presente (e):
Con l'aiuto della Caritas italiana, la cooperativa è partita.

sta, nella lingua parlata (soprattutto nel Nord), al posto di un passato remoto (f):
Dopo il terremoto la questione è stata riaperta.

Il passato remoto
indica fatti definitivamente compiuti (g):
Della cooperativa si cominciò a parlare cinque anni fa.

Il trapassato prossimo o piuccheperfetto
indica fatti successi prima di altri fatti passati (h):
Pensavo di riprendere questo mestiere che mio padre mi aveva impedito di fare.

Il trapassato remoto serve a esprimere la cronologia di vari fatti definitivamente compiuti:
Dopo che ebbe detto ciò, se ne andò.

Esercizio di analisi grammaticale
Rileggendo il testo dell'intervista A, indicate per ogni verbo numerato la funzione del tempo verbale con le lettere a–g. Sottolineate gli imperfetti con una matita rossa, i passati prossimi e remoti con una matita verde.

2 Le forme del passato remoto

a) Le forme regolari e il verbo «essere»

cominciare	insistere	aprire	essere
cominciai	insistei	aprii	fui
cominciasti	insistesti	apristi	fosti
cominciò	insisté	aprì	fu
cominciammo	insistemmo	aprimmo	fummo
cominciaste	insisteste	apriste	foste
cominciarono	insisterono	aprirono	furono

analoghi:			
i verbi regolari in **-are, andare**	credere, dovere, perdere, potere, ricevere, temere, vendere	i verbi regolari in **-ire, morire**	

b) «stare», «dare» e il secondo tipo di forme per i verbi in -ere

	stare	ricevere	
(io)	stetti	ricevetti	
(lui)	stette	ricevette	
(loro)	stettero	ricevettero	
(tu)	stesti	ricevesti	in queste persone
(noi)	stemmo	ricevemmo	tutti i verbi sono
(voi)	steste	riceveste	regolari.

	analoghi: dare	credere
	detti/diedi	dovere
	dette/diede	perdere
	dettero/diedero	temere
ma:	desti, demmo, deste	vendere, sedersi

c) Alternanza vocalica e/o raddoppiamento della consonante

	fare	**vedere**	**mettere**	**avere**
(lui)	fece	vide	mise	ebbe
(voi)	faceste	vedeste	metteste	aveste
	analoghi:			
	rifare	rivedere	commettere	sapere (seppe)
		prevedere	permettere	conoscere
			promettere	(conobbe)
			rimettere	rompere (ruppe)
			smettere	interrompere

	venire	**volere**	**cadere**	**piacere**
(lui)	venne	volle	cadde	piacque
(voi)	veniste	voleste	cadeste	piaceste
	analoghi:			
	avvenire		accadere	nascere
	rivenire			(nacque)
	tenere			
	ritenere			

d) Participio passato in -so, -to, -sto; passato remoto in -se

	prendere	**rispondere**	**accorgersi**	**aggiungere**
	ho perso	ho risposto	mi sono accorto	ho aggiunto
(lui)	prese	rispose	si accorse	aggiunse
(voi)	prendeste	rispondeste	vi accorgeste	aggiungeste

Analoghi:
correre	chiedere	assumere (assunto; assunse)
chiudere	chiedere	spingere
decidere	nascondere	spegnere (spento; spense)
difendere	porre (posto;	(rag)giungere
offendere	pose/poneste)	rivolgersi
perdere (perse)	rimanere	cogliere (colto; colse)
rendere		togliere (tolto; tolse)
ridere		aprire (aperto; aperse o aprì)
scendere		

e) Participio passato in -tto; passato remoto in -sse o -nse

	dire	**tradurre**	**scrivere**	**costringere**
	ho detto	ho tradotto	ho scritto	ho costretto
(lui)	disse	tradusse	scrisse	costrinse
(tu)	dicesti	traducesti	scrivesti	costringesti

analoghi:
leggere   produrre   iscriver(si)
dirigere (diretto; diresse)   condurre   prescrivere
distruggere (distrutto;   vivere (vissuto; visse)
distrusse)

3 Aggettivi e pronomi indefiniti

Aggettivi	Osservazioni	Pronomi
Hai **qualche** problema?	qualche + singolare	E' successo **qualcosa** (**qualche cosa**)? Devo dirti **una cosa**.
Abbiamo visto **qualche** vecchio compagno.	= **alcuni** (plurale)	Hai visto **qualcuno**? E' stata **qualcuna** di voi?
Ho comprato **alcuni** francobolli/**alcune** diapositive.		Puoi averne **alcuni**/**alcune**.
So **tutta** la storia. Conosce **tutti** i musei.	tutto + articolo neutro:	La so **tutta**. Li ha visitati **tutti**. Di'**tutto**!
In **ogni** caso bisogna fare attenzione.	ogni + singolare	**Ognuno** vuole parlagli.
Ciascuna famiglia ha una cabina per sé.		**Ciascuna** fa come meglio le pare.
Si cerca un **certo** signor Rossi.		**Certi**/**certuni** preferiscono l'incognito.
Nessun operaio è assente.	Se la frase comincia con nessuno, non bisogna mettere non.	**Nessuno** è partito. **Non** ho visto **nessuno**.
Non compro **nessun** libro.		Non ho comprato **niente**.
Lo **stesso** menù per tutti.	Attenzione all' articolo davanti all'aggettivo «stesso»!	Penso **lo stesso**.

Esercizi scritti   38

1 **Studiate il § 51 sull'uso dei tempi passati, poi sottolineate nel testo che segue la forma giusta:**
   Della cooperativa si cominciò/si cominciava a parlare cinque anni fa. Salza era/fu/è stato allora governata da una giunta di sinistra. Ma questa giunta non rispose/non rispondeva/non ha risposto e non prese/prendeva/ha preso nessuna iniziativa. Così la cosa moriva/morì/è morta lì. Ma dopo il terremoto la questione fu/era/è stata riaperta.

2 **Adesso guardate la grammatica al § 52 a e b, poi mettete al passato remoto:**

sono arrivato	....	sono arrivati	....
ha trovato	....	sono partito	....
ti sei alzato	....	sono partite	....
vi siete alzati	....	si è divertito	....
ha mangiato	....	hanno venduto	....
abbiamo cominciato	....	hai creduto	....
hanno lasciato	....	si sono seduti	....

3 **Passato remoto o passato prossimo?**
   (io, comprare) .... una macchina; adesso mi tocca pagare ancora 10 rate mensili! Avevo un orario molto irregolare; così (comprare) .... finalmente una macchina. Ma col traffico moderno la macchina (diventare) .... inutile; la (vendere) .... e ora viaggio di nuovo col treno e coi mezzi pubblici.

4 **Che persona è?** Mettete: prima/seconda/terza persona singolare/plurale

   cercasti ....

   cercaste ....

   partii ....

   partì ....

   vendetti ....

   vendette ....

5 **Mettete il verbo adatto al passato remoto:**

Ieri dovevo andare in città col bus. Aspettando il bus, ... la mia borsa. La .... dappertutto, ma non la .... Nel frattempo il bus ...., ma non .... prenderlo senza denaro. Tutti i viaggiatori (salire) .... sulla vettura, e il bus .... senza di me. Così .... andare a piedi, e .... in ufficio con molto ritardo.

6 **Con il verbo «essere» si forma il passivo del passato remoto:**

molto case sono state distrutte dal terremoto   molte case furono distrutte dal terremoto

la scuola è stata distrutta   ....

gli aiuti sono stati richiesti a tutti i paesi.   ....

la questione delle cooperative è stata riaperta   ....

delle iniziative sono state prese da alcuni giovani   ....

io sono stato informato troppo tardi   ....

7 Ecco la terza persona singolare di alcuni verbi irregolari al passato remoto. **Qual è l'infinito?** Mettete anche il passato prossimo:
```
            infinito:   passato prossimo
fu          essere      è stato (-a)
```
a) fece ....   f) nacque ....
b) smise ....   g) piacque ....
c) ruppe ....   h) seppe ....
d) accadde ....   i) previde ....
e) avvenne ....   k) dette ....

8 Alcuni verbi hanno più di una forma per il passato remoto. **Sottolineate le forme giuste:**
```
1  perdere     a) perdé     b) perdette   c) perse    d) perdesse
2  aprire      a) aprì      b) aprisse    c) aperse   d) aprirà
3  dare        a) dò        b) desse      c) dette    d) diede
4  assumere    a) assumé    b) assumette  c) assunse  d) assumesse
```

9 **Di quale verbo sono le forme seguenti?**
1 visse	a) vedere	b) vincere	c) vivere	d) volere
2 accorse	a) accorrere	b) accorgere	c) accadere	d) aggiungere
3 pose	a) porre	b) potere	c) porgere	d) posare
4 rispose	a) risposarsi	b) riposarsi	c) rispondere	d) riporre

10 **Quali forme sono dello stesso verbo?**
   passato remoto   passato prossimo
   1 visse   a) ha visto
   2 vinse   b) è vissuto
   3 vide   c) ha vinto
   4 venne   d) è venuto
   5 vendette   e) ha venduto

11 **Di quale verbo e di quale forma si tratta?**
   desse: dare   congiuntivo imperfetto   3a pers. singolare

   poserò   ....

   posero   ....

   crederono   ....

   crederanno   ....

   venderei   ....

   venderai   ....

   vendei   ....

   vendessi   ....

   vendesi   ....

   apriste   ....

   aprireste   ....

   avessi   ....

   avesti   ....

   avresti   ....

12 **Mettete i pronomi indefiniti**
   La donna che lavora

   Io lavora in un reparto dove siamo .... donne, ma non siamo riuscite a raggiungere la produttività giusta, a causa delle assenze dal lavoro. .... volta me ne vergogno. Fra i motivi dell'assenteismo c'è il problema dei figli: a chi affidarli quando sono malati? Il 55 per cento delle lavoratrici deve farlo personalmente, soltanto il 31 per cento può contare sull'aiuto di .... familiare.

C'è poi un 15 per cento che deve occuparsi anche degli anziani, infine il 70 per cento ha sulle spalle .... il lavoro da fare in casa. Nelle coppie giovani si comincia a scambiarsi i ruoli – per cui .... può fare il lavoro dell'altro.

Non è permesso commettere errori: .... mi stanno con gli occhi puntati sopra. Mi accorgo che .... errori che ad un uomo si perdonerebbero con facilità, a me, in quanto donna, non sono consentiti.

Il genio ha i calzoni

Mio marito dice: «Se le donne valessero .... ci sarebbe stato almeno un Leonardo da Vinci donna. Poiché invece .... donna è stata davvero grande vuol dire che siete inferiori.» .... devo rispondergli?

La cooperativa dei calzolai a Salza Irpina

Fino a .... tempo fa, Salza viveva delle rimesse degli emigrati, salvo .... calzolaio ultimo rimasto. Molti di noi giovani erano disoccupati. .... di noi è calzolaio di mestiere. Siamo .... diplomati in istituti tecnici .... di noi però poteva guadagnare bene, ... aveva già un lavoro. Ma noi volevamo ristabilire un ponte tra passato e futuro. Così è nata l'idea della cooperativa.

Si cominciò a parlarne cinque anni fa. Salza era allora governata da una giunta di sinistra. Ma questa giunta non rispose e non prese .... iniziativa. Così la cosa morì lì. Ma dopo il terremoto la questione è stata riaperta e con l'aiuto dei volontari del consiglio di fabbrica della Montedison di C. e con l'autotassazione di 300 mila lire di .... membro, la cooperativa è partita.

Silvio racconta: Sono nato a S., ho 60 anni. Una volta c'erano almeno 80 calzolai in paese. .... lavorava in casa, non c'erano laboratori, e poi si vendeva ai commercianti di Salza che portavano le scarpe nei mercati dei paesi. .... è stato interrotto dai cambiamenti di vita e dall'emigrazione.

C'è il progetto di fabbricare in proprio scarpe nuove. Lo sbaglio che fa .... è quello di volersi mettere immediatamente in concorrenza con le grosse fabbriche. Bisogna che .... avvenga gradualmente.

Nomadelfia per costruire il futuro

Nomadelfia
e un popolo nuovo

- Tutto è in comune.
- Nessuna attività è fatta a scopo di lucro.
- All'interno della comunità non esiste il denaro.
- Uomini e donne sono padri e madri, non solo nella carne ma anche nello spirito.
- Non ci sono orfani, ospizi per i vecchi, non ci sono emarginati.
- Non ci sono né ricchi né poveri, né servitori né padroni.
- Il perdono è una legge.
- 4'000 ragazzi abbandonati hanno ritrovato una nuova famiglia.

Pio XII disse: Nomadelfia è la cosa più limpida che sia mai esistita.

Nomadelfia è una proposta

Da un'intervista dell'autore avvenuta nel 1980 con Don Zeno, un prete di 80 anni, fondatore di Nomadelfia, un anno prima della sua morte.
La Comunità di Nomadelfia vive nella tenuta Rosellana, a 8 km da Grosseto, sulla superstrada Grosseto–Siena, 120 km a sud di Firenze.

Domanda: Che cosa c'è in questa Comunità?
Don Zeno: Aziende, scuole, sale di riunione, boschi, strade, campi, orti ecc...
E' un pezzo di terra dove ognuno può dire: quello che è mio è tuo, quello che è tuo è mio.
Nomadelfia non è soltanto un paese, ma un modo di vivere, individuale, familiare, sociale e politico.
Nomos: legge; adelphos: fratello. Dove la fraternità è legge.
Una popolazione di famiglie che vivono insieme, formando una comunità di fratelli.

Domanda: Quanti abitanti ci vivono?
Don Zeno: 300 abitanti, di cui 160 ragazzi, che vivono in 40 famiglie che formano 10 gruppi familiari di tre o quattro famiglie ciascuno.
Dal punto di vista civile è una libera associazione.
Dal punto di vista religioso è una parrocchia cattolica comunitaria.

Domanda: Chi sono i ragazzi?
Don Zeno: Figli abbandonati o orfani, ma anche figli nati a Nomadelfia.

	Nelle famiglie i figli naturali (un terzo) e i figli accolti (due terzi), ricevono lo stesso amore, perché sono tutti figli di Dio.
Domanda:	Restano soltanto per un certo periodo a Nomadelfia, i figli accolti?
Don Zeno:	Restano fino a 18 anni. Molti si decidono poi ad entrare definitivamente nella comunità. Possono però entrarvi soltanto a certe condizioni, secondo la nostra Costituzione che dice: «Possono essere nomadelfi gli uomini e le donne che: – hanno compiuto ventun anni; – sono cattolici professanti apertamente la fede e la morale secondo gli insegnamenti e la disciplina della Chiesa Cattolica; – non posseggono beni a qualsiasi titolo e di qualsiasi natura.»
Domanda:	Da quanto tempo esiste la comunità di Nomadelfia?
Don Zeno:	A 14 anni rifutai la scuola tradizionale e cominciai a lavorare con gli operai e i contadini di mio nonno. Eravamo cinque famiglie di fratelli e di cugini. A 20 anni mi decisi di cambiare strada, e iniziai l'Opera Realina per ragazzi a Carpi. Poi mi feci sacerdote. Alla prima messa nel 1931 assunsi un ragazzo appena uscito dal carcere come figlio mio, quindi della Chiesa e del Popolo. La prima Comunità dei «Piccoli Apostoli» prese corpo a S. Giacomo Roncole di Mirandola. Arrivarono i ragazzi e, dopo lunghe attese, anche la prima madre, una studentessa. Dopo la seconda guerra mondiale occupammo l'ex-campo di concentramento di Fòssoli in Emilia, e lì abbiamo fatto Assemblea costituente e abbiamo sottoscritto una costituzione, dàndoci il nome di Nomadelfia.
Domanda:	E' il periodo in cui fu vosto collaboratore Danilo Dolci, vero?
Don Zeno:	Sì. Lui però andò in Sicilia a creare la sua opera quando dovemmo lasciare Fòssoli.
Domando:	Come mai siete venuti qui nella Maremma toscana?
Don Zeno:	Nel 1952 le potestà della terra ci dispersero. Ma i superstiti, uomini, donne e figli, si rifugiarono qui sotto le tende, sulla tenuta Rosellana che la figlia dei Pirelli di Milano ci regalò. Sono 280 ettari di cui, per ora, ne abbiamo bonificato 120.
Giornalista:	Reverendo, La ringrazio delle informazioni.

Esercizio di comprensione scritta
Che cosa è sbagliato nelle frasi seguenti?
1 Nomadelfia è una comunità di 300 bambini senza padre e senza madre.
2 I bambini vivono a Nomadelfia per 18 anni.
3 Don Zeno fondò la prima comunità a 14 anni.
4 Dopo la prima guerra mondiale la comunità visse fino al 1952 in un ex-campo militare in Emilia.
5 La signora Pirelli diede a Don Zeno la sua tenda presso Milano.

Analisi grammaticale
Rileggete il raconto di Don Zeno che comincia con le parole «A 14 anni rifiutai la scuola tradizionale». Sottolineate i verbi al passato remoto e metteteli al passato prossimo.
Rilevate nel testo gli aggettivi e i pronomi indefiniti!

Nomadelfia: un popolo nuovo

C **Garibaldi fu ferito**
Il 1982 è stato l'anno dei festeggiamenti di Garibaldi che morì nell'isola di Caprera, vicino alla Sardegna, il 2 giugno 1882 a 75 anni. Era nato a Nizza, una città allora di lingua italiana, da una famiglia di marinai, il 4 giugno 1807. Il cognome Garibaldi è diffuso tra la Liguria il Piemonte e la Lombardia con diverse varianti: Garibaldi, Gribaudi e perfino Grimaldi, come quelli di Monaco. Forse nessun uomo dall'800 in poi e tra tutti i ceti è stato così popolare come Giuseppe Garibaldi. Dire di essere stato un garibaldino era uno dei massimi motivi di vanto per uno stivaliano e ancora oggi se fate un viaggio in treno vi capiterà quasi sicuramente di sentirvi dire di viaggiare con un «pronipote di un garibaldino».
Quando Garibaldi nel 1860 sbarcò a Marsala per «liberare» la Sicilia dai Borboni l'accompagnava un migliaio di camicie rosse. Se dovessimo però contare le lapidi dei garibaldini che parteciparano a quest'impresa, arriveremmo forse a centomila. Perché è sempre così negli eventi giudicati «bene» dalla storia. Si sparla dei Borboni e nessuno era per i Borboni. Si esaltano i garibaldini e quasi tutti erano garibaldini. Più vicino a noi: si esaltano i partigiani e tutti erano partigiani una volta, anche quelli nati dieci anni dopo la guerra, che partigiani non potevano essere più.

L'Eroe
Garibaldi in Italia è l'Eroe (con la E maiuscola). Forse tutti i popoli hanno bisogno di «Eroi» per tirarli fuori al momento «opportuno». Di Garibaldi però è difficile parlarne male. Una voce baritonale, quindi buona per il comando e l'esaltazione, per quei tempi, all'impresa. «Qui si fa l'Italia o si muore» (a Calatafimi in Sicilia nel 1860) e tutti avanti all'assalto. «Obbedisco» (nel 1866, dopo la battaglia di Bezzecca, su ordine di Vittorio Emanuele II che lo bloccò contro gli Austriaci in fuga) e tutti indietro. Barba e capelli lunghi e una camicia che non si lavava mai perché non ne aveva di ricambio (se si ascoltano le note scritte da William Gore Ouseley, ministro britannico del tempo), poverissimo ed onesto (rifiuta 30 000 dollari in oro dagli Inglesi in Sudamerica per organizzare un gruppo di rivoluzionari), ma col cuore di bambino come s'addice a uno che tutti rispettano, era in effetti la figura più adatta a impersonare il condottiero romantico.

L'invidia

Questa presa diretta sul popolo era la croce di Vittorio Emanuele II, che essendo lui il re «per volontà di Dio», se la prendeva a morte quando agli occhi del popolo il numero uno era l'altro cioè Garibaldi. Ecco come «il re» teneva in considerazione Garibaldi in una lettera a Cavour del 22 novembre 1860: «Questo personaggio non è così onesto come lo si dipinge... Il suo talento militare è molto modesto... è circondato di canaglie... ha piombato questo paese in una situazione spaventosa...».

Il fatto saliente era che l'esercito regolare del re, disciplinato, invece di darle, le prendeva a morte dagli Austriaci e Garibaldi, coi suoi straccioni, difficilmente le prendeva. Invidia. Ma in fatti d'armi c'era una tradizione negativa dietro. A partire dal 1500 fino a prima di Garibaldi una vittoria d'arme qualsiasi, anche modesta, per gli stivaliani era stata un biglietto di lotteria che non usciva mai, tale da dargli un complesso d'inferiorità che ancora non s'è spento.

Con questo personaggio «dal talento militare molto modesto» si contano due vittorie importanti sugli Austriaci (1859 e 1866), che avevano il miglior esercito di quei tempi, e quel capolavoro che fu l'impresa dei Mille.

E oggi?

Come sarebbe lo stato meridionale senza quell'unificazione? Siamo sulla via dell'ipotesi, si potrebbe dire cioè tutto e niente, ma secondo lo storico Gioacchino Lanza s'avrebbbe forse uno stato meridionale sonnecchiante ai margini dell'Europa come la Spagna e il Portogallo che però hanno saputo evitare due guerre mondiali. Che non è poco.
Saraccio (autore siciliano)

Esercizio di comprensione scritta
Nelle frasi seguenti c'è qualcosa di sbagliato. Lo trovate?
1 Garibaldi nacque nel 1807 a Nizza, una città che apparteneva allora al Principato di Monaco.
2 Garibaldi sbarcò a Marsala per liberare la Sicilia dai rossi.
3 L'impresa fu poi chiamata la spedizione dei Centomila.
4 A Calatafimi disse la famosa parola: «Qui 'un se mòre mai» (Qui non si muore mai).
5 Cavour scrisse che Garibaldi aveva un talento militare modesto.
6 Garibaldi vinse i Tedeschi nel 1859 a Varese e a S. Fermo, poi nel 1866 a Monte Suello e a Bezzecca.

Riordinate i fatti seguenti secondo la cronologia data:

1807	a)	G., dirigendosi verso Roma, fu ferito ad Aspromonte dalle truppe regolari italiane e fatto prigioniero.
1833		
1848	b)	Giuseppe Garibaldi nacque a Nizza.
1849	c)	Vinse gli Austriaci a Varese e a S. Fermo.
1854	d)	Vinse gli Austriaci a Monte Suello e a Bezzecca.
1856	e)	Guidò la spedizione dei Mille nel Regno delle Due Sicilie.
1859	f)	Partecipò all'insurrezione di Genova; condannato a morte, si rifugiò nel Sud America, dove combatté per l'indipendenza del Rio Grande e dell'Uruguay.
1860		
1862		
1866	g)	Tornò in Italia e partecipò con 3000 volontari alla prima guerra d'indipendenza; vinto a Morazzone, si rifugiò in Svizzera.
1870		
1882	h)	Corse in Francia alla difesa della Repubblica.
	i)	Morì, a 75 anni, nell'isola di Caprera.
	k)	Tornò per la seconda volta in Italia.
	l)	Si ritirò la prima volta nell'isola di Caprera.
	m)	Accorse in difesa della Repubblica romana, ma dopo la caduta di questa, si rifugiò a S. Marino, da dove volle raggiungere per mare Venezia ancora libera. Sorpreso e attaccato da navi austriache, sbarcò nei dintorni di Ravenna, dove gli morì sua moglie Anita. Sfuggì agli Austriaci e andò in America.

Nel sud

Trentanovesima lezione
Dice(va) che   39

La rivoluzione è finita
Il fatto:
A Milano sono stati intervistati alcuni studenti che avevano vissuto l'ultima fase delle contestazioni incominciate nel 1968 e continuate fino agli anni 1976 – 1978 nei licei milanesi. Ecco alcune risposte:

Luca Troier, 20 anni, giurisprudenza:
«Ho un'idea chiara del 1968: è stato un equivoco, è stato il sussulto culturale di una sola classe. Ecco perché non ha prodotto niente... Essere rivoluzionario, allora, voleva dire amore libero, droga, sennò ti prendevano per il culo. Erano forzature. Si volevano distruggere cose che, invece, fanno parte dell'uomo e non possono essere sostituite».

Paola Casella, 20 anni, giurisprudenza:
«Vengo da una famiglia di sinistra, ma allora non me ne accorgevo, perché di politica, in casa, non si parlava mai. Nel 1974 sono andata per la prima volta ad un'assemblea, ed è stata una grossa delusione.
Da un lato non avevamo più i valori tradizionali, dall'altro non eravamo capaci di trovarne di nuovi. Ho avuto una serie di fallimenti. L'esperienza della coppia aperta? Un disastro. Vivere fuori degli schemi, in modo libertario? Sì, ho provato, ma non mi ha dato nulla... Del liceo non ho rimpianti. Se potessi cambiare il mondo, lo farei tornare indietro. Il progresso soffoca l'uomo. Il mio sogno? Un viaggio in carrozza fino a Parigi. Che bello sarebbe scrivere una lettera a una persona invece di telefonarle... Mi sento fragile, ho paura di amare. Credo nell'amore che nasce dall'amicizia, ma l'amore come innamoramento è una malattia che mi spaventa».

Silvia Montiglio, 21 anni, lettere antiche:
«Se volevo andare a lezione, mi davano della fascista. Ricordo che una volta mi feci coraggio e in assemblea dissi: sono qui per studiare Catullo e i metodi libertari, a scuola, non servono. Non sto a raccontarvi come le mie parole furono prese, e che putiferio ci fu. Ho avuto a che fare con maschere che detestavano i libri. Che bello, c'è lo sciopero, c'è il corteo, così stiamo fuori e non rinchiusi fra le quattro pareti di un'aula, dicevano.
Di quegli anni, qualcosa, però l'ho assorbito anch'io. Il culto della fantasia, i miti estetizzanti, il compiacimento per un certo modo di vestire... Credo che l'amicizia fra sessi uguali non esista. Comunque, è più facile fra due uomini che non fra due donne. Non credo nel gruppo per motivi di prevaricazione. La coppia? E' un fatto necessario, finché non diventa un'abitudine.

Ho una concessione ossessiva e possessiva dei rapporti umani. L'amore, per me, è tutto. Non capisco il sesso senza amore. Invece è vero il contrario, amore senza sesso. E non lo dico perché ho dei tabù, né per convinzioni religiose. Sono gelosa, posso odiare, è un istinto, una cosa che mi viene da dentro. E, per amore, potrei anche uccidere».

Corriere della sera

Esercizio di comprensione scritta

Giusto o sbagliato?

1 La rivoluzione del 1968 non ha prodotto niente perché si limitava a una sola classe sociale.
2 I rivoluzionari sostituivano tutto quello che potevano distruggere.
3 In casa di Paola Casella ci si interessava di politica comunista.
4 Paola è vissuta per qualche tempo in modo libertario.
5 Paola non crede nel progresso.
6 Paola è stata a Parigi.
7 Paola non crede che l'amore spontaneo sia solido.
8 Silvia M. è andata ad un'assemblea di fascisti.
9 «Che bello, c'è lo sciopero, così stiamo fuori» diceva Silvia.
10 Le piaceva la moda estetizzante.
11 Pensa che l'amicizia sia più facile fra due uomini.
12 Silvia è contro l'amore libero per motivi religiosi.

Esercizio di analisi grammaticali

13 Luca Troier dice che oggi (avere) .... un'idea chiara del 1968, che il 1968 (essere) .... il movimento di una sola classe e che non (produrre) .... niente.

Secondo Luca, i giovani credevano, nel 1968, che essere rivoluzionari (volere) .... dire amore libero, droga, ecc.

14 Paola Casella dice che (avere) .... una serie di fallimenti, che l'esperienza della coppia aperta (essere) .... un disastro, che (provare) .... di vivere fuori degli schemi, ma che tutto ciò non le (dare) .... nulla. Aggiunge che (credere) .... nell'amore che nasce dall'amicizia.

Secondo Paola, nel 1974, i giovani, da un lato non (avere) .... più i valori tradizionali e dall'altro non (essere) .... capaci di trovarne di nuovi.

15 Una volta Silvia Montiglio disse in assemblea che lei (essere) ....
   lì per studiare e che a scuola, i metodi libertari non (servire) ....
   Dice che non (capire) .... il sesso senza amore. Crede che
   l'amicizia fra sessi uguali non (esistere) ....

Il Plata sembra alzi la mano per difendersi dalla caduta della facciata di S. Agnese

Il Nilo non vuole vedere gli errori di costruzione del Borromini

A Roma si racconta che...

Chi non conosce la Piazza Navona, «uno dei complessi urbanisti più armoniosi, spettacolari e caratteristici di Roma barocca»[1]? Questa piazza che conserva la forma e le dimensioni dello stadio di Domiziano, è stata per secoli teatro di feste popolari; dal secolo XVII alla metà del secolo XIX, i sabati e le domeniche di agosto, la piazza veniva messa sott'acqua e vi entravano le carrozze dei nobili, fra il divertimento del popolo. Oggi vi si tiene, in occasione dell'Epifania, un mercato di figurine da presepio e di giocattoli. Ma la piazza sembra essere sempre in festa: dopo che è stata chiusa al traffico, romani e forestieri ci fanno la passeggiata e prendono il caffè a tutte le ore.
Tra i palazzi che circondano la piazza spicca la bellissima facciata della chiesa di S. Agnese, con i due campanili e l'alta cupola, geniale opera del Borromini[2]. Delle tre fontane sulla piazza la maggiore e più famosa è quella dei Fiumi con l'obelisco, fantasiosa creazione del Bernini[3].
E' noto che tra Bernini e Borromini, i due architetti più famosi del Seicento, non c'erano mai stati buoni rapporti. Si dice che i gesti delle statue dei

Fiumi manifestino la loro rivalità. Ecco come sarebbero andati i fatti, secondo le leggende:
Terminata la chiesa di S. Agnese ad opera del Borromini, il Bernini dovette decorare la piazza con una fontana monumentale. Quando si videro le statue dei Fiumi si disse che il Plata alzasse la mano per difendersi dalla caduta della facciata di S. Agnese, e che il Nilo avesse il capo velato per non vederne gli errori di costruzione (mentre il Bernini voleva significare che se ne ignoravano allora le sorgenti).
Borromini decise di vendicarsi. Da buon tecnico aveva motivo di pensare che il Bernini avesse sbagliato alcuni calcoli di statica, in modo che la fontana non avrebbe potuto funzionare. Poteva aspettare tranquillo la sua vendetta: era sicuro che il giorno dell'inaugurazione la fontana avrebbe gettato acqua per pochi minuti soltanto e che tutta Roma, che adesso rideva di lui, avrebbe riso del suo rivale Bernini.
Quando Bernini seppe che Borromini aveva dei dubbi se ne allarmò. Fece subito riesaminare dagli esperti i suoi calcoli. Borromini aveva ragione: il progetto era sbagliato, ma Bernini non trovò la causa dello sbaglio. Non restava che rivolgersi allo stesso Borromini. Ma a ciò Bernini avrebbe preferito la morte.
Bisognava trovare un'altra via per venire in possesso del segreto. Bernini sapeva che non era il caso di agire apertamente e che solo con un intrigo avrebbe raggiunto lo scopo. Ora la casa di Borromini era custodita da una vecchia zitella, che godeva la massima fiducia del maestro. Un giovane scolaro del Bernini fu mandato a farle dei regali e la corte finché riuscisse a dare un'occhiata sui famosi calcoli della fontana.
L'intrigo riuscì e il giorno dell'inaugurazione, il Borromini vide la fontana gettare acqua senza dare il minimo segno di irregolarità[4].
Si racconta che la statua di S. Agnese, alla base del campanile a destra della chiesa, assicuri con la mano sul petto che la facciata non cadrà[1].
Come in tutte le leggende, c'è del vero e del meno vero. La Fontana dei Fiumi fu inaugurata nel 1651; la costruzione di S. Agnese fu cominciata da altri architetti nel 1652 e compiuta da Borromini dal 1653 al 1657. E' vero che c'erano rivalità fra i due architetti. Borromini avrebbe dovuto succedere al suo zio Carlo Maderna, morto nel 1629, nella direzione dei lavori di S. Pietro, quando gli fu preferito il Bernini, «gran signore e cortegiano perfetto», dall'«invenzione pronta e felice», ma «la cui perizia tecnica era al disotto della genialità d'ideazione»[5].
Borromini, da autodidatta, era arrivato alla maggiore competenza tecnica del suo tempo. Con la morte di Urbano VIII Barberini, Borromini trionfò finalmente del suo rivale e fu incaricato della ricostruzione della basilica di S. Giovanni in Laterano (1647–1649) e di altri lavori importanti. Nel 1655, dopo la morte del suo protettore Innocenzo X, Borromini cadde in disgrazia. Dopo un'esistenza amara ma ricca di lavori originali, si ammalò nell'estate del 1667. Tormentato dalla febbre, si tolse la vita il primo agosto[5].

Annotazioni
1 Touring Club Italiano, *Roma e dintorni,* Milano 1977, p. 192
2 Francesco Borromini, da Bissone (Canton Ticino), architetto, 1599–1667
3 Gian Lorenzo Bernini, da Napoli, architetto, pittore e scultore, 1598–1680
4 Margherita Naval, *A Roma si racconta che...*, pp. 10–13
5 Giulio Carlo Argan, *Borromini.* Oscar Mondadori 1978/2, pp. 12–16

Esercizio di comprensione scritta
    Chi l'ha detto e fatto?   Bernini o Borromini?
1 Chi ha costruito la chiesa di Sant'Agnese?
2 Chi ha creato la Fontana dei Fiumi?
3 Chi era il nipote di Carlo Maderna?
4 Chi è successo a Carlo Maderna nella direzione dei lavori di San Pietro?
5 Di chi ridevano i Romani quando videro le statue dei Fiumi?
6 Chi è stato il tecnico più geniale?
7 Chi è stato preferito da Innocenzo X?
8 Chi dei due è morto prima?

Analisi grammaticale
9 Si dice che i gesti delle statue dei Fiumi (manifestare) .... la loro rivalità.

10 Si disse che il Plata (alzare) .... la mano per difendersi dalla caduta della facciata di S. Agnese e che il Nilo (avere) .... il capo velato per non vederne gli errori.

11 Con questa statua il Bernini voleva significare che (ignorarsi) .... le sorgenti del Nilo.

12 Borromini pensava che il Bernini (sbagliare) .... alcuni calcoli di statica e che la fontana non (potere) .... funzionare. Era sicuro che la fontana (gettare) .... acqua per pochi minuti soltanto, e che tutta Roma (ridere) .... del suo rivale.

13 Quando Bernini seppe che Borromini (avere) .... dei dubbi se ne allarmò.

14 Si racconta che la statua di S. Agnese (assicurare) .... con la mano sul petto che la facciata non cadrà.

277

Grammatica

§ 54 La dipendenza dei tempi verbali

a) Nelle proposizioni all'indicativo (= discorso indiretto)

Proposizione principale: L'amico scrive (dice)   Presente

Discorso diretto:	Discorso indiretto:	Tempo nella proposizione secondaria:
«Sono tornato.»	che è tornato.	Passato prossimo.
«Resto due mesi.»	che resta due mesi.	Presente.
«Partirò a Natale.»	che partirà a Natale.	Futuro.

Proposizione principale: L'amico ha scritto   Passato prossimo
                           aveva scritto   Piuccheperfetto
                           scriveva   Imperfetto
                           scrisse   Passato remoto

Discorso diretto:	Discorso indiretto:	Tempo nella proposizione secondaria:
«Sono tornato.»	che era tornato.	Piuccheperfetto.
«Resto due mesi.»	che restava due mesi.	Imperfetto.
«Partirò a Natale.»	che sarebbe partito a Natale.	Condizionale.

b) Nelle proposizioni al congiuntivo

Presente

Si dice che	le statue mostrino la rivalità fra i due artisti.
Ripetiglielo	finché non ti renda il libro.
Non so se	lo abbia saputo / ne sia stato informato.
Presente /	**presente o passato prossimo congiuntivo.**

Passato

Si disse che	il Nilo avesse il capo velato per non vedere S. Agnese.
Un giovane fu mandato a farle la corte	finché riuscisse a vedere i calcoli di B.
Non era sicuro che	il rivale non avesse sbagliato i calcoli.
Passato /	**imperfetto o piuccheperfetto congiuntivo.**

5 L'uso del congiuntivo (ricapitolazione)

a) Dopo verbi che esprimono la volontà:

Bisogna Occorre E' necessario Voglio Vale la pena Basta ecc.	che tu lo faccia.	Bisognava Occorreva Era necessario Volevo Valeva la pena Bastava	che tu lo facessi.

b) Dopo verbi che esprimo l'incertezza:

| Dubito
Si dice
Spero
Non penso
Sembra
Pare
E' possibile
Suppongo | che lui venga. | Dubitavo
Si raccontava
Speravo
Non pensavo
Sembrava
Pareva
Era possibile
Supponevo | che lui venisse. |
| Non so | se lui venga. | Non sapevo | se venisse o no. |

Per esprimere la certezza, si può però mettere l'indicativo:
Credo che è stato nominato.   Credevo sempre che era onesto.
Non penso che sarà troppo tardi.   Non sapevo che era ammalato.

c) Dopo verbi che esprimono l'emozione o un giudizio personale:

Sono contento che tu stia bene. Ho paura che mi dica di no.	Ero triste che lui non mi scrivesse mai. Temevo che ridesse di me.

d) Nel discorso diretto, se si esprime un ordine:

Digli che venga subito!	Bisognava dirgli che lo facesse subito.

e) Nelle proposizioni relative: cf. lez. 32, § 44

f) Dopo certe congiunzioni:

Parla forte affinché tutti ti capiscano! Sebbene sia tardi, voglio ancora uscire.	Pensavo a queste cose prima che maturasse in me l'idea della cooperativa. Partì senza che io lo sapessi.

Esercizi strutturali

1 Esempio: A: Scriva l'indirizzo del suo domicilio.
                B: Scusi, come ha detto?
   Risposta: A: Le ho detto di scrivere l'indirizzo del suo domicilio.

                A: Prenda lo scontrino alla cassa.
                B: Scusi, come ha detto?
                A: ………

                A: Presenti la ricevuta al commesso.
                B: Scusi, come ha detto?
                A: ………

                A: Aspetti un momento nella sala d'attesa.
                B: Scusi, come ha detto?
                A: ………

                A: Mi passi il centralino.
                B: Scusi, come ha detto?
                A: ………

2 Esempio: Cosa scrive Ernesto? E' contento del corso d'italiano?
   Risposta: Scrive che ne è molto contento.

                Gli piace la città?
                Visita anche i musei?
                Va anche ai concerti?
                Incontra gente interessante?
                Ha fatto dei disegni?
                Andrà anche nei dintorni?
                Dunque, si diverte a Roma?

3 Esempio 1: Dice sempre che lo fa.
   Risposta: Invece si sapeva da tempo che non lo faceva.

                Promette sempre che ci pensa.
                Ripete che è vero.
                Dice a tutti che ha fiducia in te.

   Esempio 2: Oggi mi ha detto che verrà.
   Risposta: A me invece, ha detto ieri che non sarebbe venuto.

                Oggi mi ha detto che gli telefonerà.
                Oggi mi ha promesso che lo riparerà.
                Oggi mi ha scritto che lo finirà.
                Oggi mi ha risposto che ci andrà.

4 Esempio: Era troppo tardi.
   Risposta: Non pensavo che fosse così tardi.

                Faceva troppo freddo.
                Il programma era troppo lungo.
                Lo spettacolo cominciava troppo tardi.
                Il pubblico era troppo rumoroso.
                I posti erano troppo lontani dalla scena.

5 Esempio 1:   Carlo dice che il monumento rappresenti Costantino.
  Risposta: Si credeva una volta che rappresentasse Costantino,
               ma non è vero.
  Esempio 2:   Carlo dice che ci sia stato un intrigo.
  Risposta: Si credeva una volta che ci fosse stato un intrigo, ma non è vero.
               Carlo dice che ci sia un errore.
               La gente dice che ci sia stata una revalità.
               Il popolo dice che la statua rappresenti Lutero.
               La leggenda racconta che si tratti della tomba di S. Pietro.
               Si dice che i primi cristiani si siano riuniti nelle catacombe.
               Si scrive che vi sia esistito un tempio romano.

Esercizi scritti   39

6 Egli ordinò che io andassi dal medico.   Egli mi ordinò di andare dal medico.

   Egli ordinò che tu tornassi subito a   ....
   casa.

   Egli ordinò che Guido lo facesse   ....
   quanto prima.

   Egli ordinò che noi lo finissimo   ....
   quanto prima.

   Egli ordinò che voi gli diceste tutto.   ....

   Egli ordinò che essi partissero presto.   ....

7 Si ritiene che esso rappresenti   Si riteneva che esso rappresentasse
   Costantino.   Costantino.

   Si ammette che esso si un eroe greco.   ....

   Si suppone che la leggenda contenga   ....
   una verità.

   Si suppone che la leggenda dica il vero. ....

   Si sostiene che la statua diventi tutta   ....
   d'oro.

8 **Il Marco Aurelio sul Campidoglio (= Capitolio) di Roma**
   Si dice che   Si diceva che
   il monumento e antico,   il monumento era antico,

   la statua rappresenti Costantino, ...

   essa sia stata dorata, ...

281

quando sarà di nuovo tutta dorata ....
ci sarà il Giudizio Universale. ....
Oggi si sa che Non si sapeva che la statua
la statua rappresenta Marco Aurelio. .... Marco Aurelio.

9 Mi hanno detto: Mi hanno detto che
Non ne sappiamo niente. non ne sapevano niente.
Non lo crediamo. ....
Non l'abbiamo fatto. ....
Non l'abbiamo saputo. ....
Non ci siamo stati. ....
Non ne siamo informati. ....
Non lo faremo mai. ....
Non lo crederemo mai. ....
Non ci andremo mai. ....
Non ci torneremo mai più. ....

10 Egli scrisse: Ci penso io! Egli scrisse che ci pensava lui.
Egli scrisse: Ci ho pensato io! ....
Egli disse: Ci penserò io! ....
Essa disse: Ci penserò io! ....
Essa rispose: Lo farò io! ....
Essi risposero: Lo faremo noi! ....
Essi dissero: Vogliamo farlo noi! ....
Essi dissero: Lo sappiamo anche noi! ....
Egli rispose: L'ho saputo anch'io!

11 La Piazza Navona è un complesso La Piazza Navona è uno dei
urbanistico molto armonioso. complessi urbanistici più armoniosi.

La statua di Marco Aurelio è ....
ben conservato. ....

Il tempio del Pantheon è molto ....
grande. ....

Il Foro Romano è un complesso archeologico molto importante. ....

....

La famiglia dei Medici è ben conosciuta. ....

....

Bernini e Borromini sono due architetti molto discussi.   Bernini e Borromini sono fra ....

....

Agenti, poliziotti, sentinelle e uscieri davanti al Quirinale (sede del governo italiano a Roma)

C Intervista con Guttuso

Roberto Gervaso

Renato Guttuso è nato a Bagheria in provincia di Palermo, nel 1912. E' uno dei più significativi pittori italiani d'impostazione realista. Attualmente è senatore del partito comunista. Un suo quadro, «Il caffè greco» è stato venduto a Roma per più di 100 milioni di lire.

– Come devo chiamarti: senatore o maestro?
– Chiamami Renato.
– Chi t'ha voluto senatore?
– Il partito.
– Ti condiziona più la vena o il partito?
– Il partito non mi condiziona.
– Mai?
– Mai.
– Ti sei sempre trovato d'accordo col partito?
– Qualche volta no, ma il torto fu sempre mio.
– Meglio un conservatore in buona fede o un marxista in cattiva fede?
– Un conservatore in buona fede.
– Cos'è l'arte?
– Imitazione.
– Passi per un caposcuola del realismo.
– Mi limito a raffigurare la realtà.
– T'accusano di far sempre la stessa pittura.
– La stessa accusa la mossero ad artisti ben più illustri di me.
– Sei pro o contro la sperimentazione?
– Pro, purché non fine a se stessa.
– E l'astrattismo?
– Contro, non ho mai capito cosa vuole. Eppoi non mi dà emozioni.
– Ti consideri più un gran pittore o un gran disegnatore?
– Grande, né l'uno, né l'altro: Mi piace molto lavorare. Preferirei, comunque, esser miglior pittore che disegnatore, ma i critici dicono il contrario.
– Ti dispiace non aver avuto figli?
– Moltissimo.
– Perché non ne hai adottati?
– Certe decisioni si prendono in due.
– Torniamo alla tua pittura: quanti quadri hai dipinto?
– Qualche migliaio.
– Quanti ne hai rinnegati?
– Almeno la metà.
– Hai guadagnato molto?
– Ho guadagnato bene.
– In un paese comunista avresti guadagnato altrettanto?
– No, molto meno.
– Piaci più ai borghesi o ai proletari?
– I miei quadri li comprano i ricchi, ma la società dei ricchi non mi piace.

Esercizio
Che cosa dice Guttuso a proposito
- dei suoi rapporti col partito comunista?
- del realismo?
- dell'astrattismo?
- della società dei ricchi?
- dei suoi guadagni con la pittura?

Quarantesima lezione
Dire di «no» 40

Sciascia sul problema della mafia: troppo denaro disonesto in Sicilia
(comprensione scritta)
Ecco un colloquio con Leonardo Sciascia che sta attualmente nel suo rifugio di Rocalmuto, a venti chilometri da Agrigento, senz telefono, senza tv, la casa isolata sulla collina, nella campagna che fu di suo padre e che lo vide bambino.
- Non si è mai abbastanza tagliati fuori, dice, per lavorare in pace.
Domanda: Trova uno stile diverso tra la mafia d'oggi e quella del passato?
R: Un tempo la mafia faceva dei delitti necessari, osservava certe regole del gioco. La mafia non uccideva un magistrato o un carabiniere perché sapeva che al posto di quei due avrebbero messo un altro giudice e un altro carabiniere che sarebbero stati tali e quali quelli di prima. Sembra che ora ci si avvii sulla strada del metodo terroristico, uccidere per terrorizzare gli altri, ma penso che ancora non si sia arrivati a questo punto, ma che si uccida perché quei magistrati o quei carabinieri stanno facendo qualcosa che costituisce un pericolo.
D: La mafia da dove trae tutta la sua forza?
R: Dal denaro, dalla ricchezza, dalle banche. Per colpire la mafia bisogna colpire le banche. Il segreto è questo: quanto denaro ha le gente e da dove viene, come l'ha fatto.
D: Lei pensa che sia alta in Sicilia la percentuale del denaro disonesto?
R: C'è un afflusso enorme, in tutti i paesi, anche quelli dell'interno, che erano i più poveri. Gente che vive delle liquidazioni e delle pensioni della zolfara, dell'emigrazione, dell'assistenza, dell'agricoltura; o, in città, di un impiego, di una professione, di un mestiere: fonti alle quali non corrispondono certi alti livelli di vita. Troppo spesso i conti non tornano.

D: Ma la mafia quanta gente coinvolge?

R: Molti. Procede con il sistema della corruzione, delle amicizie, della collaborazione: è una rete inestricabile in cui possono essere coinvolti gli onesti sotto la veste dell'amicizia. Il sentimento dell'amicizia in Sicilia è molto vivo: io mi fido di lui, lui si fida dell'altro, ecc., per cui anch'io posso fare qualcosa a favore di un mafioso senza rendermene conto.

D: E lei, che conosce questi meccanismi, come fa a salvaguardarsi?

R: Chiudendomi, isolandomi. La mia difesa, a Palermo, è quella di non uscire, di conoscere pochissima gente.

D: Nei suoi libri ha puntato tante volte il dito accusatore sulla mafia; quali sono state le reazioni, ha subìto minacce?

R: Mai, un'accusa di questo genere non costituisce per i mafiosi un pericolo immediato e preciso: non se ne occupano, non gliene importa niente dei libri. I libri in questo paese sono sempre stati una cosa ben diversa dalla realtà. Si può dire e scrivere di tutto in Italia e tutto resta uguale a prima.

D: E la commissione antimafia?

R: Niente, come inesistente. Vent'anni fa l'Assemblea regionale siciliana aveva chiesto all'unanimità che si costituisse quella commissione; eppure su 90 deputati almeno 20 presumibilmente avevano legami con la mafia. Se la commissione antimafia non li preoccupava, figuriamoci se li preoccupa uno scrittore.

D: Riusciremo un giorno ad avere ragione della mafia?

R: Tutto dipende dalla volontà. Ma adesso si fanno troppe parole perché si possa credere che ci sia la volontà. Quando ci sono troppe parole vuol dire che si vuole fare poco.

D: Possono esserci legami tra la mafia, le Brigate rosse e il terrorismo nero?

R: Nessuno. La mafia agisce da sola, non vuole mutare nulla, non vuole rivoluzioni, non può far lega con il terrorismo il quale vuole cambiare la società. Se in Sicilia fossero nate spontaneamente cellule eversive, la mafia le avrebbe soffocate prima dei carabinieri.

Corriere della Sera

Esercizio di comprensione scritta

1 Che differenza c'è fra la mafia d'oggi e quella del passato?
   a) La mafia moderna non uccide mai.
   b) La mafia moderna non uccide mai magistrati e carabinieri.
   c) La mafia moderna uccide soprattutto magistrati e carabinieri.
   d) La mafia moderna osserva certe regole del gioco, facendo soltanto dei delitti necessari.

2 Per colpire la mafia bisognerebbe controllare
   a) il livello di vita della gente
   b) da dove viene il denaro delle banche
   c) la percentuale del denaro disonesto
   d) tutti i conti

3 Per difendersi dalla mafia, Sciascia
   a) si salvaguarda
   b) si fa molte amicizie
   c) non resta a Palermo
   d) si isola a casa sua

4 Che cosa vuole la mafia?
   a) cambiare le strutture della società
   b) controllare le Brigate rosse
   c) controllare il denaro
   d) controllare gli scrittori

A Palermo

Nelle frasi seguenti c'è qualcosa di sbagliato. Lo trovate?

5 Leonardo Sciascia sta attualmente in un paese a venti chilometri da Agrigento, senza telefono e senza tv, in una casa isolata sul mare.

6 La mafia, nel passato, non uccideva un magistrato o un carabiniere perché sapeva che al posto di quei due avrebbero messo un altro giudice e un altro carabiniere che sarebbero stati peggiori di quelli di prima.

7 Di non poche persone che vivono di pensioni, delle rimesse degli emigrati, dell'assistenza, dell'agricoltura o di vari impieghi il basso livello di vita non corrisponde alle fonti economiche.

8 Vent'anni fa l'Assemblea regionale siciliana aveva chiesto con 70 sì contro 20 no che si costituisse una commissione antimafia.

Esercizio sui tempi verbali: quale forma è giusta?

9 La mafia non uccideva un magistrato o un carabiniere perché sapeva che al posto di quei due .... un altro giudice e un altro carabiniere.

   a) mettessero
   b) mettevano
   c) metteranno
   d) metterebbero
   e) avrebbero messo
   f) misero

10 Lei pensa che .... alta in Sicilia la percentuale del denaro disonesto?

   a) sia
   b) sarebbe
   c) fosse

11 L'Assemblea regionale aveva chiesto che ....
   una commissione antimafia.

   a) si costituisca   c) si costituirebbe
   b) si costituisse   d) si sarebbe costituita

12 Se in Sicilia .... cellule eversive, la mafia le
   .... prima dei carabinieri.

   a) sarebbero nate / avrebbe soffocate
   b) fossero nate / avesse soffocate
   c) fossero nate / avrebbe soffocate
   d) sarebbero nate / avesse soffocate

Esercizio sui pronomi: metteteli voi!

13 Sembra che ora .... avvii sulla strada del metodo terroristico.

14 Fonti .... non corrispondono certi alti livelli di vita.

15 E' una rete inestricabile .... possono essere coinvolti gli onesti sotto la veste dell'amicizia.

16 Io mi fido di ...., ... si fida dell'altro, per cui anch'io posso fare
   .... a favore di un mafioso senza render .... conto.

17 Nei suoi libri ha accusato la mafia; .... sono state le reazioni?

18 Un'accusa di questo genere non costituisce per i mafiosi un pericolo immediato
   e preciso: non .... occupano, non .... importa niente dei libri.

In Sicilia

Grammatica

6 La negazione (ricapitolazione)

Gradisce una sigaretta?	**No**, grazie, **non** fumo.
Va **ancora** al lavoro in macchina?	**Non** ho **più** la macchina.
Allora va **sempre** a piedi?	Purtroppo, **non** ho **mai** tempo per andare a piedi.
	Non sono **mica** pensionato, io!
Che cosa sa di questa vicenda?	**Non** ne so **nulla/niente**.
Non ha letto i giornali?	**Non** ho **nemmeno** letto il giornale.
Anche la radio e la TV ne hanno parlato.	**Non** ho **né** radio **né** TV.
Come fa per informarsi sulla politica?	**Non** mi interesso **affatto** di politica.
Hai incontrato **qualcuno**?	**Non** ho incontrato **nessuno**.
Ti ha telefonato **qualcuno**?	**Nessuno** ha chiamato.
E Gina?	**Neanche/neppure** Gina ha chiamato.
Come mai? non volevi invitare **anche** lei?	No, ero troppo stanco, **non** volevo vedere **neanche/neppure** Gina.

Esercizi strutturali

1
Esempio:
Risposta:

Rispondete negativamente:
C'è qualcosa di nuovo?
Non c'è niente di nuovo.

Ha telefonato qualcuno?
Lo sa anche lui?
Prendi vino o birra?
L'hai detto a qualcuno?
Ti ha raccontato qualcosa d'interessante?
Tua nonna esce qualche volta?
E' successo qualcosa?
Si può ancora fare il bagno nel mare?
Vai spesso allo stadio?

2
Esempio:
Risposta:

Nessuno è arrivato.
Non è arrivato nessuno.

Neanche la domenica esce.
Niente può interessarlo.
Nemmeno oggi si riposa.
Né il sole né la neve lo fanno uscire.
Nessuno lo conosce.

3   Rispondendo negativamente, pensate ai pronomi:
Esempio: Prendi ancora dell'arrosto?
Risposta: Grazie, non ne prendo più.
                           Hai già scritto la lettera?
                           Vedi ancora i tuoi compagni di scuola?
                           Pensi spesso al tuo primo amore?
                           Ti interessi di storia?
                           Scrivi ancora alla tua professoressa d'italiano?

Esercizi scritti   40

4 **Ci sono altri modi per dire di «no»:**
Sciascia vive attualmente a Rocalmuto, dove **non** ha **né** telefono **né** tv.   = **senza** telefono, **senza** tv.

Denaro che non ha fonti oneste   = denaro ....

La mafia è una rete che non si
può districare (= sciogliere)   = una rete ....

Una commissione contro la mafia   = una commissione ....

che è come se non esistesse   = come se fosse ....

Domani il tempo non cambierà,   resterà ....

Ecco una macchina con un impianto
contro attentati e sequestri   = una macchina ....

Luigi non e contento dell'affare,   anzi ne è ....issimo.

5 **In quali parole la sillaba «in-» ha un senso negativo (= non)?**
inaugurazione – informazione – invalido – infortunio – invariabile – indipendenza sociale – incaricare qn – inventare qc – inesistente.

Ma Joseph Macaluso nulla sa

Roma. E' uno degli italo-americani che, secondo i giudici, accompagnarono a Vienna in aereo Michele Sindona nel 1980. Il suo nome figura nei dossier della magistratura italiana. E' Joseph Macaluso, originario di Racalmuto, adesso residente a Staten Island. Molti hanno riparlato di lui e dei suoi affari con la Sicilia anche dopo l'assassinio del procuratore capo della Repubblica di Palermo. L'abbiamo rintracciato per telefono a New York. Ecco il testo della conversazione svoltasi alle ore 20 (ora italiana) di lunedì 11 agosto.
Domanda. Signor Macaluso, si rifà il suo nome...
Risposta. Sì, ho visto.
D. E lei che dice?
R. Niente.
D. Perché?
R. Perché... perché la verità non si dice mai.

D. E perché la verità non si dice mai?
R. Perché è così. Io non ho niente da dire.
D. Provi a dirla questa verità.
R. No, grazie.
D. Come no?
R. Questa è la storia, dottore. Non c'è nessuna cosa da dire. Non capisco cosa vogliono dire.
D. Si parla del giro del denaro fra la Sicilia e gli Stati Uniti...
R. Non mi interessa. Animo chiaro non ha paura del tuono.
D. Che vuol dire?
R. Vuol dire che tutto quello che dicono non mi interessa. Perché uno è pulito... So di essere pulito. Ho lavorato sempre diciotto ore al giorno e basta.
D. Eh, già...
R. Lavorato onestamente.
D. Lei una volta ha detto che tutti gli anni veniva a fare le vacanze in Italia. Quest'anno non ci è venuto.
R. Come non ci sono venuto! Ci sono stato la settimana passata.
D. E dove è andato? A Racalmuto?
R. No. Sono stato, sono stato... (Colpo di tosse). Sono stato là... (bofonchia).
D. E Sindona come sta?
R. Come?
D. E Sindona come sta?
R. Non lo so. Non l'ho visto.
D. In Italia è stato scritto che l'avevano trasferito di carcere.
R. Non so niente. Non so niente perché non l'ho visto. E non so niente perché... perché attualmente ho molto lavoro.
D. Che lavoro?
R. Lavoro.
D. Lei si occupa sempre del settore costruzioni?
R. Certo.
D. Anche in Italia?
R. No.
D. Ha saputo che hanno assassinato a Palermo il procuratore capo della Repubblica?
R. No. Non ne so niente.
D. L'hanno ammazzato quasi una settimana fa...
R. Non lo so e non mi interessa. E non lo conosco.
D. E il suo nome, lo sa, lo si fa anche a proposito di questo delitto. Io l'ho chiamata per questo.
R. No, niente. Non ho niente da dire.
D. Ho capito.
R. Arrivederla.
D. Arrivederla, mister Macaluso.   Maurizio de Luca nell'*Espresso* (1981)

Fotografi
Foto Torroni, Firenze: p. 201
Stefano Giraldi, Firenze: pp. 5, 182, 199, 244, 292
Fratelli Fontanelli, S. Gimignano: p. 46
Laboratorio fotografico della Comunità di Nomadelfia, Grosseto: pp. 117, 127, 197, 266, 269
Centro di ricerche economiche e sociali per il meridione, Palermo/Lioni: pp. 56, 255
Saro Marretta, Bern-Spiegel: pp. 173, 227
Rolf Mäder, Liebefeld: pp. 18, 20, 52, 64, 71, 75, 88, 101, 107, 166, 169, 179, 181, 192, 193, 252, 272, 275, 283

Ein abgeschlossener Italienisch-Lehrgang
für Anfänger und Fortgeschrittene mit vielen Zusatzmaterialien

Der Lehrgang «Vivendo s'impara» führt den Anfänger vor allem zum gesprochenen Italienisch. Die drei Teile des Werkes entsprechen den häufigsten Lernmotiven: 1. Tourismus, 2. Umgang mit italienischen Arbeitskollegen, 3. Einführung in die italienische Kultur. Gekürzte literarische Texte schliessen den Lehrgang ab.

Jetzt in Wortschatz, Grammatik, Sprechsituationen und Methode noch bessere Übereinstimmung mit den Richtlinien des Italienisch-Zertifikates der deutschsprachigen Volkshochschulen:
- weil der Wortschatz optimal mit der Wörterliste des Italienisch-Zertifikates übereinstimmt,
- weil die wichtigsten Wörter während des ganzen Lehrganges entsprechend ihrer Frequenz wiederholt werden,
- weil viele Transferübungen zum freien Sprechen führen.

Urteil:
«Man lernt, indem man lebt – vivendo s'impara. Und so ist es denn keine Grammatik, sondern vielmehr ein Ersatz für einen Sprachaufenthalt, bei dem man Ausdrücke und Wendungen hört und aufschnappt und erst gelegentlich merkt, wie sich die Brocken zu einem vollständigen, gesetzmässigen Ganzen zusammenfügen lassen.» (Volkshochschule)

Lehrbuch Vivendo s'impara
Corso d'italiano per adulti in due volumi

1. Teil: Einführung in die allgemeine Umgangssprache, 1. Lernjahr der Zertifikatskurse: 19 Lektionen. 108 Seiten mit 30 Abbildungen, Spiralheftung, Fr. 12.80/DM 14.80

7., völlig überarbeitete Auflage 1981

2. Teil: 2. und 3. Lernjahr der Zertifikatskurse: 27 Lektionen.
160 Seiten mit 20 Abbildungen, Spiralheftung, Fr. 15.80/DM 16.50
5., überarbeitete Auflage 1980

Verlag Paul Haupt Bern und Stuttgart

Programmiertes Arbeitsbuch zum ganzen Lehrgang
Vivendo s'impara
Esercizi scritti e programmi d'istruzione
117 Seiten mit Abbildungen und deutschen Anmerkungen, Spiralheftung,
Fr. 14.80/DM 16.50. 4., ergänzte Auflage 1981
Dank der programmierten Form kontrolliert sich der Übende selbst und vertieft dabei seine im mündlichen Unterricht erworbenen Kenntnisse. Die Übungen sind ausschliesslich in der Zielsprache. Im Anhang deutsch-italienische Kontrollübersetzungen.

Wörterbuch zum ganzen Lehrgang
Vivendo s'impara
Vocabolario italiano-tedesco-francese aggiunto al corso Vivendo s'impara 1 e 2
151 Seiten, kartoniert, Fr. 17.80/DM 20.50. 4., überarbeitete Auflage 1981
Italienisch-deutsches Vokabular zum gesamten Lehrgang, mit Erklärungen für den Selbstunterricht.

Lehrerheft
Vivendo s'impara
Guida metodologica per insegnanti
Gratis durch den Verlag
1981 neu überarbeitete Anleitung (3. Auflage), mit 19 durchpräparierten Lektionen für den Kursleiter.

Audiovisuelle Materialien: Direkt beim Autor zu beziehen
(Postfach 67, CH-3097 Liebefeld)
Vivendo s'impara
23 Cassette per il laboratorio di lingue
Beidseitig bespielte Kassetten für Sprachlabor und Heimrecorder. Jede Kassette enthält den Dialog und sämtliche Übungen im Vierphasensystem. Native-speakers.
23 Kassetten (ganze Serie) Fr. 420/DM 460.–
10 Kassetten zum 1. Teil Fr. 220.–/DM 250.–
13 Kassetten zum 2. Teil Fr. 275.–/DM 300.–
2 Einzelkassetten Dialoge I/II Fr. 24.–/DM 26.50
125 diapositive alla prima parte
Diapositive für die audiovisuelle Darbietung des 1. Bandes. Lieferung in 5 Streifenkopien (ungeschnitten) Fr. 55.–/DM 61.–
125 einzeln gerahmten Dias (glasfrei) Fr. 150.–/DM 165.–

Verlag Paul Haupt Bern und Stuttgart

Ein aktuelles Lektüreprogramm

Il pane degli altri – Autori italiani emigrati in Svizzera

Testi inediti in lingua facile di Arturo Fornaro, Fiorenza Venturini, Saraccio, ecc., con annotazioni all'uso scolastico.
38 Seiten, Fr./DM 7.80
Eine leichte Anfängerlektüre mit aktuellem Inhalt. Mit italienischen Anmerkungen.

Danilo Dolci
Poema umano – Der Menschen Gedicht

Scelta di liriche del noto riformatore sociale italiano in Sicilia, con traduzione tedesca a cura di Rolf Mäder.
103 Seiten, Fr./DM 11.80
Danilo Dolci, für sein sozialreformerisches Werk in Westsizilien mit dem Ehrendoktorat der Universität Bern geehrt, schreibt nicht zum Zeitvertreib. Dennoch sind seine Gedichte zeitlos, seine Aussagen allgemeingültig. Die deutsche Übersetzung dient lediglich zu besserem Textverständnis.

Saraccio Marretta
Allegro svizzero

Una brillante satira sugli Svizzeri dall'autore di «Piccoli italiani in Svizzera».
38 Seiten, Fr./DM 6.50

Barzellettissima

Raccolta di aneddoti e storielle vere in lingua facile.
2. Auflage, 48 Seiten, Fr./DM 6.50
Anekdoten und Episoden in leichter Sprache, mit Vokabular und Übungen.

Saraccio Marretta
La Giallissima

Storielle gialle in lingua facile. Il lettore si mette al posto dell'ispettore Astolfio Bongo.
Neu! 48 Seiten, Fr./DM 6.50
Leichte Krimigeschichten. Der Leser übernimmt die Rolle des Polizeiinspektors Astolfio Bongo. Mit vielen Übungen zur Lexik.

Dazu die einzige italienische Sprachlehrzeitung

Il Carosello

6 edizioni all'anno. Decima annata: Jahresabonnement Fr. 13.20/DM 15.–
Auslieferung World and Press, Postfach 13, CH-3700 Spiez.
Zweimonatliche Sprachlehrzeitung mit Pressespiegel, Kurzgeschichten, Sprachspielen in leichter Sprache. Deutsch-französisches Vokabular zu jedem Artikel.